책장을 넘기며 느껴지는
몰입의 기쁨

노력한 만큼 빛이 나는
내일의 반짝임

새로운 배움, 더 큰 즐거움

미래엔이 응원합니다!

올리드

중등 영어 1-2

BOOK CONCEPT
교과서 완전 분석부터 내신 대비까지 완벽하게 끝내는 필수 개념서

BOOK GRADE

개념 수준	상세	알참	간략

문제 수준	기본	표준	발전

구성 비율	개념		문제

WRITERS

미래엔콘텐츠연구회
No.1 Content를 개발하는 교육 전문 콘텐츠 연구회

COPYRIGHT

인쇄일 2022년 5월 2일(1판5쇄)
발행일 2018년 5월 1일

펴낸이 신광수
펴낸곳 ㈜미래엔
등록번호 제16-67호

교육개발2실장 김용균
개발책임 이보현
개발 김주연, 정규진, 한고운, 김은송, 서희정, 김수아, 임정은, 정유진

콘텐츠서비스실장 김효정
콘텐츠서비스책임 이승연, 이병욱

디자인실장 손현지
디자인책임 김기욱
디자인 이진희, 유성아

CS본부장 강윤구
CS지원책임 강승훈

ISBN 979-11-6841-116-6

중학교 영어는 많이 어렵나요?

초등학교에서 중학교로 올라갈 때면
새로운 환경에 대한 기대와 설렘,
그리고 두려움과 불안함도 함께합니다.

많은 친구들이 초등학교 때는 영어가 재밌었는데
중학교에서는 어려운 문법 용어도 많이 나오고
내용도 많아지고, 복잡해서 이해가 되지 않는다고 말하곤 합니다.

맞는 말입니다.
사용하는 어휘나 문장의 길이, 알아야 할 문법 규칙이 많이 나옵니다.
학교 시험 문제도 다양하고요.

그렇지만, 서둘러 걱정할 필요는 없어요.
올리드 영어가 교과서에 나오는 모든 단어와 의사소통 표현, 언어형식,
그리고 교과서의 문장 하나하나를 꼼꼼하게 확인하고 또 확인할 수 있도록
단계별로 상세한 설명과 함께 구성하였습니다.

단어, 표현, 문법, 독해 등 영역별 다양한 문제와 수준별 서술형 문제를 통해
학교 시험을 완벽하게 대비하는 것은 물론 자신이 제대로 알고 있는지 점검할 수 있습니다.

올리드 영어와 함께라면
영어에 대한 자신감이 쑥쑥 올라갈 것입니다.

구성과 특징 🏛 Structure & Features

교과서 Vocabulary

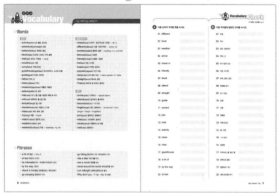

단원별 주요 어휘와 어구를 정리했습니다. **Vocabulary Check**를 통해 외운 단어를 확인하고, **주제별로 배우는 교과서 단어**를 통해 단어의 다양한 쓰임을 학습합니다. **Vocabulary Practice**에서 문제를 통해 학습한 어휘를 다시 한 번 점검합니다.

교과서 Expressions

Listen & Speak, **Communicate**, **Progress Check**에 제시된 의사소통 표현을 학습합니다. 간단한 설명과 예문으로 실생활에 적용할 수 있는 표현을 익히고, **Expressions Practice**로 학습 내용을 복습합니다.

교과서 Grammar

단원별로 꼭 알아야 할 문법 항목을 모아 정리하여 문법 주요 개념을 쉽게 파악할 수 있습니다. 학습한 내용은 **Grammar Practice**에서 다양한 문제 유형으로 복습합니다.

교과서 Reading

교과서 본문을 문장 단위로 해석과 해설을 수록했습니다. **Reading Practice**를 통해 본문 내용의 핵심 사항을 다시 한 번 짚어 보고, 핵심어 빈칸을 하나하나 채우며 주요 문장을 꼼꼼히 암기할 수 있습니다.

영역별 Review

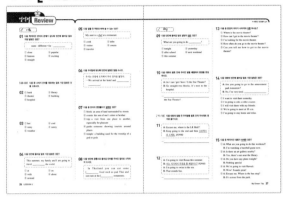

시험에 자주 출제되는 문제 유형을 분석하여 어휘, 표현, 문법, 독해의 네 영역에서 나올 수 있는 다양한 기출유형 문제를 수록하였습니다. 문제를 통해 학교 시험에 나올 실전 문제에 대비할 수 있습니다.

단원 Test

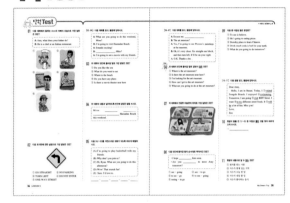

실제 학교 시험문제와 동일한 유형의 문제를 풀어 보며 실전 대비 감각을 높일 수 있습니다.

서술형 평가

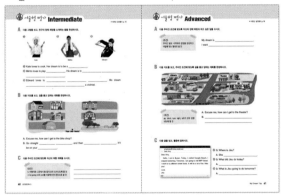

강화된 서술형 평가에 대비할 수 있도록 다양한 유형의 서술형 문제를 Basic – Intermediate – Advanced의 수준별로 수록하였습니다. 수준별 서술형 문제들을 통해 어떤 유형의 논술형 및 수행평가 문제에도 대처할 수 있는 실력을 키울 수 있습니다.

부록_교과서 Self-study Book

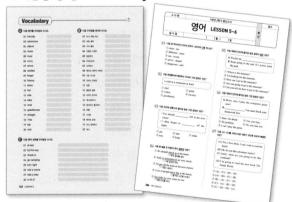

학습한 교과서 내용을 복습하여 완벽하게 소화할 수 있도록 각 단원별 주요 어휘 표현, 교과서 스크립트와 본문을 간단한 테스트로 구성하였습니다. 또한 한 학기 교과서 단원을 통합하여 실제 학교 시험과 같은 형태로 중간/기말고사를 구성하여 시험 출제 가능성이 높은 문제를 실전처럼 연습할 수 있습니다.

Contents

LESSON 5 **My Dream Trip**

교과서 Vocabulary	08
교과서 Expressions	12
교과서 Grammar	18
교과서 Reading	22
영역별 Review	26
단원 Test	34
서술형 평가	39
교과서 본문 손으로 기억하기	42
단원 마무리 노트	44

LESSON 6 **Animals Around Us**

교과서 Vocabulary	46
교과서 Expressions	50
교과서 Grammar	56
교과서 Reading	60
영역별 Review	64
단원 Test	72
서술형 평가	77
교과서 본문 손으로 기억하기	80
단원 마무리 노트	82

LESSON 7 **The World of Work**

교과서 Vocabulary	84
교과서 Expressions	88
교과서 Grammar	94
교과서 Reading	98
영역별 Review	102
단원 Test	110
서술형 평가	115
교과서 본문 손으로 기억하기	118
단원 마무리 노트	120

LESSON 8 **Science from Curiosity**

교과서 Vocabulary	122
교과서 Expressions	126
교과서 Grammar	132
교과서 Reading	136
영역별 Review	140
단원 Test	148
서술형 평가	153
교과서 본문 손으로 기억하기	156
단원 마무리 노트	158

 부록 교과서 **Self-study Book**

벤저민 프랭클린 효과

벤저민 프랭클린은 18세기 피뢰침을 발명한 미국의 과학자이자 정치인입니다.

프랭클린은 의원으로서 일하고 있을 때 어떤 의원의 무조건적인 반대와 적의로 무척 불편한 생활을 하고 있었습니다. 프랭클린은 그 의원과의 관계를 개선하고 싶었지만, 먼저 몸을 굽혀 가며 호감을 사야겠다는 생각은 하지 않았습니다.

어느 날 프랭클린은 평소 자신이 무척 읽고 싶어 하던 책이 그 의원에게 있다는 소문을 들었습니다. 프랭클린은 그 의원에게 며칠 동안 그 책을 빌려 볼 수 있게 해 달라는 편지를 써서 보냈습니다. 그 의원은 즉시 프랭클린에게 책을 보내 주었고, 프랭클린은 책을 다 본 후에 호의에 감사한다는 편지와 함께 책을 돌려주었습니다.

그 일이 있은 후 놀라운 일이 일어났습니다. 의회에서 그 의원이 프랭클린에게 무척 친밀한 태도를 보이며 말을 걸어왔던 것입니다. 이를 계기로 두 사람은 평생에 걸쳐 우정을 나누는 친구가 되었습니다. 프랭클린은 이런 경험을 바탕으로 자서전에 다음과 같은 문구를 기록했습니다.

"당신에게 한 번 호의를 베푼 사람은,
당신이 호의를 베푼 사람에 비해
더 자연스럽게 당신에게 계속 호의를 베푼다."

세상 사람들은 이를 '벤저민 프랭클린 효과'라고 부릅니다.

My Dream Trip

Listen & Speak

- 계획 말하기
  I'm going to ride a bike.
- 길 묻고 답하기
  A: How can I get to the visitor center?
  B: Go straight one block, and then turn left.

Read

- 요리를 배우러 떠난 태국 여행

Language Use

- I **am going to** visit Thailand.
- I wanted **to cook** pad Thai.

▷ Words

명사 •

- activity[æktívəti] 활동, 움직임
- adventure[ædvéntʃər] 모험
- bakery[béikəri] 제과점, 빵집
- block[blak] (도로로 나뉘는) 구역, 블록
- chef[ʃef] 요리사, 주방장 ≒ cook
- cousin[kʌ́zn] 사촌
- curry[kə́ːri] 카레 (요리)
- guesthouse[gésthàus] 게스트하우스, 소규모 호텔
- guide[gaid] 안내서, 안내인
- hill[hil] 언덕, 산
- history[hístəri] 역사
- museum[mjuːzíːəm] 박물관, 미술관
- palace[pǽlis] 궁, 궁전
- ride[raid] 타기, (탈 것을 이용한) 여행; 용 타다
- roll[roul] 두루마리, 롤, 둥근 빵
- temple[témpl] 절, 사원
- traveler[trǽvələr] 여행자, 나그네
- tribe[traib] 부족, 종족, 집단
- trip[trip] 여행 ≒ travel
- visitor[vízitər] 방문객, 손님
- weather[wéðər] 날씨
- weekend[wíːkènd] 주말 + weekday 주중, 평일

형용사/부사 •

- close[klous] (시간적·공간적으로) 가까운 ↔ far 먼
- different[dífərənt] 다른, 각양각색의 ↔ same 같은
- excited[iksáitid] 흥분한, 들뜬 + exciting 신나는, 흥미진진한
- famous[féiməs] 유명한
- friendly[fréndli] 친절한, 다정한
- hot[hat] 더운, 뜨거운
- local[lóukəl] 지역의, 현지의
- popular[pápjulər] 인기 있는
- rainy[réini] 비가 많이 오는 + rainy season 우기, 장마철
- straight[streit] 똑바로, 곧장
- Thai[tai] 태국의; 명 태국어, 태국인

동사 •

- arrive[əráiv] 도착하다 ↔ depart 출발하다
- attend[əténd] 참석하다, 출석하다
- become[bikʌ́m] ～이 되다
- forget[fərgét] 잊다, 깜박하다 ↔ remember 기억하다
  (forget – forgot – forgotten)
- join[dʒɔin] 합류하다, 함께하다
- miss[mis] 그리워하다, 놓치다
- travel[trǽvəl] 여행하다; 명 여행
- visit[vízit] 방문하다

▷ Phrases

- a lot of 많은 ≒ lots of
- at last 마침내, 드디어
- be interested in ～에 흥미가(관심이) 있다
- by the way 그런데
- check in 투숙(탑승) 절차를 밟다, 체크인하다
- go camping 캠핑하러 가다
- go hiking 등산하러 가다, 하이킹하러 가다
- ride a bike 자전거를 타다
- see a movie 영화를 보다
- travel around the world 세계 일주를 하다
- turn left(right) 왼쪽(오른쪽)으로 돌다
- Why don't you ~? 너는 ～하는 게 어때?

A 다음 단어의 우리말 뜻을 쓰시오.

01 different

02 local

03 weather

04 arrive

05 check in

06 friendly

07 block

08 attend

09 straight

10 guide

11 excited

12 join

13 chef

14 activity

15 close

16 miss

17 guesthouse

18 a lot of

19 by the way

20 at last

B 다음 우리말에 알맞은 단어를 쓰시오.

01 주말

02 역사

03 잊다, 깜박하다

04 언덕, 산

05 비가 많이 오는

06 더운, 뜨거운

07 부족, 종족, 집단

08 영화를 보다

09 인기 있는

10 모험

11 사촌

12 박물관

13 카레 (요리)

14 절, 사원

15 ~이 되다

16 유명한

17 두루마리, 롤, 둥근 빵

18 왼쪽으로 돌다

19 캠핑하러 가다

20 세계 일주를 하다

Words 집중 탐구

위치를 나타내는 말 •

- across from (~ 건너편에, 맞은편에)
- behind (~ 뒤에)
- between A and B (A와 B 사이에)
- in front of (~ 앞에)
- next to, by (~ 옆에)

길 안내할 때 자주 쓰는 말 •

- block (구역, 블록)
- corner (길모퉁이)
- cross (건너다)
- straight (똑바로, 곧장)
- turn (돌다, 회전하다)

Phrases 집중 탐구

- be interested in: ~에 흥미가(관심이) 있다

  Jason **is interested in** hip-hop music. (Jason은 힙합 음악에 관심이 있다.)

- by the way: 그런데

  By the way, what time is it now? (그런데, 지금 몇 시니?)

- check in: 투숙(탑승) 절차를 밟다, 체크인하다 ↔ check out (호텔에서) 나오다, 체크아웃하다

  We **checked in** at the hotel first. (우리는 우선 호텔에 체크인했다.)

- Why don't you ~?: 너는 ~하는 게 어때?

  Why don't you study in the library? (너는 도서관에서 공부하는 게 어때?)

Pop Quiz ◀

★ 바른답·알찬풀이 **p. 2**

1 다음 짝지어진 단어의 관계가 〈보기〉와 같도록 빈칸에 알맞은 말을 쓰시오.

┌ 보기 ─────────────

travel : traveler

visit : _____

2 다음 빈칸에 공통으로 들어갈 알맞은 말을 쓰시오.

- He is going to go on a very long train _____.
- Let's _____ our bikes in the park.

3 다음 영영풀이에 해당하는 단어를 쓰시오.

(1) _____ : a place to bake and sell bread and cakes

(2) _____ : a very large house, especially the official house of a king or queen

A 다음 우리말에 맞도록 빈칸에 알맞은 말을 쓰시오.

(1) 너는 지난 주말에 무엇을 했니?
→ What did you do last ＿＿＿＿＿＿＿？

(2) 내가 특히 좋아하는 음식은 카레이다.
→ My favorite food is ＿＿＿＿＿＿＿.

(3) 오늘 날씨가 어떠니?
→ How's the ＿＿＿＿＿＿＿ today?

(4) 기차가 오후 3시 30분에 도착할 것이다.
→ The train will ＿＿＿＿＿＿＿ at 3:30 p.m.

(5) 현지 시각은 오전 10시 30분이다.
→ The ＿＿＿＿＿＿＿ time is ten thirty in the morning.

W·O·R·D·S

☐ **last** ⓐ 지난
☐ **favorite** ⓐ 특히 좋아하
는, 마음에 드는

B 다음 빈칸에 알맞은 말을 〈보기〉에서 골라 쓰시오. (단, 필요하면 형태를 바꿀 것)

┌─ 보기 ─────────────────────────┐
│ see a movie   turn right   be interested in │
└──────────────────────────────┘

(1) Go straight and ＿＿＿＿＿＿＿ at the corner.

(2) Olivia ＿＿＿＿＿＿＿ Korean dramas.

(3) Why don't we go out and ＿＿＿＿＿＿＿ tonight?

☐ **drama** ⓝ 드라마
☐ **go out** 외출하다
☐ **tonight** ⓟ 오늘 밤에

C 다음 중 짝지어진 단어의 관계가 나머지와 <u>다른</u> 하나는?

① hot : cold
② chef : cook
③ close : far
④ different : same
⑤ forget : remember

D 다음 영영풀이에 해당하는 단어로 가장 알맞은 것은?

┌──────────────────────────────┐
│ a group of people of the same language and customs living in the same │
│ area │
└──────────────────────────────┘

① tribe
② visitor
③ cousin
④ traveler
⑤ guesthouse

☐ **language** ⓝ 언어
☐ **custom** ⓝ 관습
☐ **area** ⓝ 지역

Expressions

1 계획 말하기

자신의 계획을 말할 때는 I'm going to ~.를 사용하며 '나는 ~할 것이다(계획이다).'라는 뜻을 나타낸다. 상대방의 계획을 물을 때는 What are you going to do ~?로 '너는 무엇을 할 거니(계획이니)?'의 뜻을 나타낼 수 있다.

A: I'm going to visit Sokcho next month.
B: What are you going to do there?
A: I'm going to ride a bike along the beach.

★ 바른답·알찬풀이 p. 2

중요표현 더하기

- **What are you going to do tonight?**
  오늘 밤에 무엇을 할 거니?
- **What do you plan to do this weekend?**
  너는 이번 주말에 무엇을 할 계획이니?
- **What's your plan for this weekend?**
  너의 이번 주말 계획은 무엇이니?
- **I'm going(planning) to visit my grandparents.**
  난 조부모님 댁을 방문할 계획이야.
- **I'm not going to go swimming in the sea.**
  난 바다에 수영하러 가지 않을 거야.

Pop Quiz

1 다음 대화의 밑줄 친 부분을 바르게 고치시오.

A: Amy, what <u>is</u> you going to do this weekend?
B: I'm going to <u>going</u> to the amusement park with my friends.

2 길 묻고 답하기

길을 물을 때는 〈How can I get to+찾는 장소?〉를 사용하며 '~에 어떻게 갈 수 있나요?'의 의미를 나타낸다. 길에 대한 물음에 답할 때는 go straight나 turn right(left)와 같이 구체적으로 설명한다.

A: Excuse me, how can I get to the visitor center?
B: Go straight one block, and then turn left. It'll be on your right.
A: Thank you.

중요표현 더하기

〈길 묻기〉
- **Can you tell me how to get to the theater?**
  극장에 어떻게 가는지 말해 줄 수 있나요?
- **I'm looking for the theater.** 극장을 찾고 있어요.
- **Is there a theater nearby?** 근처에 극장이 있나요?

〈길 알려 주기〉
- **Keep going to the end.** 끝까지 계속 가세요.
- **It's across from the park. You can't miss it.**
  공원 건너편에 있어요. 쉽게 찾을 수 있을 거예요.

★ 바른답·알찬풀이 p. 2

Pop Quiz

2 다음 대화의 빈칸에 알맞은 말을 쓰시오.

A: How can I _____ _____ the library?
B: _____ straight two blocks, and then _____ right at the corner. It'll be _____ your left.

A 다음 우리말에 맞도록 괄호 안의 말을 배열하여 문장을 완성하시오.

(1) 너는 이번 주 일요일에 무엇을 할 거니? (going / you / do / what / are / to)?
→ _____ this Sunday?

(2) 나는 친구들과 축구를 할 거야. (am / play / going / I / to / soccer)
→ _____ with my friends.

(3) 지하철역에 어떻게 갈 수 있나요? (I / get / the subway station / how / to / can)
→ _____

B 다음 대화의 괄호 안에서 알맞은 것을 고르시오.

(1) **A:** (Am / Are) you going to go to the bookstore?
B: No. I'm going to (stay / staying) at home.

(2) **A:** Can you tell me (how / where) to get to the museum?
B: Go straight one block and (go / turn) left at the corner.

C 다음 (A)~(C)를 자연스러운 대화가 되도록 바르게 배열한 것은?

A: Excuse me, is there a flower shop near here?
(A) Go straight two blocks and turn right.
(B) Yes, there's one near the bus stop.
(C) How can I get there?

① (A) – (C) – (B)   ② (B) – (A) – (C)
③ (B) – (C) – (A)   ④ (C) – (A) – (B)
⑤ (C) – (B) – (A)

D 다음 대화의 빈칸에 들어갈 말로 가장 알맞은 것은?

A: Emily, what are you going to do this vacation?
B: I'm going to go camping. How about you?
A: _____
B: Wow. Sounds great.

① I went to the swimming pool.
② I wanted to go camping.
③ I like surfing in the sea.
④ I'm practicing the piano now.
⑤ I'm going to visit Hawaii.

W·O·R·D·S

☐ **Sunday** ⑲ 일요일
☐ **subway station**
  지하철역

☐ **bookstore** ⑲ 서점
☐ **stay** ⑧ 머무르다
☐ **museum** ⑲ 박물관, 미
  술관

☐ **flower shop** 꽃집
☐ **bus stop** 버스 정류장

☐ **vacation** ⑲ 방학
☐ **go camping** 캠핑하러
  가다
☐ **swimming pool**
  수영장
☐ **surf** ⑧ 서핑을 하다, 파도
  타기를 하다

교과서 대화문 표현 익히기

교과서 대화문의 해석을 확인해 봅시다.

Listen & Speak 1

1
B: What are you going to do this weekend, Mina?

G: I'm going to visit Haeundae Beach.

B: Sounds exciting!

G: Do you have any plans, Mike?

B: I'm going to see a movie with my friends.

2
B1: Hi, Ryan. What are you going to do this afternoon?

B2: I'm going to play basketball with my friends.

B1: Wow! That sounds fun!

B2: Why don't you join us?

B1: Sure. I'd love to.

+ 해석

1 B: 미나야, 너는 이번 주말에 뭘 할 거니?
G: 나는 해운대를 방문할 거야.
B: 신나겠는데!
G: Mike, 너는 무슨 계획이 있니?
B: 나는 친구들과 영화를 볼 거야.

2 B1: 안녕, Ryan. 너는 오늘 오후에 뭘 할 거니?
B2: 나는 친구들과 농구를 할 거야.
B1: 와! 재미있겠다!
B2: 너도 우리와 같이하는 게 어때?
B1: 좋지. 그러고 싶어.

 표현 해설
• I'm going to ~.는 말하는 사람의 마음속에서 어느 정도 확정한 계획을 말할 때 쓰며 '나는 ~할 계획이다.'의 의미를 나타낸다. 원어민들은 going to를 gonna로 부드럽게 연결해서 발음하기도 한다.

Listen & Speak 2

1
M: Excuse me, is there a bank near here?

G: Yes, there is.

M: How can I get there?

G: Go straight one block, and then turn left. It'll be on your left.

M: Thank you.

2
W: Excuse me. How can I get to the museum?

B: Go straight two blocks, and then turn right. It's next to the subway station.

W: Thanks a lot.

B: You're welcome.

1 M: 실례합니다만, 이 근처에 은행이 있나요?
G: 네, 있어요.
M: 거기에 어떻게 갈 수 있나요?
G: 한 블록을 직진한 다음 왼쪽으로 도세요. 왼편에 있을 거예요.
M: 고맙습니다.

2 W: 실례합니다. 박물관에 어떻게 갈 수 있나요?
B: 두 블록 직진한 다음 오른쪽으로 도세요. 지하철역 옆에 있어요.
W: 정말 고마워요.
B: 천만에요.

표현 해설
• 낯선 장소에서 자신이 가고자 하는 곳을 정확히 모를 경우에는 지나가는 사람에게 길을 물어볼 수 있는데, 먼저, 'Excuse me.(실례합니다.)'라고 말을 거는 것이 예의이다.
• 길을 물을 때는 How can I get to ~?나 Can you tell me how to get to ~? 등의 표현이 많이 이용된다.

Communicate

Anna: Suho, what are you going to do this fall?

Suho: I'm going to study Chinese. How about you, Anna?

Anna: I'm going to visit Jejudo. By the way, I need to buy a travel guide book on Jejudo.

Suho: *Go Go Jejudo* is a good book.

Anna: Thanks! Is there a bookstore near here?

Suho: Yes, there's one near our school.

Anna: How can I get there?

Suho: Go straight two blocks, and then turn left. It's the white building next to the bakery.

Anna: Wow! That's really close. I'm going to go there right now.

> **표현 해설**
> • How about you?는 '(나는 이런데) 너는 어때?'라는 뜻으로, 상대방의 계획, 의견, 상황 등을 물을 때 쓴다.
> • by the way는 대화에서 화제를 바꿀 때 쓰여 '그런데, 그건 그렇고'의 의미를 나타낸다.

+ 해석

Anna: 수호야, 너는 이번 가을에 뭘 할 거니?

수호: 나는 중국어를 공부할 거야. Anna, 너는 어때?

Anna: 나는 제주도를 방문할 거야. 그런데, 제주도에 관한 여행 안내서를 사야 해.

수호: 'Go Go Jejudo'가 좋은 책이야.

Anna: 고마워! 이 근처에 서점이 있니?

수호: 응, 우리 학교 근처에 하나 있어.

Anna: 거기에 어떻게 갈 수 있니?

수호: 두 블록 직진한 다음 왼쪽으로 돌아. 빵집 옆의 흰색 건물이야.

Anna: 왜! 정말 가깝네. 지금 당장 거기에 갈 거야.

Progress Check

1
B: What are you going to do this weekend?

G: I'm going to see a movie with my friends. How about you?

B: I'm going to go on a picnic with my family.

G: Great. Have fun!

1
B: 너는 이번 주말에 뭘 할 거니?
G: 나는 친구들이랑 영화를 볼 거야. 너는 어때?
B: 나는 우리 가족과 소풍을 갈 거야.
G: 멋지다. 즐거운 시간 보내!

2
M: Excuse me, is there a bank near here?

G: Yes, there is.

M: How can I get there?

G: Go straight one block, and then turn right. It'll be on your right.

M: Thank you.

2
M: 실례합니다. 이 근처에 은행이 있나요?
G: 네, 있어요.
M: 거기에 어떻게 갈 수 있나요?
G: 한 블록 직진한 다음 오른쪽으로 도세요. 오른편에 있을 거예요.
M: 고맙습니다.

3
M: Excuse me. How can I get to the shopping mall?

3
M: 실례합니다. 쇼핑몰에 어떻게 갈 수 있나요?

Listen & Speak 1

1 B: What are you going to do this weekend, Mina?

G: I'm ❶ _____ _____ _____ Haeundae Beach.

B: Sounds exciting!

G: Do you have any ❷ _____, Mike?

B: I'm going to ❸ _____ _____ _____ with my friends.

2 B1: Hi, Ryan. What are you going to do this afternoon?

B2: I'm going to ❹ _____ _____ with my friends.

B1: Wow! That sounds fun!

B2: ❺ _____ _____ _____ join us?

B1: Sure. I'd love to.

Listen & Speak 2

1 M: Excuse me, is there a bank ❻ _____ _____?

G: Yes, there is.

M: How can I get there?

G: Go straight one block, and then ❼ _____ _____. It'll be on your left.

M: Thank you.

2 W: Excuse me. How can I get to the museum?

B: Go straight two blocks, and then turn right. It's ❽ _____ _____ the subway station.

W: Thanks a lot.

B: You're welcome.

HINTS

❶ 방문할 것이다

❷ 계획

❸ 영화를 보다

❹ 농구를 하다

❺ 너는 ~하는 게 어때?

❻ 이 근처에

❼ 왼쪽으로 돌다

❽ ~ 옆에

Communicate

Anna: Suho, what are you going to do this fall?

Suho: I'm going to ⑨_____ _____. How about you, Anna?

Anna: I'm going to visit Jejudo. By the way, I ⑩_____ _____ _____ a travel guide book on Jejudo.

Suho: *Go Go Jejudo* is a good book.

Anna: Thanks! Is there a bookstore near here?

Suho: Yes, there's one near our school.

Anna: How can I get there?

Suho: ⑪_____ _____ two blocks, and then turn left. It's the white building next to the bakery.

Anna: Wow! That's really ⑫_____. I'm going to go there right now.

● HINTS

⑨ 중국어를 공부하다

⑩ 살 필요가 있다

⑪ 직진하다, 똑바로 가다

⑫ 가까운

Progress Check

1 **B:** What are you going to do this weekend?

    G: I'm going to see a movie with my friends. How about you?

    B: I'm going to ⑬_____ _____ _____ _____ with my family.

    G: Great. Have fun!

2 **M:** Excuse me, is there a bank near here?

    G: Yes, there is.

    M: How can I get there?

    G: Go straight one block, and then turn right. It'll ⑭_____ _____ _____ _____.

    M: Thank you.

3 **M:** ⑮_____ _____. How can I get to the shopping mall?

⑬ 소풍 가다

⑭ 너의 오른편에 있다

⑮ 실례합니다

1 be going to

- I **am going to** visit Thailand.
- We **are going to** play basketball.

나는 태국을 방문할 것이다.
우리는 농구를 할 것이다.

(1) **의미와 형태:** '~할 것이다, ~할 예정이다'의 의미로 계획된 미래의 일을 나타내며, 〈be going to＋동사원형〉의 형태로 쓴다. 이때, be동사는 주어의 인칭과 시제에 맞게 쓴다.

I **am going to** do my homework tonight. 나는 오늘 밤에 숙제를 할 것이다.

My grandparents **are going to** visit us tomorrow. 우리 조부모님께서는 내일 우리를 방문하실 것이다.

Steve **is going to** play basketball after school. Steve는 방과 후에 농구를 할 것이다.

(2) **의문문:** be동사를 주어 앞으로 보내 '~할 거니〔예정이니〕?'의 의미를 나타낸다.
〈Be동사＋주어＋going to＋동사원형 ~? / 의문사＋be동사＋주어＋going to＋동사원형 ~?〉

Are you **going to** watch TV tonight? 너는 오늘 밤에 TV를 볼 거니?

Is Amy **going to** leave for Canada tomorrow? Amy는 내일 캐나다로 떠날 예정이니?

What are you **going to** do this Saturday? 너는 이번 주 토요일에 무엇을 할 거니?

(3) **부정문:** be동사 다음에 not을 쓰며, '~하지 않을 것이다'의 의미를 나타낸다.
〈be동사＋not going to＋동사원형〉

I **am not going to** visit the museum. 나는 그 박물관을 방문하지 않을 것이다.

We **are not going to** go to the beach. 우리는 해변에 가지 않을 것이다.

It **is not going to** rain tomorrow. 내일은 비가 오지 않을 것이다.

(4) **미래를 나타내는 다른 표현:** 미래는 〈will＋동사원형〉이나 현재진행형으로도 표현할 수 있다.
① will＋동사원형: 주어의 의지를 나타내어 '~하겠다'의 의미를 나타내거나, 막연한 미래를 나타낼 때는 조동사 will을 쓴다.

I **will** call you tonight. 내가 오늘 밤에 너에게 전화할게.

Do you have any special plans for the holiday? 너는 휴일에 무슨 특별한 계획이라도 있니?

– No, I **will** stay home and read comic books. 아니, 집에 있으면서 만화책이나 읽을 거야.

② am/are/is＋동사원형-ing: 현재진행형으로 가까운 미래의 일을 나타낼 수 있는데, 특히 go, come, leave, arrive와 같은 동사가 자주 쓰인다.

We **are going** to the library this afternoon. 우리는 오늘 오후에 도서관에 갈 것이다.

He **is arriving** on the next flight. 그는 다음 비행기로 도착할 것이다.

Pop Quiz ◄

★ 바른답·알찬풀이 **p. 3**

1 다음 괄호 안에서 알맞은 것을 고르시오.

(1) Tommy is going to (have / having) a hamburger for lunch.

(2) (Are / Is) they going to meet this Friday?

2 to부정사의 명사적 용법

- I wanted **to cook** pad Thai.
- My dream is **to become** a cook.

나는 팟타이를 요리하고 싶었다.
나의 꿈은 요리사가 되는 것이다.

(1) **의미와 형태:** to부정사는 〈to＋동사원형〉의 형태로, 명사적 용법으로 쓰여 문장에서 목적어, 보어, 주어의 역할을 한다. 이때 to부정사는 '~하는 것, ~하기'의 의미를 나타낸다.

(2) **목적어 역할:** want, hope, decide, wish, plan, need, like, hate 등의 동사 뒤에 to부정사가 쓰여 목적어 역할을 하며, '~하는 것을, ~하기를'의 의미를 나타낸다.

She wants **to eat out** this evening. 그녀는 오늘 저녁에 외식하기를 원한다.

I like **to go** to the movies. 나는 영화 보러 가는 것을 좋아한다.

I hope **to visit** Paris someday. 나는 언젠가 파리에 방문하기를 희망한다.

cf. want, hope, wish, decide, expect 등의 동사는 to부정사만 목적어로 취한다.

　　She wants eating out this evening. (×)

(3) **보어 역할:** 주로 be동사 뒤에 to부정사가 쓰여 보어 역할을 하며, '~하는 것(이다)'의 의미를 나타낸다. 주격보어로 쓰인 to부정사는 의미상 주어와 동격 관계이다.

My dream is **to be** a fashion designer. 내 꿈은 패션 디자이너가 되는 것이다.

(my dream = to be a fashion designer)

His hobby is **to take** pictures. 그의 취미는 사진을 찍는 것이다.

(his hobby = to take pictures)

(4) **주어 역할:** to부정사가 문장의 주어로 쓰여 '~하는 것은, ~하기는'의 의미를 나타낸다.

To give advice is easy. 충고를 하기는 쉽다.

To worry is a waste of time. 걱정을 하는 것은 시간 낭비이다.

To know you is to love you. 너를 아는 것이 너를 사랑하는 것이다.

cf. 〈가주어(It)－진주어(to부정사)〉 구문: 주어 자리에 형식적인 가짜 주어인 it을 두고 진짜 주어인 to부정사 부분을 문장 뒤로 옮길 수 있다. 이때 it을 '그것은'으로 해석하지 않는다.

It is easy **to give** advice.

(5) **to부정사의 부정:** to부정사를 부정할 때는 to 앞에 not이나 never를 붙인다.

He decided **not to go** to Italy. 그는 이탈리아에 가지 않기로 결심했다.

★ 바른답·알찬풀이 p. 3

Pop Quiz

2 다음 빈칸에 괄호 안의 말을 알맞은 형태로 바꿔 쓰시오.

(1) I want ＿＿＿＿＿＿ ＿＿＿＿＿＿ a drone. (buy)

(2) Her goal is ＿＿＿＿＿＿ ＿＿＿＿＿＿ three languages. (speak)

Grammar Practice

01 다음 괄호 안에서 알맞은 것을 고르시오.

(1) My brother and I (am / are) going to play a board game.

(2) Judy is going to (bake / baking) cookies for the party.

(3) They (don't / aren't) going to go hiking this weekend.

(4) His job is (take / to take) care of sick animals.

(5) We want (to eat / eating) pizza for lunch.

02 다음 빈칸에 괄호 안의 말을 알맞은 형태로 바꿔 쓰시오.

(1) Her dream is _____ a famous actress. (become)

(2) Dad is going to _____ my bike. (fix)

(3) We hope _____ you again. (see)

(4) Dave and Scott _____ going to join the club. (be)

(5) They decided _____ on a picnic. (go)

03 다음 문장을 괄호 안의 지시대로 바꿔 쓰시오.

(1) Emily is going to attend the meeting.

→ _____
(부정문으로)

→ _____
(의문문으로)

(2) They are going to clean the classroom.

→ _____
(부정문으로)

→ _____
(의문문으로)

[04~05] 다음 빈칸에 들어갈 말로 가장 알맞은 것을 고르시오.

04

Are you going _____ Amy tomorrow?

① meet   ② met
③ to meet   ④ meeting
⑤ to meeting

05

Minho wants _____ English well.

① speak   ② speaks
③ to speak   ④ speaking
⑤ to speaking

06 다음 밑줄 친 부분의 쓰임이 〈보기〉와 같은 것은?

— 보기 —
His advice was to exercise every day.

① My sister loves to dance.
② To swim is good for your health.
③ Most students plan to study.
④ To read means to grow.
⑤ Your duty is to finish your work in time.

07 다음 우리말을 영어로 바르게 옮긴 것을 모두 고르면?

나는 방학 동안 수영을 배울 것이다.

① I swam during the vacation.
② I will learn to swim during the vacation.
③ I'll going to learn to swim during the vacation.
④ I'm going to go swimming during the vacation.
⑤ I'm going to learn to swim during the vacation.

08 다음 중 어법상 **틀린** 문장은?

① He is leaving tomorrow morning.

② His goal is to become a writer.

③ My dad likes to drive fast.

④ Do you going to join the book club?

⑤ We're going to have a party for Mom.

09 다음 빈칸에 공통으로 들어갈 말로 가장 알맞은 것은?

- My hope is _____ an astronaut.
- Steve wants _____ a film director in the future.

① be ② being

③ to be ④ to being

⑤ will be

10 다음 대화의 빈칸에 들어갈 말로 가장 알맞은 것은?

A: What are you going to do this weekend?

B: _____ to the Science Fair.

① I went

② I going

③ I'll going

④ I'm going to go

⑤ I was going to go

11 다음 중 밑줄 친 부분이 어법상 옳은 것은?

① Ted and Susan <u>is going to join</u> the drama club.

② <u>Are you go</u> to see the movie tonight?

③ Kevin <u>doesn't going</u> to come to the party.

④ We <u>are going to eat</u> steak for dinner.

⑤ <u>Do they going</u> to visit us tomorrow?

12 다음 우리말에 맞도록 괄호 안의 말을 배열하여 문장을 완성하시오.

(1) 우리 가족은 이번 여름에 부산에 갈 것이다.

(going / my family / to / Busan / is / go / to)

→ _____

  this summer.

(2) 그녀의 취미는 패션 잡지를 읽는 것이다.

(fashion magazines / is / read / her hobby / to)

→ _____

13 다음 빈칸에 들어갈 말로 알맞지 **않은** 것은?

Scott _____ for New York next week.

① left ② is leaving

③ will leave ④ is going to leave

⑤ isn't going to leave

14 다음 중 밑줄 친 부분의 쓰임이 나머지와 다른 하나는?

① <u>To play</u> chess is fun.

② He doesn't want <u>to stay</u> here.

③ <u>To answer</u> the question was difficult.

④ My wish is <u>to make</u> a lot of friends here.

⑤ Jason isn't going <u>to take</u> part in the game.

15 다음 우리말에 맞도록 괄호 안의 말을 이용하여 문장을 완성하시오.

(1) 너는 도서관에 갈 거니?

(going / go to the library)

→ _____

(2) 나는 세계 일주를 하고 싶다.

(want / travel around the world)

→ _____

My Food Adventure in Thailand 교과서 89~91쪽

by Min Juhan

The Night Before the Trip
전치사 before+명사

❶ My dream is to become a cook.
　　　　　　to부정사의 명사적 용법(주격보어)

❷ Tomorrow, I am going to visit Thailand with my cousin and learn
　　　　　　 be going to+동사원형: ~할 것이다, ~할 예정이다
about Thai food.
전 ~에 대해

❸ I am very excited about this trip.
　　　　　　　-ed 형태의 형용사: ~한 감정을 느끼는

Bangkok

❹ At last, we arrived in Bangkok.
　　　　　　arrive in: ~에 도착하다

❺ We first checked in at a guesthouse on Khaosan Road and went to the
　　　　　　　　　　　　　　　　도로 이름 앞에 쓰는 전치사　　　(we) 주어 we의 생략
Grand Palace.

❻ The palace was very beautiful with many colorful buildings.
　=the Grand Palace

❼ The next day, I attended a Thai cooking class for travelers.

❽ First, we went to a local market and learned about Thai fruits and
　　　　　　　　　　　　　　　　　　　learn about: ~에 대해 배우다
vegetables.

❾ I made som tam, spring rolls, and green curry in class.
　= cooked　　　A, B, and C (3개 이상의 단어나 구를 연결할 때)

태국에서의 나의 음식 탐험

민주한 씀

여행 전날 밤

❶ 나의 꿈은 요리사가 되는 것이다.

❷ 내일, 나는 사촌과 함께 태국을 방문해서 태국의 음식에 대해서 배울 것이다.

❸ 나는 이번 여행에 매우 들떠 있다.

방콕

❹ 드디어, 우리는 방콕에 도착했다.

❺ 우리는 먼저 카오산 로드에 있는 게스트하우스에서 투숙 절차를 밟고 대궁전(Grand Palace)에 갔다.

❻ 그 궁전은 많은 화려한 건물들이 있는 매우 아름다운 곳이었다.

❼ 다음날, 나는 여행자들을 위한 태국 요리 교실에 참여했다.

❽ 먼저, 우리는 현지 시장에 가서 태국의 과일과 채소에 대해 배웠다.

❾ 나는 수업에서 쏨탐, 스프링 롤, 그리고 그린 카레를 만들었다.

Do It Yourself 다음 단어의 우리말은 영어로, 영어 단어는 우리말로 쓰시오.

| 01 모험 _____ | 02 요리사 _____ | 03 사촌 _____ | 04 게스트하우스 _____ |
| 05 local _____ | 06 check in _____ | 07 attend _____ | 08 at last _____ |

⑩ The chef said to me, "Good job! You are going to become a great

= told

cook!"

명 요리사

⑪ I was very proud of myself.

be proud of: ~을 자랑스러워하다   ↖ 재귀대명사(자기 자신)

Chiang Mai

⑫ After a long bus ride from Bangkok, we arrived in Chiang Mai.

전 ~ 후에   명 타고 가기, (탈것을 이용한) 여행

⑬ Chiang Mai is an exciting city with lots of fun activities.

-ing 형태의 형용사: ~한 감정을 느끼게 하는

⑭ During the day, we went hiking and visited hill tribes.

낮 동안에   go -ing: ~하러 가다

⑮ In the evening, we tried different street foods.

저녁에

⑯ My favorite street food was pad Thai.

⑰ I wanted to cook it, and a friendly street food chef taught me.

= pad Thai

to부정사의 명사적 용법(목적어)

⑱ I was so lucky!

⑲ I will never forget my time in Thailand.

= will not (won't)   나라 이름 앞에 쓰는 전치사

⑳ It truly was my dream trip.

true의 부사형

★ 바른답·알찬풀이 **p. 4**

09 잊다 _____	**10** 부족, 종족 _____
13 exciting _____	**14** friendly _____

11 타기; 타다 _____	**12** 활동 _____
15 truly _____	**16** trip _____

+ 해석

⑩ 요리사는 나에게 말했다. "잘했어요! 당신은 훌륭한 요리사가 될 거예요!"

⑪ 나는 내 자신이 매우 자랑스러웠다.

치앙마이

⑫ 방콕에서부터 오랜 시간 버스를 탄 후에, 우리는 치앙마이에 도착했다.

⑬ 치앙마이는 많은 재미있는 활동들을 할 수 있는 신나는 도시이다.

⑭ 낮 동안에 우리는 등산하러 갔고 고산 족들을 방문했다.

⑮ 저녁에 우리는 다양한 길거리 음식을 맛보았다.

⑯ 내가 가장 좋아한 길거리 음식은 팟타 이였다.

⑰ 나는 그것을 요리하고 싶었는데, 한 친 절한 길거리 음식 요리사가 나에게 가 르쳐 주었다.

⑱ 나는 정말 운이 좋았다!

⑲ 나는 태국에서의 시간을 결코 잊지 못 할 것이다.

⑳ 그것은 진정 나의 꿈의 여행이었다.

A 다음 네모 안에서 알맞은 것을 고르시오.

01 My dream is to become / for become a cook.

02 Tomorrow, I am going visiting / to visit Thailand with my cousin and learn / learning about Thai food.

03 I am very exciting / excited about this trip.

04 At last, we arrived in / at Bangkok.

05 We first checked in at a guesthouse on Khaosan Road and go / went to the Grand Palace.

06 The palace was very beautiful with many / much colorful buildings.

07 The next day, I attended a Thai cooked / cooking class for travelers.

08 First, we went to a local market and learned / learning about Thai fruits and vegetables.

09 I made som tam, spring rolls, and / but green curry in class.

10 The chef said to me, "Good job! You are going to become / becoming a great cook!" I was very proud of me / myself .

11 After / Before a long bus ride from Bangkok, we arrived in Chiang Mai.

12 Chiang Mai is an exciting / excited city with lot of / lots of fun activities.

13 During the day, we went hike / hiking and visited hill tribes.

14 In / On the evening, we tried different street foods.

15 My favorite street food was / were pad Thai.

16 I wanted cooking / to cook it, and a friend / friendly street food chef taught me. I was so lucky / luckily !

17 I will never forget / forgot my time in Thailand.

18 It truly was my / mine dream trip.

B 다음 우리말과 일치하도록 문장을 완성하시오.

01 나는 내 자신이 매우 자랑스러웠다.

≫ I was very proud of _____.

02 나의 꿈은 요리사가 되는 것이다.

≫ My dream is _____ _____ a cook.

03 나는 팟타이를 요리하고 싶었다.

≫ I wanted _____ _____ pad Thai.

04 나는 사촌과 함께 태국을 방문할 것이다.

≫ I _____ _____ _____ _____ Thailand with my cousin.

05 저녁에 우리는 다양한 길거리 음식을 맛보았다.

≫ _____ _____ _____, we tried different street foods.

06 나는 이번 여행에 매우 들떠 있다.

≫ I _____ _____ _____ _____ this trip.

07 당신은 훌륭한 요리사가 될 거예요!

≫ You _____ _____ _____ _____ a great cook!

08 내가 가장 좋아한 길거리 음식은 팟타이였다.

≫ _____ was pad Thai.

09 나는 태국에서의 시간을 결코 잊지 못할 것이다.

≫ I _____ my time in Thailand.

10 치앙마이는 많은 재미있는 활동들을 할 수 있는 신나는 도시이다.

≫ Chiang Mai is _____ with _____.

✎ 어휘

01 다음 짝지어진 단어의 관계가 같도록 빈칸에 들어갈 말로 가장 알맞은 것은?

> same : different = far : _____

① close
② popular
③ famous
④ exciting
⑤ straight

[02~03] 다음 중 나머지 단어를 대표하는 말로 가장 알맞은 것을 고르시오.

02 ① bank
② library
③ theater
④ building
⑤ hospital

03 ① hot
② cool
③ rainy
④ sunny
⑤ weather

04 다음 빈칸에 들어갈 말로 가장 알맞은 것은?

> This summer, my family and I are going to travel _____ the world.

① at
② on
③ with
④ about
⑤ around

05 다음 밑줄 친 부분과 바꿔 쓸 수 있는 것은?

> My aunt is a chef at a restaurant.

① cook
② tribe
③ visitor
④ cousin
⑤ traveler

06 다음 우리말에 맞도록 빈칸에 알맞은 말을 쓰시오.

> 우리는 호텔에 도착해서 투숙 절차를 밟았다.
> → We arrived at the hotel and _____
> _____.

07 다음 중 단어의 영영풀이가 <u>잘못된</u> 것은?

① block: an area of land surrounded by streets
② cousin: the son of one's sister or brother
③ trip: a visit from one place to another, especially for pleasure
④ guide: someone showing tourists around places
⑤ temple: a building used for the worship of a god or gods

08 다음 빈칸에 공통으로 들어갈 단어를 주어진 철자로 시작하여 쓰시오.

> In Thailand you can eat some l_____ food such as pad Thai and som tam at the l_____ restaurants.

표현

09 다음 빈칸에 들어갈 말로 알맞지 않은 것은?

> What are you going to do _____?

① tonight
② yesterday
③ after school
④ next weekend
⑤ this summer

10 다음 대화의 괄호 안에 주어진 말을 배열하여 문장을 완성하시오.

> A: (to / can / get / how / I) the Star Theater?
> B: Go straight two blocks. It's next to the hospital.

→ _____
the Star Theater?

[11~12] 다음 대화의 밑줄 친 우리말을 괄호 안의 지시대로 영어로 옮기시오.

11

> A: Excuse me, where is the LK Mall?
> B: Keep going to the end and then 오른쪽으로 도세요. (2단어로)

→ _____

12

> A: I'm going to visit Busan this summer.
> B: 너는 거기에서 무엇을 할 예정이니? (7단어로)
> A: I'm going to swim in the sea.
> B: That sounds fun.

→ _____

13 다음 중 문장의 의미가 나머지와 다른 하나는?

① Where is the movie theater?
② How can I get to the movie theater?
③ I'm looking for the movie theater.
④ How often do you go to the movie theater?
⑤ Can you tell me how to get to the movie theater?

14 다음 대화의 빈칸에 들어갈 말로 가장 알맞은 것은?

> A: Are you going to go to the amusement park tomorrow?
> B: No, I'm very tired. _____

① I want to visit there someday.
② I'm going to ride a roller coaster.
③ I will visit there with my friends.
④ We're going to meet at 10 a.m.
⑤ I'm going to stay home and relax.

15 다음 중 짝지어진 대화가 어색한 것은?

① A: What are you going to do this weekend?
   B: I'm watching a baseball game now.
② A: Is there an art gallery nearby?
   B: Yes, there's one near the library.
③ A: Do you have any plans tonight?
   B: Nothing special.
④ A: We're going to visit Hawaii.
   B: Wow! Sounds great!
⑤ A: Excuse me. Where is the bus stop?
   B: It's across from the park.

16 다음 (A)~(C)를 자연스러운 대화가 되도록 바르게 배열하시오.

> A: I'm going to go to Andong next month.
> (A) Wow! Sounds interesting.
> (B) I'm planning to go to the mask dance festival.
> (C) Oh, really? What are you going to do there?

_____ – _____ – _____

17 다음 밑줄 친 부분과 바꿔 쓸 수 있는 것은?

> I'm going to go shopping with my sister.

① getting   ② having
③ coming   ④ planning
⑤ taking

18 다음 대화의 빈칸에 들어갈 말로 알맞지 않은 것은?

> A: Excuse me, is there a bank near here?
> B: Yes. _____
> A: Thank you.

① Turn left at the corner.
② Go straight two blocks.
③ I'm looking for the hospital.
④ It's across from the department store.
⑤ Keep going to the end of this street.

[19~20] 다음 대화를 읽고, 물음에 답하시오.

> A: Excuse me, is there a ____ⓐ____ near here?
> B: Yes, there is.
> A: ____ⓑ____ can I get there?
> B: Go straight two blocks, and then turn right. It'll be on your left.
> A: Thank you.
> B: You're welcome.

19 다음 지도를 보고, 위 대화의 빈칸 ⓐ에 들어갈 장소를 고르면?

① park   ② bank   ③ hospital
④ library   ⑤ theater

20 위 대화의 빈칸 ⓑ에 알맞은 말을 쓰시오.

_____

21 다음 우리말에 맞도록 괄호 안의 말을 이용하여 문장을 완성하시오.

(1) Ann은 한국어를 공부할 거야.
    (going / study Korean)
    → _____

(2) 빵집은 서점 옆에 있다. (next to)
    → _____

문법

22 다음 빈칸에 들어갈 말로 가장 알맞은 것은?

I want _____ a pilot in the future.

① be ② am
③ being ④ to be
⑤ to being

23 다음 중 밑줄 친 부분이 어법상 틀린 것은?

① Is your dad coming back tonight?
② I am going to meet Mark tomorrow.
③ Are you going to attend the class?
④ Bob isn't going to join the company.
⑤ The children is going to play hide-and-seek.

24 다음 대화의 밑줄 친 ①~⑤ 중 어법상 틀린 것은?

A: What ①are you and Steve going ②doing after school?
B: We ③are going to play badminton.
A: ④How about James?
B: He ⑤will join us.

25 다음 빈칸에 들어갈 말이 순서대로 짝지어진 것은?

· Suho decided _____ history at college.
· _____ a doctor is very difficult.

① study – Become
② studies – Become
③ studying – Becoming
④ to study – To become
⑤ to studying – To become

26 다음 중 빈칸에 들어갈 단어가 나머지와 다른 하나는?

① Kevin _____ going to visit us.
② It _____ not going to rain tonight.
③ She _____ going to be ten years old.
④ Mom _____ going to make a cake for us.
⑤ My sister and brother _____ going to help me.

27 다음 밑줄 친 부분의 문장 성분이 〈보기〉와 같은 것은?

〈보기〉
She hates to talk about her sister.

① My hope is to travel to Europe.
② To help others is not easy.
③ The baby began to cry loudly.
④ It is important to save time.
⑤ Her job is to sell flowers.

28 다음 우리말을 영어로 바르게 옮긴 것은?

사랑한다는 것은 서로를 믿는 것이다.

① Love is trust each other.
② Loving is trusted each other.
③ Love is to trusting each other.
④ To love is to trust each other.
⑤ To loving is to trust each other.

29 다음 문장을 부정문으로 바꿔 쓰시오.

We're going to go camping this Saturday.

→ _____

30 다음 중 'not'이 들어갈 위치로 가장 알맞은 곳은?

> Judy (①) is (②) going (③) to (④) go (⑤) on the school field trip.

31 다음 빈칸에 들어갈 말로 알맞은 것을 <u>모두</u> 고르면?

> _____ are going to attend the graduation ceremony.

① Jane
② The principal
③ Daniel and I
④ Mr. Pitt
⑤ My parents

32 다음 문장을 의문문으로 바르게 바꿔 쓴 것은?

> Eric is going to buy a new cell phone.

① Does Eric buy a new cell phone?
② Is Eric going to buy a new cell phone?
③ Be Eric going to buy a new cell phone?
④ Is Eric goes to buy a new cell phone?
⑤ Does Eric going to buy a new cell phone?

33 다음 중 밑줄 친 부분의 쓰임이 나머지와 <u>다른</u> 하나는?

① Are you going <u>to buy</u> the scarf?
② <u>To play</u> computer games is fun.
③ Jake's hobby is <u>to take</u> pictures.
④ Does he hope <u>to visit</u> the museum?
⑤ What do you want <u>to eat</u> for lunch?

[34~35] 다음 우리말에 맞도록 괄호 안의 말을 이용하여 문장을 완성하시오.

34

> 우리는 열심히 공부할 필요가 있다.
> (need / study hard)

→ _____

35

> Brad는 나의 가족과 함께 저녁을 먹을 것이다.
> (going / have dinner)

→ _____

36 다음 중 어법상 옳은 문장끼리 짝지어진 것은?

> (a) She decided losing some weight.
> (b) My goal is to improve my English.
> (c) Jake likes to listen to K-pop songs.
> (d) Eat too much at night is bad for your health.

① (a), (b)
② (a), (c)
③ (b), (c)
④ (b), (d)
⑤ (c), (d)

37 다음 글의 빈칸에 들어갈 말이 순서대로 짝지어진 것은?

> My plan for this fall is _____ French. I hope _____ Paris someday.

① learning – visit
② learning – visiting
③ to learn – visiting
④ to learn – to visit
⑤ learned – to visit

독해

[38~40] 다음 글을 읽고, 물음에 답하시오.

Do you want ⓐto visit an exciting city in Thailand?
(A) They are the cool season, the hot season, and the rainy season.
(B) Then, come to Chiang Mai.
(C) It has three seasons.
(D) ⓑYou can eat local food and visit different hill tribes.

38 주어진 문장에 이어질 내용을 순서에 맞게 배열한 것으로 가장 알맞은 것은?

① (A) − (C) − (B) − (D)
② (B) − (A) − (C) − (D)
③ (B) − (C) − (A) − (D)
④ (C) − (A) − (B) − (D)
⑤ (C) − (B) − (A) − (D)

39 윗글의 밑줄 친 ⓐ와 쓰임이 다른 것은?

① I hope to take a trip to Spain.
② His job is to train pet dogs.
③ Suddenly, it started to rain.
④ Are you going to invite Amy to the party?
⑤ To live without water is impossible.

40 윗글의 밑줄 친 ⓑ를 우리말로 옮기시오.

→ _____

[41~42] 다음 글을 읽고, 물음에 답하시오.

My dream is ___ⓐ___ (become) a cook. Tomorrow, I am going ___ⓑ___ (visit) Thailand with my cousin and learn about Thai food. I am very excited about this trip.

41 윗글의 빈칸 ⓐ, ⓑ에 괄호 안의 동사를 알맞은 형태로 바꿔 쓰시오.

ⓐ _____ _____

ⓑ _____ _____

42 윗글에서 'I'에 관해 알 수 있는 것은?

① 현 거주지　　　　② 가족 수
③ 장래 희망　　　　④ 방학 계획
⑤ 좋아하는 음식

43 다음 글의 빈칸에 주어진 철자로 시작하는 단어를 쓰시오.

Our group is i_____ in art, so we want to visit Paris in France. We will visit art museums and see street artists in Montmartre.

[44~46] 다음 글을 읽고, 물음에 답하시오.

At last, we arrived _____ Bangkok. We first checked _____ at a guesthouse on Khaosan Road and went to the Grand Palace. The palace was very beautiful with many colorful buildings.

The next day, I attended a Thai cooking class for travelers. First, we went to a local market and learned about Thai fruits and vegetables. I made som tam, spring rolls, and green curry in class. The chef said to me, "Good job! You are going to become a great cook!" I was very proud of myself.

44 윗글의 빈칸에 공통으로 들어갈 말로 가장 알맞은 것은?

① in   ② on   ③ at
④ out   ⑤ from

45 윗글에서 글쓴이가 방콕에서 한 일을 여행 일정에 맞게 순서대로 배열하시오.

(a) 대궁전 관람
(b) 현지 시장 방문
(c) 쏨탐, 스프링 롤, 그린 카레 만들기
(d) 게스트하우스 체크인

_____ – _____ – _____ – _____

46 윗글에서 글쓴이가 밑줄 친 부분과 같이 생각한 이유를 우리말로 쓰시오.

→ _____

[47~49] 다음 글을 읽고, 물음에 답하시오.

Do you want _____ an exciting city in Thailand? Then, come to Pattaya. It is usually hot. It rains a lot between July and October. Come and enjoy spending time at the beach.

47 윗글의 빈칸에 들어갈 말로 가장 알맞은 것은?

① visit   ② visited
③ visiting   ④ to visit
⑤ to visiting

48 Pattaya에 관한 윗글의 내용과 일치하지 <u>않는</u> 것은?

① 태국에 있는 도시이다.
② 다양한 부족이 사는 흥미로운 도시이다.
③ 날씨가 대개 덥다.
④ 7월과 10월 사이는 우기이다.
⑤ 해변에서 즐거운 시간을 보낼 수 있다.

49 다음 질문에 알맞은 답을 본문에서 찾아 영어로 쓰시오.

Q: How's the weather in August in Pattaya?

A: _____

[50~52] 다음 글을 읽고, 물음에 답하시오.

> Dear Minha,
>   Hello, I am in Sokcho. Today, I visited Seoraksan. I enjoyed hiking. Tomorrow, (to / Sokcho Beach / I / going / visit / am). <u>It will be a lot of fun.</u> Miss you!
> Love,
> Minho

50 윗글의 괄호 안에 주어진 말을 바르게 배열하여 문장을 완성하시오.

→ Tomorrow, _____.

51 윗글의 밑줄 친 문장과 같은 뜻이 되도록 괄호 안의 말을 이용하여 문장을 다시 쓰시오.

> It will be a lot of fun.
> = _____ (going)

52 윗글을 읽고 답할 수 없는 질문은?

① Who wrote this letter?
② Who will receive this letter?
③ What did Minha do today?
④ Where is Minho now?
⑤ What is Minho going to do tomorrow?

[53~55] 다음 글을 읽고, 물음에 답하시오.

> Chiang Mai is an ⓐexciting city with lots of fun activities. During the day, we went ⓑhiking and visited hill tribes. In the evening, we tried different street foods. My favorite street food was pad Thai. I wanted ⓒcook it, and a friendly street food chef ⓓtaught me. I was so _____!
>   I will never ⓔforget my time in Thailand. It truly was my dream trip.

53 윗글의 빈칸에 들어갈 말로 가장 알맞은 것은?

① sad   ② tired
③ lucky   ④ hungry
⑤ bored

54 윗글의 밑줄 친 ⓐ~ⓔ 중 어법상 틀린 것은?

① ⓐ   ② ⓑ
③ ⓒ   ④ ⓓ
⑤ ⓔ

55 윗글의 내용과 일치하지 않는 것은?

① 치앙마이에서 많은 재미있는 활동을 즐길 수 있다.
② 낮에 등산을 하고 고산족을 방문했다.
③ 저녁에 다양한 길거리 음식을 맛보았다.
④ 요리 교실에서 팟타이 만드는 법을 배웠다.
⑤ 태국으로의 여행은 나에게 꿈 같은 시간이었다.

01 다음 대화에서 말하는 Ann의 아빠의 모습으로 가장 알맞은 것은?

> A: Ann, what does your father do?
> B: He is a chef at an Italian restaurant.

① 　②

③ 　④

⑤

02 다음 표지판에 관한 설명으로 가장 알맞은 것은?

① GO STRAIGHT　② NO PARKING
③ TURN LEFT　④ DO NOT ENTER
⑤ ONE-WAY STREET

[03~04] 다음 대화를 읽고, 물음에 답하시오.

> A: What are you going to do this weekend, Mina?
> B: I'm going to visit Haeundae Beach.
> A: Sounds exciting!
> B: _____, Mike?
> A: I'm going to see a movie with my friends.

03 위 대화의 빈칸에 들어갈 말로 가장 알맞은 것은?

① Do you like the sea
② What do you want to eat
③ Where is the beach
④ Do you have any plans
⑤ Is there a movie theater near here

04 위 대화의 내용과 일치하도록 빈칸에 알맞은 말을 쓰시오.

> Mina _____ _____
> _____ _____ Haeundae Beach
> this weekend.

05 다음 (A)~(E)를 자연스러운 대화가 되도록 바르게 배열하시오.

> (A) I'm going to play basketball with my friends.
> (B) Why don't you join us?
> (C) Hi, Ryan. What are you going to do this afternoon?
> (D) Wow! That sounds fun!
> (E) Sure. I'd love to.

_____ － _____ － _____ － _____ － _____

[06~07] 다음 대화를 읽고, 물음에 답하시오.

> A: Excuse me. _____
> B: The art museum?
> A: Yes, I'm going to see Picasso's paintings at the museum.
> B: Oh, it's very close. Go straight one block, and then turn left. It'll be on your right.
> A: O.K. Thanks a lot.

중요
06 위 대화의 빈칸에 들어갈 말로 알맞지 <u>않은</u> 것은?

① Where is the art museum?
② Is there the art museum near here?
③ I'm looking for the art museum.
④ How can I get to the art museum?
⑤ What are you going to do at the art museum?

07 위 대화에서 언급한 미술관의 위치로 가장 알맞은 곳은?

08 다음 빈칸에 들어갈 말이 순서대로 짝지어진 것은?

> • I hope _____ him soon.
> • Are you _____ to meet Amy tomorrow?

① see – going
② see – to go
③ to see – go
④ to see – going
⑤ seeing – to go

09 다음 중 어법상 옳은 문장은?

① To see is believe.
② He's going to eating pizza.
③ Dorothy plans to learn Chinese.
④ Drink much soda is bad for your teeth.
⑤ What do you going to do tomorrow?

[10~11] 다음 글을 읽고, 물음에 답하시오.

> Dear Amy,
>   Hello, I am in Busan. Today, I ①visited Songdo Beach. I enjoyed ②swimming. Tomorrow, I am going ③visit BIFF Street. I want ④to try different street foods. It ⑤will be a lot of fun. Miss you!
> Love,
> Jisu

10 윗글의 밑줄 친 ①~⑤ 중 어법상 <u>틀린</u> 것을 찾아 바르게 고쳐 쓰시오.

→ _____

11 윗글의 내용으로 알 수 <u>없는</u> 것은?

① 편지를 받는 사람
② 지수가 현재 있는 지역
③ 지수가 오늘 한 일
④ 지수가 내일 할 일
⑤ 지수가 좋아하는 음식

12 다음 글의 밑줄 친 우리말을 영어로 옮기시오.

> <u>우리는 역사에 관심이 있다</u>, so we want to visit the Great Wall of China. We're going to walk along the wall and learn about its history.

→ _____

15 Chiang Mai에 관한 윗글의 내용과 일치하는 것은?

① 대만의 도시이다.
② 서늘한 계절이 없다.
③ 겨울에 눈이 많이 온다.
④ 해산물 요리로 유명하다.
⑤ 다양한 고산족들이 있다.

[13~15] 다음 글을 읽고, 물음에 답하시오.

> (①) Do you want to visit an exciting city in Thailand? (②) Then, come to Chiang Mai. (③) They are the cool season, the hot season, and the rainy season. (④) You can eat local food and visit different hill tribes. (⑤)

16 다음 중 밑줄 친 부분의 쓰임이 나머지와 다른 하나는?

① Michael loves <u>to</u> play basketball.
② They went <u>to</u> New York last month.
③ <u>To</u> listen to others carefully is important.
④ My wish is <u>to</u> have my own room.
⑤ The little girl began <u>to</u> cry suddenly.

13 윗글의 ①~⑤ 중 주어진 문장이 들어가기에 가장 알맞은 곳은?

> It has three seasons.

①　　　②　　　③　　　④　　　⑤

17 다음 우리말을 영어로 바르게 옮긴 것은?

> 아빠와 나는 이번 주말에 캠핑을 하러 갈 것이다.

① Dad and I am going to go camping this weekend.
② Dad and I are going to go camping this weekend.
③ Dad and I is going to go to camp this weekend.
④ Dad and I am go to going camping this weekend.
⑤ Dad and I are go to going camping this weekend.

고난도
14 윗글의 밑줄 친 부분과 쓰임이 같은 것은?

① He'll come <u>to</u> us.
② We'll go <u>to see</u> a movie tonight.
③ I went <u>to</u> bed early last night.
④ My brother likes <u>to play</u> online games.
⑤ She's going <u>to visit</u> her grandparents.

18 다음 중 어법상 틀린 문장끼리 짝지어진 것은?

> (a) It will be fine tomorrow.
> (b) I want mastering English.
> (c) Are you going to join the club?
> (d) Tiffany finished washing the dishes after dinner.
> (e) Andy and Dave is going to go to the Internet cafe.

① (a), (c)　　　② (b), (d)
③ (b), (e)　　　④ (a), (d), (e)
⑤ (b), (c), (e)

[19~21] 다음 글을 읽고, 물음에 답하시오.

> (A) At last, we arrived in Bangkok. We first checked in at a guesthouse on Khaosan Road and went to the Grand Palace. The palace was very beautiful with many colorful buildings.
>
> (B) My dream is to become a cook. Tomorrow, I am going to visit Thailand with my cousin and learn about Thai food. I am very excited about this trip.
>
> (C) The next day, I attended a Thai cooking class for travelers. First, we went to a local market and learned about Thai fruits and vegetables. I made som tam, spring rolls, and green curry in class. The chef said to me, "Good job! 당신은 훌륭한 요리사가 될 거예요!" I was very proud of myself.

19 윗글의 순서로 가장 알맞은 것은?

① (A) - (B) - (C)
② (A) - (C) - (B)
③ (B) - (A) - (C)
④ (C) - (A) - (B)
⑤ (C) - (B) - (A)

20 윗글의 밑줄 친 우리말에 맞도록 괄호 안의 말을 배열하여 문장을 완성하시오.

> (become / are / a great cook / to / you / going)!

→ _____

21 윗글에서 글쓴이가 한 일이 아닌 것은?

① 게스트하우스에서 숙박했다.
② 아름다운 대궁전(Grand Palace)을 방문했다.
③ 태국에서 현지 시장에 갔다.
④ 태국 요리 경연 대회에 참가했다.
⑤ 쏨탐, 스프링 롤, 그린 카레를 만들었다.

22 다음 글의 종류로 가장 알맞은 것은?

> Do you want to visit an exciting city in Thailand? Then, come to Pattaya. It is usually hot. It rains a lot between July and October. Come and enjoy spending time at the beach.

① letter
② diary
③ book review
④ travel essay
⑤ travel guide

[23~24] 다음 글을 읽고, 물음에 답하시오.

> After a long bus ride from Bangkok, we ⓐarrived in Chiang Mai. Chiang Mai is an ⓑexciting city with lots of fun activities. During the day, we went hiking and visited hill tribes. In the evening, we tried ⓒdifferent street foods. My favorite street food was pad Thai. I wanted to cook it, and a friendly street food ⓓchef taught me. I was so lucky!
>
> I will never forget my time in Thailand. It truly was my dream ⓔtrip.

23 윗글의 밑줄 친 단어의 영영풀이가 잘못된 것은?

① ⓐ: to reach a place
② ⓑ: causing the feeling of delight
③ ⓒ: varied, several
④ ⓓ: a customer at a hotel or restaurant
⑤ ⓔ: a journey for some purpose

24 윗글의 내용과 일치하지 <u>않는</u> 것은?

① "We" went to Chiang Mai by bus.
② You can see hill tribes in Chiang Mai.
③ Before noon, "we" tasted various kinds of street food.
④ "I" liked pad Thai very much.
⑤ "I" learned to cook pad Thai.

25 다음 글을 읽고, 글쓴이의 여행 일정을 정리한 메모를 완성하시오.

> I'm in Paris now. Today, I visited the Eiffel Tower. I had a great view of Paris. It was very beautiful! Tomorrow, I am going to visit the Orsay Museum. I want to see many beautiful paintings there. It will be a lot of fun.

• 여행지: _____
• 오늘의 여정: _____ 방문
• 내일의 여정: 오르세 미술관 방문

서술형 평가 **Basic**

★ 바른답·알찬풀이 p. 10

A 다음 괄호 안의 동사를 알맞은 형태로 바꿔 문장을 완성하시오.

① Grandma's hobby is _____ _____ flowers. (grow)

② Jiho and I _____ going to play badminton after school. (be)

③ I don't want _____ _____ late for the concert. (be)

④ When are you going _____ _____ me the news? (tell)

⑤ _____ _____ too much salt is not good for your health. (eat)

B 다음 지도를 보고, 〈보기〉에서 알맞은 말을 골라 문장을 완성하시오.

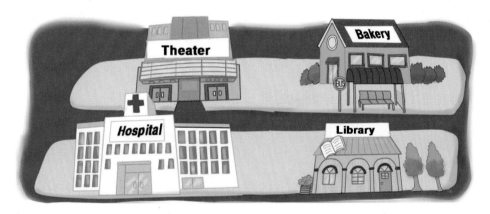

┌─ 보기 ───┐
| next to   in front of   across from |
└──┘

① The bus stop is _____ the bakery.

② The hospital is _____ the theater.

③ The library is _____ the hospital.

C 다음 문장을 괄호 안의 지시대로 바꿔 쓰시오.

① The boy band is going to be popular next year. (의문문으로)

→ _____

② I am going to apologize to Donna. (부정문으로)

→ _____

서술형 평가 Intermediate

★ 바른답·알찬풀이 p. 10

A 다음 그림을 보고, 친구의 장래 희망을 소개하는 글을 완성하시오.

Kate

Minho

Edward

① Kate loves to cook. Her dream is to be a _____.

② Minho loves to play _____. His dream is to _____ _____

_____ _____.

③ Edward loves to _____ _____ _____. His dream

_____ _____ _____ a violinist.

B 다음 지도를 보고, 길을 묻고 답하는 대화를 완성하시오.

A: Excuse me, how can I get to the bike shop?

B: Go straight _____ _____, and then _____ _____. It'll

be on your _____.

C 다음 주어진 조건에 맞도록 자신의 여행 계획을 쓰시오.

〈조건〉
1. 여행지와 그곳에서 할 일이 모두 드러나도록 할 것
2. be going to와 and를 이용해서 한 문장으로 쓸 것

_____

_____

_____

A 다음 주어진 조건에 맞도록 자신의 장래 희망과 하고 싶은 일을 쓰시오.

(조건)
주어진 말로 시작하여 문장을 완성하고
어법에 맞는 형태로 쓸 것

My dream is _____.
I want _____.

B 다음 지도를 보고, 주어진 조건에 맞도록 길을 묻고 답하는 대화를 완성하시오.

(조건)
go, block, turn, right, left가 모두 포함
되도록 할 것

A: Excuse me, how can I get to the theater?
B: _____
_____

C 다음 글을 읽고, 물음에 답하시오.

To   amybrown@mirae.nmail.com   Cc Bcc
Subject   Dear Amy

Dear Amy,

Hello, I am in Busan. Today, I visited Songdo Beach. I enjoyed swimming. Tomorrow, I am going to visit BIFF Street. I want to try different street foods. It will be a lot of fun. Miss you!

Love,
Jisu

❶ Q: Where is Jisu?
A: She _____.

❷ Q: What did Jisu do today?
A: _____

❸ Q: What is Jisu going to do tomorrow?
A: _____

>> **다음 우리말을 영어로 옮기시오.**

01 나의 꿈은 요리사가 되는 것이다.

→ _____

02 내일, 나는 사촌과 함께 태국을 방문해서 태국의 음식에 대해서 배울 것이다.

→ _____

03 나는 이번 여행에 매우 들떠 있다.

→ _____

04 드디어, 우리는 방콕에 도착했다.

→ _____

05 우리는 먼저 카오산 로드에 있는 게스트하우스에서 투숙 절차를 밟고 대궁전(Grand Palace)에 갔다.

→ _____

06 그 궁전은 많은 화려한 건물들이 있는 매우 아름다운 곳이었다.

→ _____

07 다음날, 나는 여행자들을 위한 태국 요리 교실에 참여했다.

→ _____

08 먼저, 우리는 현지 시장에 가서 태국의 과일과 채소에 대해 배웠다.

→ _____

09 나는 수업에서 쏨탐, 스프링 롤, 그리고 그린 카레를 만들었다.

→ _____

10 요리사는 나에게 말했다.

→ _____

11 잘했어요!

→ _____

교과서 본문 손으로 기억하기

12 당신은 훌륭한 요리사가 될 거예요!

→ _____

13 나는 내 자신이 매우 자랑스러웠다.

→ _____

14 방콕에서부터 오랜 시간 버스를 탄 후에, 우리는 치앙마이에 도착했다.

→ _____

15 치앙마이는 많은 재미있는 활동들을 할 수 있는 신나는 도시이다.

→ _____

16 낮 동안에 우리는 등산하러 갔고 고산족들을 방문했다.

→ _____

17 저녁에 우리는 다양한 길거리 음식들을 맛보았다.

→ _____

18 내가 가장 좋아한 길거리 음식은 팟타이였다.

→ _____

19 나는 그것을 요리하고 싶었는데, 한 친절한 길거리 음식 요리사가 나에게 가르쳐 주었다.

→ _____

20 나는 정말 운이 좋았다!

→ _____

21 나는 태국에서의 시간을 결코 잊지 못할 것이다.

→ _____

22 그것은 진정 나의 꿈의 여행이었다.

→ _____

단원 마무리 노트

1 5단원에서 배운 내용을 정리한 노트를 완성해 봅시다.

Vocabulary

▶ 그것은 진정 나의 꿈의 여행이었다.

→ It truly was my dream ❶_____.

▶ 치앙마이는 많은 재미있는 활동들을 할 수 있는 신나는 도시이다.

→ Chiang Mai is an exciting city with lots of fun ❷_____.

▶ 드디어, 우리는 방콕에 도착했다.

→ ❸_____, we arrived in Bangkok.

Expressions

▶ A: What are you going to do tomorrow? 너는 내일 무엇을 할 거니?

B: I'm going to go to the library. 나는 도서관에 갈 거야.

→ 자신의 계획을 말할 때는 '나는 ～할 것이다(계획이다).'라는 뜻의 ❹_____ 을(를) 쓴다.

▶ A: Excuse me, how can I get to the theater? 실례합니다만, 극장에 어떻게 갈 수 있나요?

B: Go straight one block, and then turn left. 한 블록 직진한 다음 왼쪽으로 도세요.

→ 길을 물을 때는 '～에 어떻게 갈 수 있나요?'라는 뜻의 ❺_____ 을(를) 쓴다.

Grammar

be going to

계획된 미래의 일을 나타내어 '～할 것이다'의 의미를 나타내며, 〈be going to + ❻_____〉의 형태로 쓴다. 이때, be동사는 주어의 인칭과 시제에 맞게 쓴다.

to부정사의 명사적 용법

〈to + 동사원형〉의 형태로 문장에서 ❼_____, 보어, 주어 역할을 하는 것을 to부정사의 명사적 용법이라 하며, '～하는 것, ～하기'의 의미를 나타낸다.

Animals Around Us

Listen & Speak

- 허락 요청하기
  May I bring my pet?
- 기대 표현하기
  I can't wait to play the new board game.

Read

- 소재 고양이 선원 Blackie

Language Use

- Some sailors believed **that** a ship's cat brought good luck.
- Churchill touched his head **to stop** him.
- People **gave** Blackie a new name, Churchill.

다음 어휘의 뜻을 알아봅시다.

▷ Words

명사 •

- adventure[ædvéntʃər] 모험 + adventurous 모험심이 강한
- battleship[bǽtlʃìp] 전투함
- bear[bɛər] 곰
- country[kʌ́ntri] 나라, 국가
- headache[hédèik] 두통
- homework[hóumwə̀:rk] 숙제
- joy[dʒɔi] 기쁨, 즐거움 ≒ pleasure
- koala[kouáːlə] 코알라
- library[láibrèri] 도서관
- luck[lʌk] 운, 행운
- moment[móumənt] 순간
- navy[néivi] 해군
- ocean[óuʃən] 대양, 바다
- pet[pet] 애완동물
- picture[píktʃər] 사진, 그림
- place[pleis] 장소, 곳, (개인의) 집
- president[prézədənt] 대통령
- rat[ræt] 쥐 ≒ mouse
- restroom[réstrù(:)m] 화장실
- sailor[séilər] 선원, 뱃사람
- sea[siː] 바다
- the Prime Minister 총리, 수상
- voyage[vɔ́iidʒ] (긴 거리의) 항해, 여행

형용사/부사 •

- already[ɔːlrédi] 이미, 벌써
- cute[kjuːt] 귀여운
- dangerous[déindʒərəs] 위험한 + danger 위험
- disappointed[dìsəpɔ́intid] 실망한 ↔ satisfied 만족스러운
- especially[ispéʃəli] 특별히, 특히
- famous[féiməs] 유명한
- favorite[féivərit] 가장 좋아하는, 마음에 드는
- generally[dʒénərəli] 일반적으로 ≒ usually
- helpful[hélpfəl] 도움이 되는
- lonely[lóunli] 외로운
- secret[síːkrit] 비밀스러운; 圀 비밀
- special[spéʃəl] 특별한

동사 •

- believe[bilíːv] 믿다, 생각하다
- bring[briŋ] 가져오다, 데려오다 (bring – brought – brought)
- feed[fiːd] 밥을 먹이다, 먹이를 주다 (feed – fed – fed)
- feel[fiːl] 느끼다 (feel – felt – felt)
- finish[fíniʃ] 끝내다 ↔ start, begin 시작하다
- leave[liːv] ~을 두고 오다, 떠나다 (leave – left – left)
- spend[spend] (시간을) 보내다, (돈을) 쓰다
  (spend – spent – spent)
- touch[tʌtʃ] 만지다

▷ Phrases

- be back 돌아오다
- get off ~에서 내리다
- have fun 즐겁게 지내다
- keep A away from B B로부터 A를 쫓아내다
- look well (안색이) 좋아 보이다
- play with ~와 놀다

- protect A from B B로부터 A를 보호하다, 지키다
- say hello to ~에게 안부를 전하다, 인사하다
- show ~ around ~에게 구경시켜 주다
- take a picture 사진을 찍다
- turn off (전기 · 가스 등을) 끄다, 잠그다
- wait for ~을 기다리다

A 다음 단어의 우리말 뜻을 쓰시오.

01 luck

02 touch

03 especially

04 ocean

05 moment

06 generally

07 bring

08 navy

09 restroom

10 special

11 joy

12 place

13 homework

14 already

15 believe

16 country

17 favorite

18 get off

19 be back

20 have fun

B 다음 우리말에 알맞은 단어를 쓰시오.

01 쥐

02 전투함

03 대통령

04 애완동물

05 위험한

06 먹이를 주다

07 두통

08 외로운

09 도움이 되는

10 선원, 뱃사람

11 ~을 두고 오다

12 모험

13 비밀스러운; 비밀

14 코알라

15 귀여운

16 (시간을) 보내다

17 유명한

18 ~에게 안부를 전하다

19 (전기·가스 등을) 끄다

20 사진을 찍다

Words 집중 탐구

명사 - 형용사 관계 •

- danger (위험) — dangerous (위험한)
- luck (행운) — lucky (운이 좋은, 행운의)
- joy (기쁨, 즐거움) — joyful (기쁜)
- help (도움) — helpful (도움이 되는)
- adventure (모험) — adventurous (모험심이 강한)

유의어 관계 •

- sea (바다) ≒ ocean (대양, 바다)
- voyage (항해, 여행) ≒ sail (항해)
- restroom (화장실) ≒ washroom (화장실)
- special (특별한) ≒ particular (특별한)
- famous (유명한) ≒ well-known (유명한)

Phrases 집중 탐구

- show ~ around: ~에게 구경시켜 주다
  Let me **show** you **around** the school. (너에게 학교를 구경시켜 줄게.)

- keep A away from B: B로부터 A를 쫓아내다
  Keep the children **away from** that place. (저곳에서 아이들을 쫓아내라.)

- protect A from B: B로부터 A를 보호하다, 지키다
  You need to **protect** yourself **from** bad people. (나쁜 사람들로부터 너 자신을 보호해야 한다.)

- say hello to: ~에게 안부를 전하다, 인사하다
  Please **say hello to** your parents for me. (네 부모님께 내 안부를 전해 주렴.)

Pop Quiz

★ 바른답·알찬풀이 p. 11

1 다음 짝지어진 단어의 관계가 〈보기〉와 같도록 빈칸에 알맞은 말을 쓰시오.

┌─ 보기 ─────────────────────────────┐

joy : joyful

└────────────────────────────────────┘

= danger : _____

2 다음 빈칸에 공통으로 들어갈 알맞은 말을 쓰시오.

┌────────────────────────────────────┐
- The show is starting soon. Please _____ for a minute.
- I can't _____ to visit the museum.
└────────────────────────────────────┘

3 다음 영영풀이에 해당하는 단어를 쓰시오.

(1) _____ : a long journey on a ship or in a spacecraft

(2) _____ : to give a person or animal food

A 다음 우리말에 맞도록 빈칸에 알맞은 말을 쓰시오.

(1) 우리 아빠는 선원이 되고 싶어 하셨다.
   → My dad wanted to be a _____.

(2) 너희 나라의 대통령은 누구니?
   → Who is the _____ of your country?

(3) 그는 해군에서 2년 복무했다.
   → He served two years in the _____.

(4) 나는 밤에 종종 외로움을 느낀다.
   → I often feel _____ at night.

(5) 그의 삶은 모험으로 가득 차 있다.
   → His life is full of _____.

W·O·R·D·S

☐ country ⑲ 나라, 국가
☐ serve ⑧ 복무하다, 근무하다
☐ be full of ~로 가득 차 있다

B 다음 빈칸에 알맞은 말을 〈보기〉에서 골라 쓰시오. (단, 필요하면 형태를 바꿀 것)

┌─ 보기 ─────────────────────────────┐
│ spend   bring   protect   touch │
└───────────────────────────────────┘

(1) At that time, she _____ some delicious food to us.

(2) Wash your hands often and don't _____ your face.

(3) We have to _____ Dokdo from Japan.

(4) He usually _____ time with his family on the weekends.

☐ at that time 그때
☐ delicious ⑲ 맛있는
☐ face ⑲ 얼굴
☐ usually ⑨ 보통, 대개

C 다음 중 짝지어진 단어의 관계가 나머지와 <u>다른</u> 하나는?

① sea : ocean
② special : particular
③ voyage : sail
④ disappointed : satisfied
⑤ restroom : washroom

D 다음 영영풀이에 해당하는 단어로 가장 알맞은 것은?

┌───────────────────────────────────┐
│   a very short period of time   │
└───────────────────────────────────┘

① rat
② secret
③ place
④ battleship
⑤ moment

☐ period ⑲ 기간, 동안

Expressions

1 허락 요청하기

상대방에게 '~해도 될까요?'란 의미로 허락을 요청할 때는 May I ~?, Can I ~?를 사용한다. Do you mind if I ~? 또는 Is it okay if I ~? 등의 표현을 써서 말하기도 한다. 대답으로는 Yes, you may. / Sure. / No problem. 등으로 승낙하거나, No, you may not. / I'm afraid you can't. 등으로 거절하는 말이 온다.

A: May I bring my pet?
B: Yes, you may. /
　　No, you may not.

★ 바른답·알찬풀이 p. 12

중요표현 더하기

- May I use your tablet PC?
  당신의 태블릿 PC를 사용해도 될까요?
- Can I open the window?
  창문을 열어도 되니?
- Do you mind if I listen to music?
  제가 음악을 들어도 될까요?
- Is it okay if I bring some of my friends tomorrow?
  내일 제 친구들 몇 명을 데려와도 될까요?

Pop Quiz

1 다음 대화의 빈칸에 알맞은 말을 쓰시오.

A: _____ I go out and play now?
B: No, you may not. It's too late.

2 기대 표현하기

'나는 빨리 ~하고 싶다, ~이 너무 기다려지다'의 의미로 기대를 표현할 때는 〈I can't wait to+동사원형〉, 〈I'm looking forward to+명사/-ing〉, 〈I'm really excited about+명사/-ing〉, 〈I hope to+동사원형 ~〉 등의 표현을 써서 말한다.

A: Why don't we play the new board game at our class party?
B: Good idea. I can't wait to play it. /
　　I don't think that's a good idea.

중요표현 더하기

- I can't wait to see the concert.
  나는 그 콘서트를 빨리 보고 싶다.
- I'm looking forward to your visit.
  너의 방문을 기대하고 있다.
- I'm really excited about the trip to Europe.
  나는 유럽 여행이 정말로 설렌다.
- I hope to visit Paris someday.
  나는 언젠가 파리를 방문하고 싶다.

★ 바른답·알찬풀이 p. 12

Pop Quiz

2 다음 대화에서 어색한 부분을 찾아 바르게 고치시오.

A: How about going to the amusement park this weekend?
B: Sounds great! I can't wait to going there.

A 다음 우리말에 맞도록 괄호 안의 말을 배열하여 문장을 완성하시오.

(1) 내 친구를 집에 데려와도 될까요? (my friend / bring / may / home / I)

→ _____

(2) 내 선물을 빨리 열어 보고 싶어. (to / can't / open / I / wait)

→ _____ my present.

(3) 당신의 우산을 빌려도 될까요? (if / you / borrow / do / I / mind)

→ _____ your umbrella?

W·O·R·D·S
- ☐ **present** ⑲ 선물
- ☐ **borrow** ⑧ 빌리다

B 다음 대화의 괄호 안에서 알맞은 것을 고르시오.

(1) A: (Will / May) I use this computer for a while?
 B: Sure, go ahead.

(2) A: Why don't we watch his new movie?
 B: Sounds good. I can't wait (to watch / watching) it.

- ☐ **for a while** 잠깐 동안

C 다음 (A)~(C)를 자연스러운 대화가 되도록 바르게 배열한 것은?

(A) I think I left it in the library. May I go back and get it?
(B) Yes, you may. Why don't you hurry?
(C) Where's your science book, Katie?

① (A) - (C) - (B) ② (B) - (A) - (C)
③ (B) - (C) - (A) ④ (C) - (A) - (B)
⑤ (C) - (B) - (A)

- ☐ **go back** ~로 돌아가다
- ☐ **hurry** ⑧ 서두르다

D 다음 대화의 빈칸에 들어갈 말로 알맞지 <u>않은</u> 것은?

A: Eric, what are you going to do this weekend?
B: My cousin is visiting me from Canada. We're going to go to Gyeongbokgung.
A: How long is he going to be in Korea?
B: Ten days. _____

① I'm sorry to hear that.
② I hope to show him many places.
③ I'm looking forward to visiting Gyeongbokgung.
④ I'm really excited about his visit.
⑤ I can't wait to show him around.

- ☐ **weekend** ⑲ 주말
- ☐ **visit** ⑧ 방문하다

Listen & Speak 1

1 M: Where's your science book, Katie?

G: I think I left it in the library. May I go back and get it?

M: Yes, you may. Why don't you hurry?

G: Thank you, Mr. Johnson.

2 B: Mom, I saw a cat on the street. May I bring it home?

W: I don't think that's a good idea, David.

B: Why not? Don't you like cats?

W: I do, but we already have five dogs.

 표현 해설

• May I ~?는 '~해도 될까요?'라는 의미로 상대방에게 허락을 요청하는 표현이다. 허락할 때는 Yes, you may.로 답한다.

• Why not?은 '왜 안 되나요?, 왜 그렇지 않죠?'의 뜻으로 상대방의 부정적인 말에 이유를 묻거나 이의를 제기할 때 쓰는 표현이다. 상황에 따라 '왜 안 되겠어요? 당연히 되지요.'라는 제안에 대한 동의의 의미로도 쓰인다.

Listen & Speak 2

1 G: Did you read the new book *The Panda World*?

B: No, I didn't. What is it about?

G: It's about a panda and his adventures.

B: Oh, I love adventure stories. I can't wait to read it!

2 G: Andy, what are you going to do this weekend?

B: I'm going to visit my uncle's place to see my baby cousin.

G: How old is your cousin?

B: She's two years old. I can't wait to see her smile again.

 표현 해설

• I can't wait to는 '빨리 ~하고 싶다, ~이 너무 기다려지다'의 의미로 기대를 표현하며 to 뒤에는 동사원형이 온다.

+ 해석

1 M: 네 과학책이 어디에 있니, Katie?
G: 도서관에 두고 온 것 같아요. 돌아가서 가져와도 될까요?
M: 응, 그러렴. 서두르지 그러니?
G: 고맙습니다, Johnson 선생님.

2 B: 엄마, 제가 길에서 고양이 한 마리를 보았어요. 집으로 데려와도 될까요?
W: 좋은 생각인 것 같지 않구나, David.
B: 왜 아니죠? 고양이를 좋아하지 않으세요?
W: 좋아하지만, 우리는 이미 개를 다섯 마리 기르고 있어.

1 G: '판다의 세계'라는 새로운 책을 읽어 봤니?
B: 아니, 안 읽어 봤어. 무엇에 대한 내용이야?
G: 판다 한 마리와 그의 모험에 대한 내용이야.
B: 오, 나는 모험 이야기를 아주 좋아해. 나는 그것을 빨리 읽고 싶어!

2 G: Andy, 이번 주말에 무엇을 할 예정이니?
B: 나는 사촌 아기를 보기 위해 삼촌 댁을 방문할 거야.
G: 너의 사촌은 몇 살이야?
B: 두 살이야. 나는 그 아이의 미소를 빨리 다시 보고 싶어.

Communicate

Jaden: Mom, did you see Suho's dog?

Mom: Yes, I did. It was really cute.

Jaden: May I go to Suho's place to play with it?

Mom: Sure, but did you finish your homework?

Jaden: Yes, I did. I cleaned my room, too.

Mom: +Good job, Jaden. Just +be back by dinner time.

Jaden: O.K., Mom. I just can't wait to play with Suho's dog.

Mom: Have fun, and +say hello to Suho's mom for me.

 표현 해설
- Good job.은 '잘했다.'의 뜻으로 상대방이 어떤 일을 잘해서 칭찬을 할 때 쓰는 표현이다.
- '~해라'의 의미를 나타내는 명령문은 동사원형으로 문장을 시작한다.
- say hello to는 '~에게 안부를 전하다'의 뜻으로 명령문 형태로 쓰이면 타인에게 안부를 전해 달라고 부탁하는 표현이 된다. give my love to, give my (best) regards to로도 쓸 수 있다.

Progress Check

1 W: Eric, are you all right? You don't look well today.

B: I +have a bad headache. May I go home?

W: Yes, you may. I'll call your mom.

B: Thank you.

2 B: Suji, what are you going to do this weekend?

G: My cousin is visiting me from Canada. We're going to go to Gyeongbokgung.

B: How long is she going to be in Korea?

G: Ten days. I can't wait to show her around.

3 G: I'm going to visit my aunt's place to see my baby cousin. He's three years old, and he's so cute.

표현 해설
- have a headache는 '머리가 아프다, 두통이 있다'는 뜻을 나타내는 표현이다.

+ 해석

Jaden: 엄마, 수호네 강아지를 보셨어요?
엄마: 응, 봤어. 정말 귀엽더라.
Jaden: 강아지랑 놀러 수호네 집에 가도 돼요?
엄마: 물론이지, 근데 숙제는 끝냈니?
Jaden: 네, 끝냈어요. 제 방도 치웠어요.
엄마: 잘했어, Jaden. 저녁 식사 때까지는 돌아오렴.
Jaden: 네, 엄마. 빨리 수호네 강아지랑 놀고 싶어요.
엄마: 재미있게 놀고, 수호 어머니께 엄마 대신 안부 전해 드리렴.

1 W: Eric, 너 괜찮니? 오늘 안 좋아 보이는구나.
B: 머리가 너무 아파요. 집에 가도 될까요?
W: 응, 그러렴. 내가 너희 어머니께 전화드릴게.
B: 감사합니다.

2 B: 수지야, 너는 이번 주말에 무엇을 할 예정이니?
G: 내 사촌이 캐나다에서 나를 보러 와. 우리는 경복궁에 갈 거야.
B: 그녀가 한국에 얼마나 있을 예정이니?
G: 열흘. 나는 빨리 그녀에게 구경시켜 주고 싶어.

3 G: 나는 내 사촌 아기를 보러 이모 댁을 방문할 예정이야. 그는 세 살이고, 아주 귀여워.

교과서 대화문 빈칸 채우기

교과서 대화문의 빈칸을 완성해 봅시다.

Listen & Speak 1

1 **M:** Where's your science book, Katie?

　G: I think I left it in the library. May I ❶＿＿＿＿＿ ＿＿＿＿＿ and get it?

　M: Yes, you may. ❷＿＿＿＿＿ ＿＿＿＿＿ ＿＿＿＿＿ hurry?

　G: Thank you, Mr. Johnson.

2 **B:** Mom, I saw a cat on the street. May I ❸＿＿＿＿＿ it home?

　W: I don't think that's a good idea, David.

　B: ❹＿＿＿＿＿ ＿＿＿＿＿? Don't you like cats?

　W: I do, but we ❺＿＿＿＿＿ have five dogs.

> **HINTS**
>
> ❶ 되돌아가다
>
> ❷ 너는 ~하는 게 어때?
>
> ❸ 데려오다
>
> ❹ 왜 안 되죠?
>
> ❺ 이미, 벌써

Listen & Speak 2

1 **G:** Did you read the new book *The Panda World*?

　B: No, I didn't. What is it about?

　G: It's about a panda and his ❻＿＿＿＿＿.

　B: Oh, I love adventure stories. I can't wait to ❼＿＿＿＿＿ ＿＿＿＿＿!

2 **G:** Andy, what are you going to do ❽＿＿＿＿＿ ＿＿＿＿＿?

　B: I'm going to visit my uncle's place to see my baby cousin.

　G: ❾＿＿＿＿＿ ＿＿＿＿＿ is your cousin?

　B: She's two years old. I can't wait to see her smile again.

> ❻ 모험들
>
> ❼ 그것을 읽다
>
> ❽ 이번 주말(에)
>
> ❾ 몇 살

Communicate

HINTS

Jaden: Mom, did you see Suho's dog?

Mom: Yes, I did. It was ⑩ _____ _____.

⑩ 정말 귀여운

Jaden: May I go to Suho's place to play with it?

Mom: Sure, but did you ⑪ _____ _____ _____?

⑪ 너의 숙제를 끝내다

Jaden: Yes, I did. I cleaned my room, too.

Mom: Good job, Jaden. Just be back by dinner time.

Jaden: O.K., Mom. I just can't wait to play with Suho's dog.

Mom: Have fun, and ⑫ _____ _____ _____ Suho's mom for me.

⑫ ~에게 안부를 전하다

Progress Check

1 W: Eric, are you all right? You don't look well today.

B: I ⑬ _____ _____ _____ _____. May I go home?

⑬ 두통이 심하다

W: Yes, you may. I'll call your mom.

B: Thank you.

2 B: Suji, what are you going to do this weekend?

G: My cousin is visiting me from Canada. We're going to go to Gyeongbokgung.

B: ⑭ _____ _____ is she going to be in Korea?

⑭ 얼마나 오래

G: Ten days. I can't wait to show her around.

3 G: I'm going to visit my aunt's place to see ⑮ _____ _____ _____. He's three years old, and he's so cute.

⑮ 나의 아기 사촌

Grammar

1 접속사 that

- Some sailors believed **that** a ship's cat brought good luck.

  일부 선원들은 뱃고양이가 행운을 가져다준다고 믿었다.

- I think (**that**) I left my book in the library.

  나는 도서관에 내 책을 두고 왔다고 생각한다.

(1) **형태와 역할:** ⟨주어＋동사＋that＋주어′＋동사′⟩의 형태로 절과 절을 연결하는 역할을 한다.

We think **that** Fred is a good man. 우리는 Fred가 좋은 사람이라고 생각한다.
<u>주어</u> <u>동사</u>   <u>주어′</u> <u>동사′</u>

(2) **의미와 쓰임:** 접속사 that이 이끄는 절이 앞에 있는 동사의 목적어 역할을 하는 명사절로 쓰이며, 주로 '～하는 것을'과 같이 해석한다. 이때의 that은 생략할 수 있다. think(생각하다), know(알다), believe(믿다), find(발견하다), tell(말하다), hear(듣다) 등의 동사와 많이 쓰인다.

I didn't know (**that**) you won first prize. 나는 네가 일등을 했는지 몰랐다.

I can't believe (**that**) Juliet is only 14. 나는 Juliet이 겨우 14살이라는 게 믿기지 않는다.

cf. 다양한 쓰임의 that

Where did you hear *that* news? 너는 어디에서 그 소식을 들었니?
        <u>news를 수식하는 지시형용사 that (생략 ×)</u>

Can you send *that* right away? 너는 그걸 바로 보내 줄 수 있니?
        <u>지시대명사 that (생략 ×)</u>

Pop Quiz

★ 바른답·알찬풀이 p. 12

1 다음 중 접속사 'that'이 들어갈 위치로 가장 알맞은 곳을 고르시오.

(1) I don't (①) think (②) she is telling (③) a lie.

(2) I (①) heard (②) Kevin (③) will come (④) tonight.

2 to부정사의 부사적 용법 (목적)

- Churchill touched his head **to stop** him.

  Churchill은 그를 멈추게 하기 위해 그의 머리를 만졌다.

- He was going to a secret place **to meet** Roosevelt.

  그는 Roosevelt를 만나기 위해 비밀 장소로 가는 중이었다.

(1) **형태와 역할:** ⟨to＋동사원형⟩의 형태로 문장에서 부사 역할을 하여 동사, 형용사 등을 수식한다.

(2) **의미:** 주로 '～하기 위해서, ～하려고'라는 목적의 의미를 나타낸다. 이때 ⟨in order to＋동사원형⟩의 형태로 써서 목적의 의미를 명확히 나타내기도 한다.

Jason studied very hard **to get** good grades. Jason은 좋은 점수를 받기 위해 아주 열심히 공부했다.

Mina saves money (**in order**) **to travel** abroad. 미나는 해외여행을 하기 위해 돈을 모은다.

cf. to부정사가 부사처럼 쓰여 원인(~해서), 결과(~해서 …하다) 등의 의미를 나타내기도 한다.

Emily was happy **to meet** her old friends. Emily는 옛 친구들을 만나서 행복했다. 〈원인〉

Daniel grew up **to be** a famous singer. Daniel은 자라서 유명한 가수가 되었다. 〈결과〉

★ 바른답·알찬풀이 p. 12

Pop Quiz ◀

2 다음 밑줄 친 부분에 유의하여 문장을 해석하시오.

(1) He turned on the TV to watch the news.

(2) She was disappointed to fail the test.

3 수여동사

- People **gave** Blackie a new name, Churchill.   사람들은 Blackie에게 Churchill이란 새 이름을 주었다.
- I **sent** my teacher an e-mail.   나는 우리 선생님께 이메일을 보냈다.

(1) **의미와 종류:** 간접목적어(~에게)와 직접목적어(…을/를)라는 두 개의 목적어를 취하여 '~에게 …을 (해) 주다'의 의미를 나타내는 동사를 수여동사라고 한다.

(2) **수여동사의 어순:** 〈주어＋수여동사＋간접목적어＋직접목적어〉의 어순으로 쓴다.

Alice **gave** me a piece of pizza. Alice는 내게 피자 한 조각을 주었다.

She **bought** her daughter a concert ticket. 그녀는 자기 딸에게 콘서트 표를 사 주었다.

Can I **ask** you a favor? 부탁 좀 드려도 될까요?

(3) **문장의 전환:** 두 개의 목적어의 순서를 바꾸어 〈주어＋수여동사＋직접목적어＋전치사＋간접목적어〉의 형태로 쓸 수 있다. 이때 전치사는 동사에 따라 달라진다.

전치사 to를 쓰는 동사	give, send, tell, write, show 등	Alice **gave** a piece of pizza *to* me.
전치사 for를 쓰는 동사	buy, make, bake, cook 등	She **bought** a concert ticket *for* her daughter.
전치사 of를 쓰는 동사	ask 등	Can I **ask** a favor *of* you?

★ 바른답·알찬풀이 p. 12

Pop Quiz ◀

3 다음 괄호 안에서 알맞은 것을 고르시오.

(1) My mom baked us (cookies / to cookies).

(2) I will tell the secret (to / for) Tommy.

Grammar Practice

01 다음 괄호 안에서 알맞은 것을 고르시오.

(1) Olivia sent a letter (to / for) her grandma.

(2) He went out (meet / to meet) his friend.

(3) Do you believe (it / that) the rumor is true?

(4) I will make a muffler (to / for) my dad.

02 다음 두 문장을 〈보기〉와 같이 한 문장으로 바꿔 쓰시오.

┌ 보기 ─────────────────────┐
I don't think. + Ann made a mistake.
→ I don't think that Ann made a mistake.
└───────────────────────────┘

(1) I can't believe. + I can't see him anymore.

→ _____

(2) I know. + You ate the sandwiches.

→ _____

(3) Do you think? + Dogs and cats can be friends.

→ _____

03 다음 주어진 문장을 〈보기〉와 같이 바꿔 쓸 때 빈칸에 알맞은 말을 써서 문장을 완성하시오.

┌ 보기 ─────────────────────┐
David gave me beautiful flowers.
→ David gave beautiful flowers to me.
└───────────────────────────┘

(1) James bought his girlfriend a ring.

→ James bought a ring _____ .

(2) My parents gave me some pocket money.

→ My parents gave _____ .

(3) May I ask you a personal question?

→ May I ask _____ ?

04 다음 빈칸에 들어갈 말로 가장 알맞은 것은?

┌───────────────────────────┐
He went to the library _____ some books.
└───────────────────────────┘

① check out   ② checks out

③ checked out   ④ to checking out

⑤ to check out

05 다음 문장의 밑줄 친 부분 중 생략할 수 있는 것은?

┌───────────────────────────┐
I didn't ①know ②that ③Dave ④won ⑤the gold medal.
└───────────────────────────┘

06 다음 〈보기〉의 밑줄 친 부분과 쓰임이 같은 것은?

┌ 보기 ─────────────────────┐
Emily ran fast to catch the bus.
└───────────────────────────┘

① He decided to attend the meeting.

② To get up early is not easy for me.

③ I don't really want to study on Sunday.

④ Wang's job is to design wedding dresses.

⑤ Alice searched the Internet to buy a jacket.

07 다음 우리말을 영어로 바르게 옮긴 것을 모두 고르면?

┌───────────────────────────┐
James는 나에게 런던의 사진들을 좀 보여 주었다.
└───────────────────────────┘

① James showed some pictures of London me.

② James showed me some pictures of London.

③ James showed to me some pictures of London.

④ James showed some pictures of London to me.

⑤ James showed some pictures of London of me.

[08~09] 다음 두 문장이 같은 뜻이 되도록 빈칸에 알맞은 말을 쓰시오.

08
> I'll send you a text message this afternoon.
> = I'll send a text message _____ you this afternoon.

09
> The math teacher asked us a difficult question.
> = The math teacher asked a difficult question _____ us.

10 다음 대화의 빈칸에 들어갈 말로 가장 알맞은 것은?

> **A:** What did you do yesterday?
> **B:** I wrote _____.

① she a letter
② a letter she
③ her a letter
④ a letter her
⑤ to her a letter

11 다음 중 문장의 전환이 어색한 것은?

① He bought his son a robot.
　→ He bought a robot to his son.
② I will lend you some money.
　→ I will lend some money to you.
③ Grandma made me this dress.
　→ Grandma made this dress for me.
④ I'm going to tell them the truth.
　→ I'm going to tell the truth to them.
⑤ Daniel asked her some questions.
　→ Daniel asked some questions of her.

[12~13] 다음 우리말에 맞도록 괄호 안의 말을 배열하여 문장을 완성하시오.

12
> 나는 새 신발을 사기 위해 돈을 모을 것이다.
> (new shoes / buy / to)

→ I'll save money _____.

13
> 나는 그가 시험을 치지 않았다는 것을 몰랐다.
> (he / take the exam / know / didn't / that)

→ I didn't _____.

[14~15] 다음 중 밑줄 친 부분의 쓰임이 나머지와 <u>다른</u> 하나를 고르시오.

14 ① Can you see <u>that</u> tower over there?
② <u>That</u> woman is my English teacher.
③ I want to buy <u>that</u> yellow umbrella.
④ Do you know <u>that</u> girl next to Jack?
⑤ I can't believe <u>that</u> they are dating.

15 ① She wore glasses <u>to read</u> signs.
② Miranda practiced hard <u>to be</u> a dancer.
③ They went to the park <u>to walk</u> the dog.
④ We hope <u>to send</u> a spaceship to Mars in the future.
⑤ He turned on the computer <u>to send</u> an e-mail.

Blackie the Ship's Cat 교과서 107~109쪽

❶ Blackie was a special cat.

❷ He was a ship's cat.
= Blackie

❸ Cats generally do not like water, but Blackie spent a lot of time at sea.
보편적인 사실을 나타내는 현재시제   역접의 접속사(그러나)   = lots of, much

❹ A ship's cat did many good things for sailors, especially on a long
do의 과거형   전 ~을 위해서   긴 항해 중에 있는
voyage.

❺ Sailors often felt lonely during long voyages, so they welcomed a ship's
feel+형용사(~하게 느끼다)   접 그래서
cat.

= a ship's cat
❻ It also kept rats away from the ship.
keep A away from B: B로부터 A를 쫓아내다

❼ Some sailors believed that a ship's cat brought good luck.
목적어 역할의 명사절을 이끄는 접속사(생략 가능)

❽ They also believed that it could protect their ship from dangerous
= Some sailors   = a ship's cat   protect A from B: B로부터 A를 보호하다
weather.

해석

뱃고양이 Blackie

❶ Blackie는 특별한 고양이였다.

❷ 그는 뱃고양이였다.

❸ 고양이들은 일반적으로 물을 좋아하지 않지만, Blackie는 바다에서 많은 시간을 보냈다.

❹ 뱃고양이는 특히 긴 항해를 하는 선원들을 위해 좋은 일을 많이 했다.

❺ 선원들은 종종 긴 항해를 하는 동안 외로움을 느꼈고, 그래서 그들은 뱃고양이를 환영했다.

❻ 뱃고양이는 또한 배에서 쥐들을 쫓기도 했다.

❼ 일부 선원들은 뱃고양이가 행운을 가져다준다고 믿었다.

❽ 그들은 또한 뱃고양이가 험한 날씨로부터 배를 보호해 줄 수 있을 것이라고 믿었다.

Do It Yourself   다음 단어의 우리말은 영어로, 영어 단어는 우리말로 쓰시오.

01 선원 _____   02 항해 _____   03 외로운 _____   04 날씨 _____
05 spend _____   06 generally _____   07 especially _____   08 rat _____

9 Some ship's cats became famous, and Blackie was one of them.
~ 중의 하나
= Some ship's cats

10 In 1941, Blackie met Winston Churchill, the Prime Minister of the
연도 앞의 전치사
=
United Kingdom.

11 Blackie was the ship's cat of a Royal Navy battleship.
영국 해군

12 Churchill was on that ship.
교통수단 앞의 전치사(~을 타고)

13 He was going to a secret place to meet U.S. President Franklin D.
= Churchill   to부정사의 부사적 용법(목적)
Roosevelt.

14 Blackie tried to get off the ship with Churchill, but Churchill touched
get off: ~에서 내리다
try+to부정사: ~하려고 노력하다, 애쓰다
his head to stop him.
to부정사의 부사적 용법(목적)

15 Someone took a picture of that moment.
take a picture of: ~의 사진을 찍다

16 The picture became famous, and people gave Blackie a new name,
수여동사 give+간접목적어(~에게)+직접목적어(…을)
Churchill.

9 몇몇 뱃고양이들은 유명해졌는데, Blackie가 그들 중 하나였다.

10 1941년에, Blackie는 영국 총리인 Winston Churchill을 만났다.

11 Blackie는 영국 해군 전함의 뱃고양이였다.

12 Churchill이 그 배에 타고 있었다.

13 그는 미국 대통령인 Franklin D. Roosevelt를 만나기 위해 비밀 장소로 가는 중이었다.

14 Blackie가 Churchill과 함께 배에서 내리려고 했지만, Churchill은 그를 멈추게 하기 위해 그의 머리를 만졌다.

15 어떤 사람이 그 순간을 사진으로 찍었다.

16 그 사진이 유명해졌고, 사람들은 Blackie에게 Churchill이라는 새로운 이름을 지어 주었다.

★ 바른답·알찬풀이 p. 13

09 장소 _____	10 유명한 _____	11 전투함 _____	12 대통령 _____
13 secret _____	14 moment _____	15 get off _____	16 navy _____

A 다음 네모 안에서 알맞은 것을 고르시오.

01 Blackie was special a / a special cat. He was a ship's cat.

02 Cats general / generally do not like water, but Blackie spent a lot / a lot of time at sea.

03 A ship's cat did many good things for sailors, especial / especially on a long voyage.

04 Sailors often felt lonely during long voyages, so / because they welcomed a ship's cat.

05 It also kept rats away from / for the ship.

06 Some sailors believed this / that a ship's cat brought good luck.

07 They also believed that it could protect their ship from / across dangerous weather.

08 Some ship's cats became famous / famously , and Blackie was one of them.

09 In / On 1941, Blackie met Winston Churchill, the Prime Minister of the United Kingdom.

10 Blackie was the ship's cat of a Royal Navy battleship. Churchill was on / of that ship.

11 He was going to a secret place meet / to meet U.S. President Franklin D. Roosevelt.

12 Blackie tried to get off the ship with Churchill, but Churchill touched his head stopping / to stop him.

13 Someone / Anyone took a picture of that moment.

14 The picture became famous, and people gave Blackie a new name, Churchill / a new name, Churchill Blackie .

B 다음 우리말과 일치하도록 문장을 완성하시오.

01 Blackie는 바다에서 많은 시간을 보냈다.

≫ Blackie spent ＿＿＿＿＿ ＿＿＿＿＿ ＿＿＿＿＿ time at sea.

02 그것은 또한 배에서 쥐들을 쫓기도 했다.

≫ It also ＿＿＿＿＿ rats ＿＿＿＿＿ ＿＿＿＿＿ the ship.

03 선원들은 종종 긴 항해를 하는 동안 외로움을 느꼈다.

≫ Sailors often ＿＿＿＿＿ ＿＿＿＿＿ during long voyages.

04 뱃고양이는 선원들을 위해 좋은 일을 많이 했다.

≫ A ship's cat did many good things ＿＿＿＿＿ ＿＿＿＿＿.

05 어떤 사람이 그 순간을 사진으로 찍었다.

≫ Someone ＿＿＿＿＿ ＿＿＿＿＿ ＿＿＿＿＿ of that moment.

06 일부 선원들은 뱃고양이가 행운을 가져다준다고 믿었다.

≫ Some sailors ＿＿＿＿＿ ＿＿＿＿＿ a ship's cat brought good luck.

07 몇몇 뱃고양이들은 유명해졌는데, Blackie가 그들 중 하나였다.

≫ Some ship's cats ＿＿＿＿＿ ＿＿＿＿＿, and Blackie was one of them.

08 그 사진이 유명해졌고, 사람들은 Blackie에게 Churchill이라는 새로운 이름을 지어 주었다.

≫ The picture became famous, and people ＿＿＿＿＿＿＿＿＿＿＿＿＿＿.

09 그들은 또한 그것이 험한 날씨로부터 그들의 배를 보호해 줄 수 있을 것이라고 믿었다.

≫ They also believed that it could ＿＿＿＿＿＿＿＿＿＿＿＿＿＿ dangerous weather.

10 Blackie가 Churchill과 함께 배에서 내리려고 했지만, Churchill은 그를 멈추게 하기 위해 그의 머리를 만졌다.

≫ Blackie ＿＿＿＿＿＿＿＿＿＿＿＿＿＿ with Churchill, but Churchill touched his head ＿＿＿＿＿＿＿＿＿＿＿＿＿.

어휘

01 다음 짝지어진 단어의 관계가 같도록 빈칸에 들어갈 말로 가장 알맞은 것은?

> sail : voyage = sea : _____

① place   ② secret   ③ ocean
④ country   ⑤ battleship

02 다음 빈칸에 공통으로 들어갈 말로 가장 알맞은 것은?

> • I'm going to go to bed now. Can you turn _____ the lights?
> • We missed our stop. Let's get _____ the bus right now.

① in   ② on   ③ down
④ off   ⑤ out

[03~04] 다음 우리말에 맞도록 빈칸에 들어갈 말로 가장 알맞은 것을 고르시오.

03

> 하루에 몇 번 고양이에게 먹이를 주시나요?
> → How many times a day do you _____ the cat?

① spend   ② feed   ③ water
④ bring   ⑤ finish

04

> 그런 일에 실망하지 마라.
> → Don't be _____ about such a thing.

① lonely   ② glad   ③ surprised
④ interested   ⑤ disappointed

05 다음 밑줄 친 부분과 의미가 같은 것은?

> Excuse me. Where is the washroom?

① bedroom   ② restroom
③ living room   ④ classroom
⑤ dining room

06 다음 우리말에 맞도록 빈칸에 알맞은 말을 쓰시오.

> Judy에게 나 대신 안부 전해 주세요.
> → Please _____ _____ _____ Judy for me.

07 다음 빈칸에 공통으로 들어갈 알맞은 말을 쓰시오.

> • You should keep your bag away _____ the fire.
> • This scarf protects me _____ the cold wind.

08 다음 중 짝지어진 단어의 관계가 나머지와 다른 하나는?

① luck : lucky   ② help : helpful
③ joy : joyful   ④ general : generally
⑤ danger : dangerous

표현

09 다음 대화의 빈칸에 들어갈 말로 가장 알맞은 것은?

> A: Mom, may I go to the movies now?
> B: _____ It's too late.

① Sure.　　　　② Of course.
③ Why not?　　④ Yes, you may.
⑤ No, you may not.

10 다음 두 문장이 같은 뜻이 되도록 빈칸에 들어갈 말로 가장 알맞은 것은?

> May I sit here?
> = Do you _____ if I sit here?

① mind　　　② stop
③ agree　　　④ enjoy
⑤ deny

11 다음 대화의 괄호 안에 주어진 말을 배열하여 문장을 완성 하시오.

> A: Why don't we go camping this weekend?
> B: Good idea. (camping / can't / to / I / wait / go).

→ _____

12 다음 대화의 밑줄 친 우리말을 2단어로 영작하시오.

> A: Mom, may I buy this bag?
> B: I don't think that's a good idea.
> A: <u>왜 안 되나요?</u> I really like it.
> B: You already have one like it.

→ _____

13 다음 (A)~(D)를 자연스러운 대화가 되도록 바르게 배열하 시오.

> (A) I'm going to visit my uncle's place to see my baby cousin.
> (B) She's two years old. I can't wait to see her smile again.
> (C) Andy, what are you going to do this weekend?
> (D) How old is your cousin?

____ – ____ – ____ – ____

14 다음 밑줄 친 부분과 바꿔 쓸 수 있는 것은?

> <u>May</u> I use this headset for a while?

① Can　　　② Will　　　③ What
④ When　　　⑤ Would

15 다음 중 짝지어진 대화가 <u>어색한</u> 것은?

① A: Why don't you try it once more?
　 B: Okay, I will.
② A: Can I have some cookies?
　 B: Of course.
③ A: What are you going to do tonight?
　 B: I'm going to watch TV.
④ A: How about going to the LT Tower?
　 B: I'm afraid I can't. I can't wait to go there.
⑤ A: When are you going to visit Paris?
　 B: Next week. I'm really excited about it.

16 다음 중 문장의 의미가 나머지와 <u>다른</u> 하나는?

① May I have some coke?
② Can I have some coke?
③ Is it okay if I have some coke?
④ Why don't you have some coke?
⑤ Do you mind if I have some coke?

[17~18] 다음 대화의 빈칸에 들어갈 말로 알맞지 <u>않은</u> 것을 고르시오.

17

A: May I take pictures of the animals?
B: _____

① Go ahead.
② Good job.
③ No problem.
④ Yes, you may.
⑤ I'm afraid it's not possible.

18

A: Mom, may I go to a concert with Sara this weekend?
B: Sure. Who are you going to see?
A: We're going to see EXO. _____

① I really want to see them.
② I just can't wait to see them.
③ I'm disappointed with them.
④ I'm looking forward to seeing them.
⑤ I'm really excited about seeing them.

[19~20] 다음 대화를 읽고, 물음에 답하시오.

A: Mom, <u>may I go to Suho's place to play with his dog?</u>
B: Sure, but just be back by dinner time.
A: O.K. Mom.
B: Have fun, and (me / to / hello / Suho's mom / for / say).

19 위 대화의 밑줄 친 부분의 의도로 가장 알맞은 것은?

① 길 묻기　　　　② 추측하기
③ 부탁하기　　　　④ 충고하기
⑤ 허락 요청하기

20 위 대화의 괄호 안에 주어진 말을 배열하여 문장을 완성하시오.

→ Have fun, and _____.

21 다음 대화의 빈칸에 들어갈 질문으로 가장 알맞은 것은?

A: Eric, are you all right? You don't look well today.
B: I have a bad headache. _____
A: Yes, you may. I'll call your mom.
B: Thank you.

① May I go home?
② Can I use your phone?
③ What are you going to do?
④ How about taking some rest?
⑤ Is it okay if I open the window?

22 다음 우리말을 괄호 안의 말을 이용하여 영어로 옮기시오.

(1) TV를 꺼도 될까요?
　　(mind / if / turn off / the TV)
　　→ _____

(2) 빨리 집에 돌아가고 싶어.
　　(wait / get back home)
　　→ _____

문법

[23~24] 다음 빈칸에 들어갈 말로 가장 알맞은 것을 고르시오.

23

> I believe _____ you will join us.

① it   ② this
③ that   ④ which
⑤ what

24

> He went to Austria _____ music.

① study   ② studies
③ studying   ④ to study
⑤ to studying

25 다음 중 밑줄 친 부분이 어법상 틀린 것은?

① Sally <u>lent me her eraser.</u>
② He <u>made his son a chair.</u>
③ I'll <u>buy a scarf for my mom.</u>
④ Somebody <u>sent me a present.</u>
⑤ Will you <u>pass to me the salt?</u>

26 다음 빈칸에 공통으로 들어갈 말로 가장 알맞은 것은?

> • I'm sorry _____ hear about your accident.
> • She will write a letter _____ her parents.

① of   ② to   ③ for
④ by   ⑤ from

27 다음 중 빈칸에 들어갈 말이 나머지와 <u>다른</u> 하나는?

① Andy gave a rose _____ me.
② Mr. White teaches P.E. _____ us.
③ Mom cooked spaghetti _____ us.
④ Can you show the picture _____ me?
⑤ He told a funny story _____ the kid.

28 다음 〈보기〉의 밑줄 친 부분과 쓰임이 <u>다른</u> 것은?

> ── 보기 ──
> I saved some money <u>to buy</u> a new bike.

① She'll go to Italy <u>to see</u> him again.
② Jason studies hard <u>to be</u> a doctor.
③ I like <u>to watch</u> baseball games.
④ I did my best <u>to reach</u> my goal.
⑤ We'll throw a party <u>to celebrate</u> him.

29 다음 우리말을 영어로 바르게 옮긴 것은?

> 나는 점원에게 돈을 건네주었다.

① I handed the salesclerk the money.
② I handed the money the salesclerk.
③ I handed to the salesclerk the money.
④ I handed the salesclerk to the money.
⑤ I handed the money for the salesclerk.

30 다음 문장에서 생략할 수 있는 부분을 찾아 밑줄을 치시오.

> Do you know that our teacher had a baby?

31 다음 밑줄 친 우리말을 영어로 바르게 옮긴 것은?

> People wear sunglasses 눈을 보호하기 위해서.

① protect their eyes
② protects their eyes
③ to protect their eyes
④ to protects their eyes
⑤ that they protect their eyes

[32~33] 다음 주어진 문장을 〈보기〉와 같이 바꿔 쓰시오.

> ── 보기 ──
> He gave me some flowers.
> → He gave some flowers to me.

32
> Dad cooked us dinner last night.
> → _____

33
> May I ask you a favor?
> → _____

34 다음 중 밑줄 친 부분을 생략할 수 있는 것은?

① That car almost hit her.
② Will you do that for me?
③ What's wrong with that?
④ I don't think that he is clever.
⑤ What did you do at that time?

[35~36] 다음 우리말에 맞도록 괄호 안의 말을 이용하여 문장을 완성하시오.

35
> 나는 그 여자아이에게 종이 인형을 만들어 주었다.
> (the girl / a paper doll)
> → I made _____

36
> 나는 Anna에게 미안하다고 말하기 위해 전화했다.
> (call / say sorry)
> → I called _____

37 다음 중 어법상 틀린 문장은?

① Ann showed an old photo of her us.
② He ran fast to catch the bus.
③ I sent a Christmas card to Jake.
④ He grew up to be a famous actor.
⑤ Can you believe they are all robots?

38 다음 빈칸에 들어갈 말이 순서대로 짝지어진 것은?

> Penguins don't use their wings _____,
> but they use them _____.

① fly – swim
② fly – to swim
③ to fly – to swim
④ to fly – swimming
⑤ flying – to swim

✏️ **독해**

[39~40] 다음 글을 읽고, 물음에 답하시오.

> ⓐBlackie was a special cat. He was a ship's cat. Cats ⓑgenerally do not like water, but Blackie spent ⓒa lot of time at sea. A ship's cat did many good things for sailors, especially on a long voyage.

39 윗글의 밑줄 친 ⓐ의 이유를 찾아 우리말로 쓰시오.

→ _____

_____

40 윗글의 밑줄 친 ⓑ, ⓒ와 바꿔 쓸 수 있는 것이 순서대로 짝지어진 것은?

① already – much   ② never – lots of
③ usually – many   ④ usually – much
⑤ particularly – many

41 윗글의 괄호 안에 주어진 말을 배열하여 문장을 완성하시오.

→ It also _____ .

42 윗글의 빈칸에 공통으로 들어갈 알맞은 말을 쓰시오.

_____

[41~43] 다음 글을 읽고, 물음에 답하시오.

> Sailors often felt lonely during long voyages, so they welcomed a ship's cat. It also (away / the ship / rats / kept / from). Some sailors believed _____ a ship's cat brought good luck. They also believed _____ it could protect their ship from dangerous weather. Some ship's cats became famous, and Blackie was one of them.

43 윗글의 뱃고양이에 관한 선원들의 생각과 일치하지 <u>않는</u> 것은?

① 긴 항해에서 외로움을 달래 준다.
② 배에서 쥐들을 쫓는다.
③ 행운을 불러온다.
④ 험한 날씨에서 배를 보호해 준다.
⑤ 배를 유명하게 만들어 준다.

[44~46] 다음 글을 읽고, 물음에 답하시오.

In 1941, Blackie met Winston Churchill, the Prime Minister of the United Kingdom. Blackie was the ship's cat ⓐ a Royal Navy battleship. Churchill was ⓑ that ship. He was going to a secret place ©to meet U.S. President Franklin D. Roosevelt.

44 윗글의 빈칸 ⓐ, ⓑ에 들어갈 말이 순서대로 짝지어진 것은?

① in – of
② on – of
③ of – on
④ of – out
⑤ out – on

45 윗글의 밑줄 친 ©와 쓰임이 같은 것은?

① He visited England to watch a soccer game.
② I'm planning to go hiking this weekend.
③ Olivia wants to become a web designer.
④ Her hobby is to make paper flowers.
⑤ To swim in the sea is very hard.

46 윗글의 내용으로 대답할 수 <u>없는</u> 질문은?

① When did Blackie meet Winston Churchill?
② Where did Blackie meet Winston Churchill?
③ Who was the U.S. President in 1941?
④ Why did Churchill meet Franklin D. Roosevelt?
⑤ Who was the Prime Minister of the U.K. in 1941?

[47~49] 다음 글을 읽고, 물음에 답하시오.

(A) Someone took a picture of that moment.
(B) The picture became famous, and people gave Blackie a new name, Churchill.
(C) Blackie tried to get off the ship with Churchill, but Churchill touched his head to stop him.

47 윗글의 순서로 가장 알맞은 것은?

① (A) – (C) – (B)
② (B) – (A) – (C)
③ (B) – (C) – (A)
④ (C) – (A) – (B)
⑤ (C) – (B) – (A)

48 윗글의 밑줄 친 that moment가 의미하는 것을 우리말로 설명하시오.

→ _____

49 윗글의 제목으로 가장 알맞은 것은?

① Photos: Art of the Moment
② To Take Good Pictures during Voyages
③ Blackie: Churchill's Favorite Ship's Cat
④ The New Name of Blackie, a Ship's Cat
⑤ The Unhappy Life of a Ship's Cat

[50~52] 다음 글을 읽고, 물음에 답하시오.

Dear Blackie,

You are always here to help us. You give us joy during our long voyages. We believe that you protect our ship _____ danger. Thank you, Blackie.

Sailors of a Royal Navy battleship

50 윗글을 쓴 목적으로 가장 알맞은 것은?

① 행사에 초대하기 위해
② 감사한 마음을 전하기 위해
③ 대피 요령을 알리기 위해
④ 크루즈 여행을 홍보하기 위해
⑤ 항해 시 안전 수칙을 알리기 위해

51 윗글의 밑줄 친 문장을 다음과 같이 바꿔 쓸 때 빈칸에 알맞은 말을 쓰시오.

You give us joy during our long voyages.
→ You give joy _____ _____
during our long voyages.

52 윗글의 빈칸에 들어갈 말로 가장 알맞은 것은?

① in   ② on   ③ of
④ out   ⑤ from

[53~54] 다음 글을 읽고, 물음에 답하시오.

This is a koala. It's a popular animal in Australia. It looks like a small bear. ⓐI think it's really cute. ⓑI can't wait to see a real koala!

53 윗글의 밑줄 친 ⓐ에 생략된 말을 넣어 문장을 다시 쓰시오.

→ _____

54 윗글의 밑줄 친 ⓑ의 의미로 가장 알맞은 것은?

① 진짜 코알라를 볼 수 없다.
② 진짜 코알라를 본 적이 있다.
③ 진짜 코알라를 빨리 보고 싶다.
④ 진짜 코알라를 보고 싶지 않다.
⑤ 진짜 코알라를 보려면 오래 기다려야 한다.

55 다음 글의 빈칸에 공통으로 들어갈 단어를 주어진 철자로 시작하여 쓰시오.

Our group asked about h_____ animals for people. Six students think that dogs are h_____. Dogs can give us joy. Dogs can do many good things for us.

01 다음 중 단어의 성격이 나머지와 <u>다른</u> 하나는?

① ship   ② ocean
③ library   ④ sailor
⑤ voyage

02 다음 그림의 동작에 해당하는 단어로 가장 알맞은 것은?

① get off   ② have fun
③ be back   ④ turn off
⑤ keep away

[03~04] 다음 대화를 읽고, 물음에 답하시오

> **Jaden:** Mom, did you see Suho's dog?
> **Mom:** Yes, I did. It was really cute.
> **Jaden:** _____
> **Mom:** Sure, but did you finish your homework?
> **Jaden:** Yes, I did. I cleaned my room, too.
> **Mom:** Good job, Jaden. Just be back by dinner time.
> **Jaden:** O.K., Mom. I just can't wait to play with Suho's dog.
> **Mom:** Have fun, and say hello to Suho's mom for me.

03 위 대화의 빈칸에 들어갈 말로 가장 알맞은 것은?

① What's your favorite pet?
② Can I bring the dog home?
③ How can I get to Suho's place?
④ Why don't we go to Suho's place?
⑤ May I go to Suho's place to play with it?

04 위 대화의 내용에 맞도록 다음 빈칸에 알맞은 말을 쓰시오.

> Jaden is looking forward to _____
> _____.

05 다음 (A)~(D)를 자연스러운 대화가 되도록 바르게 배열하시오.

> (A) No, I didn't. What is it about?
> (B) Oh, I love adventure stories. I can't wait to read it!
> (C) It's about a panda and his adventures.
> (D) Did you read the new book *The Panda World*?

_____ – _____ – _____ – _____

[06~07] 다음 대화를 읽고, 물음에 답하시오.

> A: Mom, I saw a cat on the street.
>
> _____
>
> B: I don't think that's a good idea, David.
> A: Why not? Don't you like cats?
> B: I do, but we already have five dogs.

06 위 대화의 빈칸에 들어갈 말로 알맞지 <u>않은</u> 것은?

① May I bring it home?
② Can I bring it home?
③ Did you bring it home?
④ Is it okay if I bring it home?
⑤ Do you mind if I bring it home?

07 위 대화의 내용과 일치하지 <u>않는</u> 것은?

① David는 길에서 고양이를 보았다.
② David의 엄마는 David의 요청을 거절했다.
③ David는 길고양이를 집에 데려오고 싶어 한다.
④ David의 엄마는 고양이를 좋아하지 않는다.
⑤ David는 집에 다섯 마리의 개를 기르고 있다.

[08~09] 다음 대화를 읽고, 물음에 답하시오.

> A: Andy, what are you going to do this weekend?
> B: I'm going to visit my uncle's place to see my baby cousin.
> A: How old is your cousin?
> B: She's two years old. <u>I can't wait to see her smile again.</u>

08 위 대화의 내용에 맞도록 다음 질문에 알맞은 답을 완성하시오.

> Q: What is Andy going to do this weekend?
> A: He is going to _____.

09 위 대화의 밑줄 친 문장과 바꿔 쓸 수 있는 것은?

① I hope to see her smile again.
② I will wait to see her smile again.
③ I don't want to see her smile again.
④ I think I can't see her smile again.
⑤ I'm happy to see her smile again.

10 다음 중 문장의 전환이 <u>어색한</u> 것은?

① Emily sent me this postcard.
　→ Emily sent this postcard to me.
② Did you lend Ann your textbook?
　→ Did you lend your textbook to Ann?
③ My uncle bought me a drone.
　→ My uncle bought a drone for me.
④ Dave asked her a personal question.
　→ Dave asked a personal question of her.
⑤ She will teach the students math.
　→ She will teach math of the students.

11 다음 중 밑줄 친 부분의 쓰임이 나머지와 <u>다른</u> 하나는?

① To be a pilot is my dream.
② Her plan is <u>to see</u> a real lion.
③ I turned on the light <u>to read</u> a book.
④ The little boy tried <u>to climb</u> the tree.
⑤ She decided <u>to exercise</u> regularly.

12 다음 글의 밑줄 친 ①~⑤ 중 어법상 틀린 부분을 찾아 바르게 고쳐 쓰시오.

①<u>This</u> is a panda. It's a ②<u>popular</u> animal in China. I think ③<u>to</u> it's really cute. China gave ④<u>us</u> two pandas in 2016. I can't wait ⑤<u>to see</u> them!

→ _____

13 다음 중 어법상 <u>틀린</u> 문장의 개수로 알맞은 것은?

ⓐ Grandma often made an apple pie us.
ⓑ Sandra told me she was happy.
ⓒ He is wearing a hat to hide his dirty hair.
ⓓ She went to the market buy some potatoes.

① 1개　　　② 2개　　　③ 3개
④ 4개　　　⑤ 없음

[14~15] 다음 글을 읽고, 물음에 답하시오.

Dear Mom,
　You always understand me. ⓐ<u>You give me love.</u> I believe ⓑ<u>that</u> we are a happy family because of you. Thank you, Mom!
　　　　　　　　　　　　　　　Love,
　　　　　　　　　　　　　　　Your son

14 윗글의 밑줄 친 ⓐ를 괄호 안의 말을 넣어 바꿔 쓰시오.

→ _____ (to)

15 윗글의 밑줄 친 ⓑ와 쓰임이 <u>다른</u> 것은?

① I'm not saying <u>that</u> you are wrong.
② Do you know <u>that</u> girl next to the door?
③ They think <u>that</u> the math test was difficult.
④ I can't believe <u>that</u> today is my last day here.
⑤ We hope <u>that</u> the world becomes a wonderful place.

[16~17] 다음 글을 읽고, 물음에 답하시오.

> Blackie was a special cat. He was a ship's cat. Cats generally do not _____ water, but Blackie spent a lot of time at sea. A ship's cat did many good things for sailors, especially on a long voyage.

16 윗글의 빈칸에 들어갈 말로 가장 알맞은 것은?

① wait
② like
③ feel
④ hate
⑤ drink

17 윗글의 내용에서 알 수 있는 것은?

① Blackie의 주인
② 선원이 되는 방법
③ 뱃고양이 선발 과정
④ Blackie가 특별한 이유
⑤ Blackie가 항해에서 하는 일

[18~20] 다음 글을 읽고, 물음에 답하시오.

> Sailors often felt lonely _____ⓐ_____ long voyages, so they welcomed a ship's cat. It also kept rats away from the ship. Some sailors believed that a ship's cat brought good luck. (A)They also believed that (B)it could protect their ship from dangerous weather. Some ship's cats became famous, and Blackie was one _____ⓑ_____ them.

18 윗글의 빈칸 ⓐ, ⓑ에 들어갈 말이 순서대로 짝지어진 것은?

① during − of
② from − from
③ in − during
④ at − of
⑤ during − from

19 윗글의 밑줄 친 (A), (B)가 가리키는 것이 바르게 짝지어진 것은?

	(A)		(B)
①	sailors	·····	good luck
②	sailors	·····	a ship's cat
③	voyages	·····	a ship's cat
④	voyages	·····	Blackie
⑤	ship's cats	·····	a sailor

20 윗글의 제목으로 가장 알맞은 것은?

① To Keep Rats Away from the Ship
② Ship's Cats: Helpful Friends for Sailors
③ Sailors' Special Beliefs About the Weather
④ The Birth of a Ship's Cat
⑤ A Famous Ship's Cat, Blackie

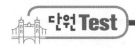
[21~23] 다음 글을 읽고, 물음에 답하시오.

In 1941, Blackie met Winston Churchill, the Prime Minister of the United Kingdom. Blackie was the ship's cat of a Royal Navy battleship. Churchill was on that ①ship. He was going to a ②secret place to meet U.S. ③President Franklin D. Roosevelt.

Blackie ④tried to get off the ship with Churchill, but Churchill은 그를 멈추게 하기 위해 그의 머리를 만졌다. Someone took a picture of that ⑤moment. The picture became famous, and people gave Blackie a new name, Churchill.

21 윗글의 밑줄 친 단어의 영영풀이가 잘못된 것은?

① ship: a large boat
② secret: open to everyone
③ President: the head of a country
④ try: to work hard to do something
⑤ moment: a very short period of time

22 윗글의 밑줄 친 우리말에 맞도록 괄호 안의 말을 바르게 배열하시오.

(his head / him / Churchill / stop / touched / to)

→ _____

23 다음 질문에 알맞은 답을 본문에서 찾아 우리말로 쓰시오.

How did Blackie get a new name?

→ _____

[24~25] 다음 글을 읽고, 물음에 답하시오.

Our group's topic is "Favorite Pets." Seven students said _____ dogs were their favorite pets. (give / dogs / can / happiness / us). Four students said _____ cats were their favorite pets. They think cats are very cute.

24 윗글의 빈칸에 공통으로 들어갈 말로 가장 알맞은 것은?

① what   ② that
③ to   ④ when
⑤ how

25 윗글의 괄호 안에 주어진 말을 바르게 배열하시오.

→ _____

★ 바른답·알찬풀이 p. 19

A 다음 두 문장을 that을 이용하여 한 문장으로 바꿔 쓰시오.

❶ I didn't know. + The singer was popular.

→ _____

❷ I hope. + You will succeed.

→ _____

B 다음 문장에서 어법상 <u>틀린</u> 부분을 바르게 고쳐 문장을 다시 쓰시오. (단, 한 단어만 고칠 것)

❶ David gave to me some beautiful flowers.

→ _____

❷ I can't wait to listening to your song.

→ _____

C 다음 우리말에 맞도록 괄호 안의 말을 배열하여 문장을 완성하시오.

❶ 나는 케이크를 사기 위해 빵집에 갔다. (buy / the bakery / to / a cake)

→ I went to _____.

❷ 그녀는 자라서 발레리나가 되었다. (up / be / grew / to)

→ She _____ a ballerina.

❸ 우리는 그 소식을 듣고 슬펐다. (hear / sad / to / the news)

→ We were _____.

D 다음 〈보기〉의 전치사 중 하나를 넣어 문장을 다시 쓰시오.

┌─ 보기 ─────────────────────────────┐
│   to   for   of   │
└────────────────────────────────────┘

❶ Will you show me your ticket?

→ _____

❷ The science teacher asked him a question.

→ _____

❸ Sarah cooked us ramen.

→ _____

★ 바른답·알찬풀이 **p. 20**

A 다음 글의 밑줄 친 우리말을 괄호 안의 말을 이용하여 영어로 옮기시오.

> Jane went to a supermarket <u>버섯을 좀 사기 위해</u>(some mushrooms). Then, she <u>그녀의 딸에게 버섯 수프를 만들어 주었다</u>(mushroom soup / for / daughter).

❶ _____

❷ _____

B 다음 대화를 읽고, 대화의 내용을 요약하는 글을 완성하시오.

> A: Judy, where are you going?
>
> B: I'm going to my uncle's place.
>
> A: Why?
>
> B: I want to see my baby cousin.
>
> A: How old is your cousin?
>
> B: She's two years old. She is really cute. I can't wait to see her smile.

Judy is going to her uncle's place _____. She thinks _____. She is looking forward _____.

C 다음 그림을 보고, 주어진 조건에 맞도록 그림을 설명하는 문장을 쓰시오.

Kevin | the Santa Claus

(조건 1)
give, a teddy bear를 이용할 것

(조건 2)
과거시제로 쓰고, 의미가 같은 두 문장으로 쓸 것

❶ _____

❷ _____

A

다음 〈보기〉와 같이 to부정사를 이용하여 자신이 공부를 열심히 하는 이유를 말하는 문장을 쓰시오.

┌─ 보기 ───┐
│   │
│   Peter studies hard to be a doctor.   │
│   │
└───┘

→ _____

B

다음 Emily가 받은 생일 선물을 보고, 빈칸에 알맞은 말을 넣어 문장을 완성하시오.

❶ My mom made _____.

❷ My dad bought _____.

❸ My sister, Julia wrote _____.

C

다음 표를 보고, Sandy가 이번 주말에 할 일에 대한 대화를 완성하시오.

주말에 갈 곳	월드컵 경기장에 (the World Cup Stadium)
가는 이유	축구 경기를 하기 위해 (play / a soccer game)
축구의 장점	축구는 나에게 즐거움과 행복을 줌 (give / joy and happiness)
기대하는 심정	빨리 거기에 가고 싶음 (can't wait / go there)

A: What are you going to do this weekend?

B: ❶ I'm _____ this weekend.

　　❷ Soccer _____.

　　❸ I _____.

>> **다음 우리말을 영어로 옮기시오.**

01 Blackie는 특별한 고양이였다.

→ _____

02 그는 뱃고양이였다.

→ _____

03 고양이들은 일반적으로 물을 좋아하지 않지만, Blackie는 바다에서 많은 시간을 보냈다.

→ _____

04 뱃고양이는 특히 긴 항해를 하는 선원들을 위해 좋은 일을 많이 했다.

→ _____

05 선원들은 종종 긴 항해를 하는 동안 외로움을 느꼈다.

→ _____

06 그래서 그들은 뱃고양이를 환영했다.

→ _____

07 그것은 또한 배에서 쥐들을 쫓기도 했다.

→ _____

08 일부 선원들은 뱃고양이가 행운을 가져다준다고 믿었다.

→ _____

09 그들은 또한 그것이 험한 날씨로부터 그들의 배를 보호해 줄 수 있을 것이라고 믿었다.

→ _____

10 몇몇 뱃고양이들은 유명해졌다.

→ _____

11 그리고 Blackie가 그들 중 하나였다.

→ _____

12 1941년에, Blackie는 영국 총리인 Winston Churchill을 만났다.

→ _____

13 Blackie는 영국 해군 전함의 뱃고양이였다.

→ _____

14 Churchill이 그 배에 타고 있었다.

→ _____

15 그는 미국 대통령인 Franklin D. Roosevelt를 만나기 위해 비밀 장소로 가는 중이었다.

→ _____

16 Blackie가 Churchill과 함께 배에서 내리려고 했다.

→ _____

17 하지만 Churchill은 그를 멈추게 하기 위해 그의 머리를 만졌다.

→ _____

18 어떤 사람이 그 순간을 사진으로 찍었다.

→ _____

19 그 사진이 유명해졌다.

→ _____

20 그리고 사람들은 Blackie에게 Churchill이라는 새로운 이름을 지어 주었다.

→ _____

단원 마무리 노트

① 6단원에서 배운 내용을 정리한 노트를 완성해 봅시다.

Vocabulary

▷ 뱃고양이는 특히 긴 항해를 하는 선원들을 위해 좋은 일을 많이 했다.

→ A ship's cat did many good things for ❶_____, especially on a long ❷_____.

▷ 일부 선원들은 뱃고양이가 행운을 가져다준다고 믿었다.

→ Some sailors believed that a ship's cat brought good ❸_____.

▷ 어떤 사람이 그 순간을 사진으로 찍었다.

→ Someone ❹_____ of that moment.

Expressions

▷ A: May I bring my pet? 애완동물을 데려와도 되나요?

B: No, you may not. 아니, 안 돼.

→ 허락을 요청할 때는 ❺_____ 표현을 쓴다.

▷ A: Why don't we play the new board game? 새로운 보드게임을 하는 게 어때?

B: Good idea. I can't wait to play it. 좋은 생각이야. 빨리 게임을 하고 싶어.

→ 기대를 표현할 때는 ❻⟨_____⟩으로 나타낸다.

Grammar

접속사 that

접속사 that은 절과 절을 연결하는 역할을 한다. 접속사 뒤에 오는 절이 주절에 있는 동사의 목적어 역할을 할 때 접속사 that은 ❼_____ 할 수 있다.

to부정사의 부사적 용법

❽⟨_____⟩의 형태로 문장에서 부사 역할을 할 때는 ❾'_____', '원인(～해서)', '결과(～해서 …하다)' 등의 의미를 나타낸다.

수여동사

간접목적어(～에게)와 직접목적어(…을/를) 두 개의 목적어를 취하는 동사를 수여동사라고 한다. 수여동사 뒤에 ⟨간접목적어+직접목적어⟩ 또는 ❿⟨_____⟩의 어순을 쓴다.

정답 ❶ sailors ❷ voyage ❸ luck ❹ took a picture ❺ May(Can) I ～? ❻ I can't wait to+동사원형 ❼ 생략 ❽ to+동사원형 ❾ 목적(～하기 위해서) ❿ 직접목적어+전치사+간접목적어

The World of Work

Listen & Speak

- 바람 · 소원 표현하기
  I want to be an animal doctor.
- 조언하기
  You should read storybooks in English.

Read

- 삼림 소방대원

Language Use

- They often **have to** stay in the forest for a few days.
- You **should** be adventurous.
- **When** they are on the ground, they cut down trees.

▷ Words

명사

- **animal doctor** 수의사 ≒ vet
- **firefighter**[fáiərfàitər] 소방관, 소방대원 + fire truck 소방차
- **forest**[fɔ́ːrist] 숲, 삼림
- **hero**[híərou] 영웅 + heroine 여걸, 영웅적인 여자
- **lightning**[láitniŋ] 번개
- **police officer** 경찰관
- **reporter**[ripɔ́ːrtər] 기자, 리포터
- **restroom**[réstrùːm] 화장실
- **safety**[séifti] 안전 + safe 안전한
- **smokejumper**[smóukdʒÀmpər] 삼림 소방대원
- **soil**[sɔil] 흙, 토양 ≒ dirt, earth
- **tool**[tuːl] 도구, 수단

형용사/부사

- **adventurous**[ədvéntʃərəs] 모험심이 강한
  + adventure 모험
- **dangerous**[déindʒərəs] 위험한 ↔ safe 안전한
  + danger 위험
- **difficult**[dífikÀlt] 어려운 ↔ easy 쉬운
- **enough**[inÀf] 충분한
- **even**[íːvən] ~까지(도), ~조차(도)
- **luckily**[lÀkili] 다행히 + luck 행운
- **outside**[àutsáid] 밖에서 ↔ inside 안에서

- **real**[ríːəl] 진짜의, 현실의 + reality 사실, 현실
- **still**[stil] 여전히, 그래도
- **suddenly**[sÀdnli] 갑자기 ≒ all of a sudden
  + sudden 갑작스러운
- **sure**[ʃuər] 확신하는, 확실한 ≒ certain
- **then**[ðen] 그러면
- **tired**[taiərd] 피곤한
- **wild**[waild] 야생의, 거친 + wildness 야생

동사

- **add**[æd] 더하다
- **appear**[əpíər] 나타나다
- **cross**[krɔːs] 건너다
- **exercise**[éksərsàiz] 운동하다; 명 운동
- **happen**[hǽpən] 일어나다, 발생하다
- **learn**[ləːrn] 배우다
- **make**[meik] ~이 되다 ≒ become
  (make – made – made)
- **protect**[prətékt] 보호하다, 지키다
- **save**[seiv] 구하다
- **spread**[spred] 번지다, 퍼지다
  (spread – spread – spread)
- **strike**[straik] 세게 치다, 때리다
  (strike – struck – struck)

▷ Phrases

- **come first** 최우선이다, 가장 중요하다
- **cut down** (나무를) 베다, 베어 쓰러뜨리다
- **get enough sleep** 잠 충분히 자다
- **get to** ~에 도착하다
- **go for a walk** 산책하러 가다
- **in English** 영어로 된

- **in the future** 미래에, 장래에
- **jump into** ~로 뛰어들다
- **put out** (불을) 끄다
- **stay at home** 집에 머물다
- **turn over** ~을 뒤집다
- **wait for** ~을 기다리다

A 다음 단어의 우리말 뜻을 쓰시오.

01 soil

02 dangerous

03 add

04 strike

05 luckily

06 appear

07 even

08 protect

09 hero

10 adventurous

11 still

12 smokejumper

13 restroom

14 happen

15 sure

16 outside

17 real

18 suddenly

19 put out

20 come first

B 다음 우리말에 알맞은 단어를 쓰시오.

01 도구, 수단

02 야생의, 거친

03 기자, 리포터

04 건너다

05 산책하러 가다

06 피곤한

07 안전

08 소방관, 소방대원

09 운동하다

10 그러면

11 번개

12 숲, 삼림

13 구하다

14 어려운

15 번지다, 퍼지다

16 경찰관

17 충분한

18 배우다

19 ~을 뒤집다

20 미래에, 장래에

Words 집중 탐구

직업을 나타내는 말

- animal doctor (수의사) ≒ vet
- farmer (농부)
- inventor (발명가)
- movie director (영화감독)
- police officer (경찰관)
- smokejumper (삼림 소방대원)

- chef (주방장, 요리사) ≒ cook
- firefighter (소방관, 소방대원)
- lawyer (변호사)
- painter (화가) ≒ artist
- reporter (기자, 리포터)
- writer (작가) ≒ author

Phrases 집중 탐구

- cut down: (나무를) 베다, 베어 쓰러뜨리다

  We **cut down** trees and make paper. (우리는 나무를 베어서 종이를 만든다.)

- get enough sleep: 잠을 충분히 자다

  Getting enough sleep is very important to stay healthy. (충분한 수면을 취하는 것은 건강을 유지하는 데 매우 중요하다.)

- jump into: ~로 뛰어들다

  He **jumped into** the river to save his daughter. (그는 딸을 구하기 위해 강으로 뛰어들었다.)

- put out: (불을) 끄다

  Putting out a fire is very dangerous. (불을 끄는 일은 매우 위험하다.)

- turn over: ~을 뒤집다

  Turn over the pancake and fry it for another 2 minutes. (팬케이크를 뒤집어서 2분간 더 구우시오.)

★ 바른답·알찬풀이 p. 21

Pop Quiz

1 다음 짝지어진 단어의 관계가 같도록 빈칸에 주어진 철자로 시작하는 단어를 쓰시오.

book : writer = news : r_____

2 다음 괄호 안에서 알맞은 것을 고르시오.

(1) The tree was dead, so we (cut / turned) it down.

(2) Most dogs like to jump (into / out of) the sea to swim.

3 다음 영영풀이에 해당하는 단어를 쓰시오.

(1) _____ : a member of a group working to put out fires

(2) _____ : the flashes of light in the sky during a storm

A 다음 우리말에 맞도록 빈칸에 알맞은 말을 쓰시오.

(1) 톱은 목재를 베기 위한 도구이다.
→ The saw is a _____ for cutting wood.

(2) 그 패션 스타일은 전 세계로 빠르게 퍼졌다.
→ The fashion style _____ quickly around the world.

(3) 우리는 많은 종류의 씨앗을 흙에 심었다.
→ We planted many kinds of seeds into the _____.

(4) 그곳의 많은 사람들이 불을 끄는 것을 도와주었다.
→ Many people there helped to _____ _____ the fire.

W·O·R·D·S

☐ **saw** ⑲ 톱
☐ **wood** ⑲ 목재
☐ **style** ⑲ 스타일, 양식
☐ **quickly** ⑲ 빠르게
☐ **around the world**
　　전 세계로
☐ **plant** ⑧ 심다
☐ **many kinds of** 많은
　　종류의
☐ **seed** ⑲ 씨, 씨앗

B 다음 밑줄 친 단어의 의미를 〈보기〉에서 골라 번호를 쓰시오.

┌─ 보기 ───────────────────────────────┐
│ ① 충분한　　② 피곤한　　③ 진정한　　④ 위험한 │
│ ⑤ 어려운　　⑥ 야생의　　⑦ 모험적인　⑧ 확신하는 │
└──────────────────────────────────────┘

(1) I want to live an <u>adventurous</u> life in the jungle. 　(　)

(2) My family didn't get <u>enough</u> sleep last night. 　(　)

(3) He took pictures of <u>wild</u> animals in Africa. 　(　)

(4) The police officer saved the child. He is a <u>real</u> hero. 　(　)

☐ **jungle** ⑲ 정글, 밀림
☐ **take a picture of** ～의
　　사진을 찍다

C 다음 밑줄 친 부분과 바꿔 쓸 수 있는 것은?

┌──────────────────────────────────────┐
│ I think he will <u>make</u> a good doctor. │
└──────────────────────────────────────┘

① add　　　　　② create　　　　③ appear
④ happen　　　⑤ become

D 다음 글의 밑줄 친 She가 가리키는 대상으로 가장 알맞은 것은?

┌──────────────────────────────────────┐
│ <u>She</u> is a professional cook. <u>She</u> works in a restaurant and prepares food │
│ for people. │
└──────────────────────────────────────┘

① mother　　　② chef　　　　　③ farmer
④ reporter　　⑤ inventor

☐ **professional** ⑲ 전문적
　　인, 직업의
☐ **prepare** ⑧ 준비하다

교과서 Expressions

1 바람 · 소원 표현하기

바람이나 원하는 것을 말할 때는 '~하고 싶다, ~하기를 원하다'라는 뜻의 want to나 would like to를 이용한다. 특히 What do you want to be in the future?는 장래 희망을 묻는 표현으로, 〈I want to be+직업명.〉으로 답한다.

A: What do you want to be in the future?
B: I want to be an animal doctor. I want to help animals.

★ 바른답·알찬풀이 p. 21

중요표현 더하기

- Do you want to meet him?
  너는 그를 만나고 싶니?
- Would you like to do something today?
  너는 오늘 어떤 것을 하고 싶니?
- I want to be a sports reporter.
  나는 스포츠 기자가 되고 싶어.
- I'd like to see her again.
  나는 그녀를 다시 보고 싶어.

Pop Quiz

1 다음 대화의 빈칸에 공통으로 들어갈 알맞은 말을 쓰시오.

A: What do you want to be in the future?
B: I _____ _____ be a lawyer. I _____ _____ help people in need.

2 조언하기

'너는 ~하는 게 좋겠어.'라는 뜻의 You should ~.는 상대방에게 충고나 조언을 할 때 쓰는 표현이다. should 뒤에는 반드시 동사 원형을 써야 한다. 그밖에 조언하는 표현으로 'Why don't you ~? (너는 ~하는 게 어때?)', 'How(What) about -ing?(~하는 게 어때?)', 'I think you should ~.(내 생각에 너는 ~하는 게 좋겠어.)' 등을 쓸 수 있다.

A: I can't speak English well. What should I do?
B: You should read storybooks in English.

★ 바른답·알찬풀이 p. 21

중요표현 더하기

- You should drink lots of water.
  너는 물을 많이 마시는 게 좋겠어.
- Why don't you read lots of books?
  너는 책을 많이 읽는 게 어때?
- How about going to the museum?
  박물관에 가는 게 어때?
- I think you should wear warm clothes today.
  내 생각에 너는 오늘 따뜻한 옷을 입는 게 좋겠어.

Pop Quiz

2 다음 대화의 빈칸에 알맞은 말을 쓰시오.

A: I want to be a police officer. What should I do?
B: I think _____ _____ learn taekwondo.

A 다음 대화의 괄호 안에서 알맞은 것을 고르시오.

(1) **A:** Do you want to become a writer?
   B: No, I want to become a (writer / painter).

(2) **A:** I often get up late in the morning. What should I do?
   B: You should (go to bed early / stay up late).

B 다음 괄호 안의 말을 배열하여 문장을 완성하시오.

(1) (to / stay / want / I / watch / at home / and) TV.
   → _____ TV.

(2) (you / I / should / every day / think / exercise).
   → _____

(3) (you / what / in / do / to / want / be / the future)?
   → _____

C 다음 대화의 빈칸에 들어갈 말로 가장 알맞은 것은?

> **A:** What do you want to do after school?
> **B:** _____

① I can't go to see a movie.
② I want to go to the library.
③ I want to be a sports reporter.
④ I think you should play outside.
⑤ I went to the park and read a book.

D 다음 (A)~(C)를 자연스러운 대화가 되도록 바르게 배열한 것은?

> (A) You should watch many movies.
> (B) Do you want to be a movie director?
> (C) Yes. I want to be a movie director. What should I do?

① (A) – (B) – (C)　　② (A) – (C) – (B)　　③ (B) – (A) – (C)
④ (B) – (C) – (A)　　⑤ (C) – (A) – (B)

W·O·R·D·S

☐ **writer** ⑱ 작가
☐ **often** ⑮ 자주, 종종
☐ **get up late** 늦게 일어나다

☐ **stay** ⑧ 머무르다
☐ **every day** 매일
☐ **future** ⑱ 미래

☐ **after school** 방과 후에
☐ **see a movie** 영화를 보다
☐ **reporter** ⑱ 기자
☐ **outside** ⑮ 밖에서

☐ **movie director** 영화감독

교과서 대화문 표현 익히기

교과서 대화문의 해석을 확인해 봅시다.

Listen & Speak 1

1 **G:** Ken, let's go for a walk. It's a beautiful day.

   B: <u>Don't you think</u> it's too cold outside?

   G: Really? What do you want to do then?

   B: <u>I want to</u> stay at home and read.

2 **B:** <u>What do you want to be in the future?</u>

   G: I'm not sure. That's a difficult question. What about you?

   B: I want to be a sports reporter. I'm interested in sports.

   G: Sounds good! I think you'll make a good reporter.

> **표현 해설**
> • Don't you think ~?는 '~라고 생각하지 않니?'라는 뜻으로, 상대방의 의견을 확인하는 표현이다.
> • I want to ~.는 '나는 ~하고 싶다.'라는 뜻으로, 자신의 바람이나 소원을 나타내는 표현이다.
> • What do you want to be in the future?는 장래 희망을 묻는 표현이다.

+ 해석

1 **G:** Ken, 산책하러 가자. 날씨가 좋아.
   B: 밖이 너무 춥다고 생각하지 않니?
   G: 정말? 그럼 넌 뭘 하고 싶은데?
   B: 나는 집에 있으면서 책을 읽고 싶어.

2 **B:** 너는 미래에 무엇이 되고 싶니?
   G: 잘 모르겠어. 그건 어려운 질문이야. 너는 어때?
   B: 나는 스포츠 기자가 되고 싶어. 나는 스포츠에 관심이 있어.
   G: 멋지다! 내 생각에 너는 훌륭한 기자가 될 거야.

Listen & Speak 2

1 **M:** Are you all right, Katie? You looked a little tired in my class.

   G: I didn't get enough sleep last night. I was reading a very interesting book.

   M: <u>You should</u> go to bed early.

   G: I'll try. Thank you, Mr. Johnson.

2 **G:** Let's cross the street. We're going to be late for school.

   B: No, the light is red. It's not safe.

   G: There are no cars, and I don't want to be late for school.

   B: We should still wait for the green light. <u>Safety always comes first.</u>

> **표현 해설**
> • You should ~.는 '너는 ~하는 게 좋겠어.'라는 뜻으로, 상대방에게 충고나 조언을 하는 표현이다.
> • Safety always comes first.는 직역하면 '안전이 항상 먼저 온다.'라는 뜻으로, '안전이 항상 최우선이다.'라는 의미로 이해하면 된다.

1 **M:** 괜찮니, Katie? 네가 내 수업 시간에 좀 피곤해 보이더구나.
   G: 저는 어젯밤에 잠을 충분히 못 잤어요. 아주 재미있는 책을 읽고 있었거든요.
   M: 너는 일찍 자는 게 좋겠다.
   G: 노력해 볼게요. 감사합니다, Johnson 선생님.

2 **G:** 길을 건너자. 우리 학교에 늦겠어.
   B: 안 돼, 빨간불이야. 안전하지 않아.
   G: 차가 없잖아. 그리고 나는 학교에 늦기 싫어.
   B: 우리는 그래도 파란불을 기다리는 게 좋겠어. 안전이 항상 최우선이야.

Communicate

Jaden: Did you see the news? There was a fire at the shopping mall, and a girl was still in the building.

Yuri: Really? What happened to the girl?

Jaden: Luckily, a firefighter found her in the restroom and saved her.

Yuri: Wow, that's great! The firefighter is a real hero.

Jaden: I know! I want to be like him.

Yuri: Oh, do you want to be a firefighter?

Jaden: No, I want to be a police officer, but I don't know how. What should I do?

Yuri: I think you should exercise every day and learn taekwondo.

Jaden: That's a good idea.

> **표현 해설**
> - What happened to ~?는 '~에게 무슨 일이 일어났니?, ~는 어떻게 됐니?'라는 뜻이다.
> - What should I do?는 '내가 어떻게 해야 할까?'라는 뜻으로, 조언을 구하는 표현이다.
> - I think you should ~.는 '내 생각에 너는 ~하는 게 좋겠다.'라는 뜻으로, 상대방에게 조언하는 표현이다.

Progress Check

1 **G:** Kevin, let's go out and play soccer.

B: Don't you think it's too cold outside?

G: Really? What do you want to do then?

B: I want to stay at home and watch TV.

2 **G:** Are you all right, Andy? You look worried.

B: I have a science quiz tomorrow, but I'm not ready for it. What should I do?

G: You should review your notes first.

B: O.K. Thank you.

3 **M:** Jisu wants to become a firefighter. She thinks that firefighters are real heroes. To become a firefighter, she should exercise every day to stay in good health.

해석

Jaden: 너 뉴스 봤니? 쇼핑몰에 불이 났는데, 한 여자아이가 여전히 건물에 있었어.

유리: 정말? 그 여자아이는 어떻게 됐어?

Jaden: 다행히, 한 소방관이 화장실에서 그녀를 발견해서 구해냈어.

유리: 와, 잘됐다! 그 소방관은 진짜 영웅이네.

Jaden: 그러게 말이야! 난 그처럼 되고 싶어.

유리: 오, 너는 소방관이 되고 싶니?

Jaden: 아니, 난 경찰관이 되고 싶은데, 방법을 모르겠어. 내가 어떻게 해야 할까?

유리: 내 생각에 너는 매일 운동하고 태권도를 배우는 게 좋겠어.

Jaden: 그거 좋은 생각이다.

1 **G:** Kevin, 나가서 축구를 하자.
B: 밖이 너무 춥다고 생각하지 않니?
G: 정말? 그럼 넌 뭘 하고 싶은데?
B: 난 집에 있으면서 TV를 보고 싶어.

2 **G:** 괜찮니, Andy? 너 걱정스러워 보여.
B: 나는 내일 과학 시험이 있는데, 준비되지 않았어. 내가 어떻게 해야 할까?
G: 너는 먼저 네가 필기한 것을 복습하는 게 좋겠어.
B: 알겠어. 고마워.

3 **M:** 지수는 소방관이 되고 싶어 한다. 그녀는 소방관들이 진짜 영웅들이라고 생각한다. 소방관이 되기 위해서, 그녀는 매일 운동해서 좋은 건강 상태를 유지해야 한다.

Listen & Speak 1

1 G: Ken, let's go for a walk. It's a beautiful day.

B: Don't you think it's ❶_____ _____ outside?

G: Really? What do you want to do then?

B: I ❷_____ _____ stay at home and read.

2 B: What do you want to be ❸_____ _____ _____?

G: I'm not sure. That's a difficult question. What about you?

B: I want to be a sports reporter. I'm ❹_____ _____ sports.

G: Sounds good! I think you'll make a good reporter.

Listen & Speak 2

1 M: Are you all right, Katie? You looked ❺_____ _____ tired in my class.

G: I didn't ❻_____ _____ _____ last night. I was reading a very interesting book.

M: You should go to bed early.

G: I'll try. Thank you, Mr. Johnson.

2 G: Let's ❼_____ the street. We're going to be late for school.

B: No, the light is red. It's not ❽_____.

G: There are no cars, and I don't want to be late for school.

B: We should still ❾_____ _____ the green light. Safety always ❿_____ _____.

• HINTS

❶ 너무 추운

❷ ~하고 싶다

❸ 미래에, 장래에

❹ ~에 관심이 있는

❺ 약간, 조금

❻ 잠을 충분히 자다

❼ 건너다

❽ 안전한

❾ ~을 기다리다

❿ 최우선이다

Communicate

Jaden: Did you see the news? There was a fire at the shopping mall, and a girl was still in the building.

Yuri: Really? ⑪_____ _____ to the girl?

Jaden: Luckily, a firefighter found her in the restroom and ⑫_____ her.

Yuri: Wow, that's great! The firefighter is a ⑬_____ _____.

Jaden: I know! I want to be ⑭_____ him.

Yuri: Oh, do you want to be a firefighter?

Jaden: No, I want to be a police officer, but I don't know ⑮_____. What should I do?

Yuri: I think you should exercise every day and learn taekwondo.

Jaden: That's a good idea.

⑪ 어떻게 됐어?

⑫ 구해냈다

⑬ 진짜 영웅

⑭ ~처럼

⑮ 어떻게, 방법

Progress Check

1 **G:** Kevin, let's go out and play soccer.

B: Don't you think it's too cold outside?

G: Really? What do you want to do then?

B: I want to ⑯_____ _____ _____ and watch TV.

⑯ 집에 머물다

2 **G:** Are you all right, Andy? You look ⑰_____.

B: I have a science quiz tomorrow, but I'm not ready for it. ⑱_____ _____ _____ _____?

G: You should ⑲_____ your notes first.

B: O.K. Thank you.

⑰ 걱정스러운

⑱ 내가 어떻게 해야 할까?

⑲ 복습하다

3 **M:** Jisu wants to become a firefighter. She thinks that firefighters are real heroes. To become a firefighter, she should exercise every day to stay ⑳_____ _____ _____.

⑳ 건강 상태가 좋은

1 조동사 have to

• They often **have to** stay in the forest for a few days.	그들은 종종 며칠 동안 숲에 머물러야 한다.
• They **had to** get to the fire fast.	그들은 화재 현장에 빨리 도착해야 했다.

(1) 의미와 형태: 〈have to+동사원형〉은 '~해야 한다'라는 뜻으로, 의무를 나타내는 조동사 역할을 한다. have는 주어의 인칭과 시제에 따라 형태가 변하며 과거형은 had to이다. have to 대신 must를 쓸 수도 있다.

I **have to** study hard to get good grades. 나는 좋은 성적을 받기 위해 열심히 공부해야 한다.

She **has to** get up early tomorrow. 그녀는 내일 일찍 일어나야 한다.

They **had to** do a lot of history homework. 그들은 많은 역사 숙제를 해야 했다.

(2) 부정문: have to의 부정은 don't have to이다. '~할 필요가 없다'라는 뜻으로, 긍정문과 마찬가지로 주어와 시제에 따라 형태가 변한다. don't need to 또는 need not으로 바꿔 쓸 수 있고, 과거형은 didn't have to이다.

I **don't have to** go to work this weekend. 나는 이번 주말에 일하러 갈 필요가 없다.

He **doesn't have to** go to work this weekend. 그는 이번 주말에 일하러 갈 필요가 없다.

cf. must not: ~해서는 안 된다 〈금지〉

We **must not** park in this area. 우리는 이 구역에 주차해서는 안 된다.

┌ Pop Quiz ◄

★ 바른답·알찬풀이 **p. 22**

1 다음 밑줄 친 부분을 어법상 바르게 고치시오.

(1) My mother has to clean the kitchen yesterday.

(2) I have not to finish my report today.

---

2 조동사 should

• You **should** be adventurous.	여러분은 모험심이 있어야 합니다.
• We **should** still wait for the green light.	우리는 그래도 파란불을 기다리는 게 좋겠어.

(1) 의미와 형태: should는 '~해야 한다, ~하는 게 좋겠다'라는 뜻의 조동사로, 충고나 조언, 마땅히 해야 하는 의무 등을 나타낸다. ought to로 대신할 수 있다.

You **should** be quiet in the library. 〈의무〉 너는 도서관에서 조용히 해야 한다.

Children **should** read more books 〈충고〉 아이들은 책을 더 많이 읽는 게 좋겠다.

cf. had better+동사원형: ~하는 게 좋겠다

You **had better** take the subway. 너는 지하철을 타는 게 좋겠다.

(2) **부정문**: should의 부정은 should not이고 shouldn't로 줄여 쓸 수 있다. '~하지 말아야 한다, ~하지 않는 게 좋겠다'라는 뜻이다.

He **should not** eat too much fast food. 그는 패스트푸드를 너무 많이 먹지 말아야 한다.

★ 바른답·알찬풀이 p. 22

Pop Quiz

2 다음 괄호 안에서 알맞은 것을 고르시오.

(1) It's very cold. You (should / shouldn't) wear gloves.

(2) You (should / shouldn't) tell lies to your parents.

3 접속사 when

- **When** they are on the ground, they cut down trees.　그들은 지상에 있을 때, 나무들을 베어낸다.
- **When** you are tired, you should go to bed.　너는 피곤할 때 자는 게 좋겠어.

(1) **의미와 형태**: 접속사 when은 '~할 때'라는 뜻으로, 두 개의 절(주절＋부사절)을 연결한다. 이때 when이 이끄는 시간의 부사절은 주절의 앞과 뒤에 모두 올 수 있는데, 앞에 올 때는 부사절의 끝부분에 콤마를 찍는다.

When＋주어'＋동사'~, 주어＋동사 ~.	주어＋동사 ~ when＋주어'＋동사'~.

When I was a child, I learned to ride a horse. 나는 어린아이였을 때, 말타기를 배웠다.

= I learned to ride a horse **when** I was a child.

When she feels sad, she usually watches a funny movie. 그녀는 슬플 때, 보통 재미있는 영화를 본다.

cf. 의문사 when은 '언제'라는 뜻이다.

　　When is your birthday? 네 생일은 언제니?

(2) **현재시제의 미래 대용**: when이 이끄는 시간의 부사절에서는 주절의 시제가 미래라도 미래시제를 쓰지 않고 현재시제를 쓴다.

When I *meet* the movie star, I *will take* a photo with him.

나는 그 영화배우를 만나면, 그와 함께 사진을 찍을 것이다.

★ 바른답·알찬풀이 p. 22

Pop Quiz

3 다음 빈칸에 공통으로 들어갈 알맞은 말을 쓰시오.

- ＿＿＿＿＿＿ I have a cold, I drink a lot of warm water.

- Please turn off the light ＿＿＿＿＿ you leave the room.

- ＿＿＿＿＿＿ did he write his last book?

01 다음 빈칸에 들어갈 말로 가장 알맞은 것은?

> I _____ study hard last night for the exam.

① musted   ② has to   ③ have to
④ had to   ⑤ had better

02 다음 우리말에 맞도록 빈칸에 들어갈 말로 가장 알맞은 것은?

> 오토바이를 탈 때, 헬멧을 써라.
> → Wear a helmet _____ you ride a motorcycle.

① after   ② and   ③ because
④ since   ⑤ when

03 다음 밑줄 친 부분을 어법에 맞게 고쳐 쓰시오.

(1) You aren't have to call me again.

→ _____

(2) She should talk not about the problem.

→ _____

(3) He have to buy this book now.

→ _____

(4) You should to brush your teeth after meals.

→ _____

04 다음 빈칸에 공통으로 들어갈 알맞은 말을 쓰시오.

> • _____ is the next flight to Jeju?
> • He wants to be a pilot _____ he grows up.

05 다음 중 밑줄 친 부분이 어법상 틀린 것은?

① When do you have to leave?
② You should take an umbrella.
③ She don't have to make money.
④ Jack has to go home early today.
⑤ You must not throw away the trash.

06 다음 대화의 밑줄 친 부분의 의도로 가장 알맞은 것은?

> A: I have a bad cold.
> B: You should drink warm honey water.

① 허락   ② 조언   ③ 가능
④ 추측   ⑤ 금지

07 다음 우리말에 맞도록 빈칸에 알맞은 말을 〈보기〉에서 골라 쓰시오.

> ┌─ 보기 ─────────────────────┐
> │ had   have to   should │
> └──────────────────────────┘

(1) 너는 내일까지 이 책 읽기를 끝내는 게 좋겠다.
→ You _____ finish reading the book by tomorrow.

(2) 우리는 여기서 그를 기다릴 필요가 없다.
→ We don't _____ wait for him here.

(3) 너는 이 약을 먹는 게 좋겠다.
→ You _____ better take this medicine.

08 다음 빈칸에 들어갈 말이 순서대로 짝지어진 것은?

> • _____ I have free time, I take a walk.
> • You _____ have to visit us tomorrow.

① When – doesn't
② What – don't
③ When – don't
④ What – doesn't
⑤ When – didn't

09 다음 문장을 괄호 안의 지시대로 바꿔 쓰시오.

(1) You have to study for the math exam.

(과거시제로)

→ _____

(2) She has to go to the bank. (부정문으로)

→ _____

10 다음 문장에서 어법상 틀린 부분을 찾아 바르게 고쳐 쓰시오.

> When it will rain, I won't go on a picnic.

_____ → _____

11 다음 밑줄 친 부분과 같은 뜻을 나타내는 말로 가장 알맞은 것은?

> You're late. You <u>had better</u> take a taxi.

① had   ② would   ③ could
④ should   ⑤ had to

12 다음 우리말을 영어로 바르게 옮긴 것은?

> 나는 진료를 받을 필요가 없다.

① I must not see a doctor.
② I should not see a doctor.
③ I don't need see a doctor.
④ I have not to see a doctor.
⑤ I don't have to see a doctor.

13 다음 그림에 어울리는 충고의 말을 괄호 안에 주어진 말을 이용하여 영작하시오.

(you / should / some rest)

→ _____

14 다음 중 어법상 틀린 문장은?

① I has to get up early.
② You should be careful.
③ We should not go there.
④ He didn't have to use the tool.
⑤ My sister and I had to visit my aunt.

15 다음 괄호 안의 말을 배열하여 문장을 완성하시오.

(1) (the work / she / not / should / do).

→ _____

(2) I (my brother / had / take care of / to).

→ I _____ .

Firefighters from the Sky 교과서 125~127쪽

❶ Last week, lightning struck a tree and started a fire in a mountain
　　　　　　주어　　　동사 1(strike의 과거형)　　동사 2　　　　in+넓은 장소
forest in California.
　　　in+주·도시 이름

❷ It spread quickly, and firefighters had to get to it fast.
　　=a fire　　spread의 과거형　　　　　　~해야 했다(have to의 과거형)

❸ However, there were no roads in the forest, so fire trucks could not get
　　=But(역접·대조)　　　　　　　　　　　접 그래서
to the fire!
get to+장소: ~에 도착하다, 도달하다

❹ Suddenly, an airplane appeared, and a group of firefighters started
　　부 갑자기(문장 전체 수식)　　=an airplane　　　한 무리의
jumping out of it.
jump out of: ~에서 뛰어내리다

❺ They were smokejumpers.

❻ Smokejumpers jump into a forest with only a few tools, and they carry
　　　　　　　　　jump into: ~로 뛰어들다　　전 ~을 가지고　　　a few(몇 개의)+셀 수 있는 명사
only drinking water.　　　　　　　　　　　　　　　　　　　　=smokejumpers

❼ Then, how do they put out a fire in the forest?
　　　　　　　　　　　　　불을 끄다

➕ 해석

하늘에서 내려오는 소방대원

❶ 지난주, 나무에 번개가 쳐서 캘리포니아에 있는 산림에 화재가 시작되었다.

❷ 불은 빠르게 번졌고, 소방대원들은 그곳에 빨리 도착해야 했다.

❸ 하지만, 숲에는 도로가 없어서, 소방차들이 화재 현장에 도달할 수 없었다!

❹ 갑자기 비행기 한 대가 나타났고, 한 무리의 소방대원들이 비행기에서 뛰어내리기 시작했다.

❺ 그들은 삼림 소방대원들이었다.

❻ 삼림 소방대원들은 도구 몇 개만 가지고 숲으로 뛰어내리고, 마시는 물만 들고 다닌다.

❼ 그러면, 그들은 숲에서 어떻게 화재를 진화하는가?

Do It Yourself 다음 단어의 우리말은 영어로, 영어 단어는 우리말로 쓰시오.

01 appear _____ 　02 tool _____ 　03 smokejumper _____ 　04 get to _____

05 번개 _____ 　06 번지다 _____ 　07 갑자기 _____ 　08 (불을) 끄다 _____

❽ When they are on the ground, they cut down trees and move them
　　 `[접] ~할 때` 　　　　　　　　　　　`나무를 베다` ↗ trees
away.
`구동사의 어순 주의: 동사＋대명사 목적어＋부사 (○) / 동사＋부사＋대명사 목적어 (✕)`

❾ They also turn the soil over and over to make a fire line.
　　　　　　　　　　　　　　　　　　　`부사적 용법(목적)`

❿ The work takes a long time, so they often have to stay in the forest for
　　　　　　`시간이 오래 걸리다` 　　　　　　　　　`have to＋동사원형`
a few days.
`며칠 동안`

⓫ Do you want to be a smokejumper?
　　　`want＋to부정사: ~하고 싶다`

⓬ Being a smokejumper is a very dangerous job.
　　`동명사구 주어(단수 취급)`　`단수동사`

⓭ You should be adventurous and be in good health.
　　`should＋동사원형`　　`(should)`　`건강 상태가 좋은`

⓮ "I know my job is dangerous, but I love it," says Thomas McCarthy, a
　　　　`(that)`　　　　　　`=my job`　　　　　`동격(=)`
smokejumper from California.

⓯ He adds, "I protect forests, wild animals, and even human lives. I'm
　　　　　　　　　　　　　　　　　　　　　　　`life의 복수형`
really proud of my job!"
　　`be proud of: ~을 자랑스러워하다`

★ 바른답·알찬풀이 p. 23

| 09 adventurous _____ | 10 soil _____ | 11 even _____ | 12 cut down _____ |
| 13 야생의 _____ | 14 지키다 _____ | 15 위험한 _____ | 16 방화선 _____ |

❽ 그들은 지상에 있을 때, 나무들을 베어
내고 치운다.

❾ 그들은 또한 방화선을 만들기 위해 흙
을 계속 갈아엎는다.

❿ 그 작업은 시간이 오래 걸려서, 그들은
종종 며칠 동안 숲에 머물러야 한다.

⓫ 여러분은 삼림 소방대원이 되고 싶은
가?

⓬ 삼림 소방대원이 되는 것은 매우 위험
한 일이다.

⓭ 여러분은 모험심이 있어야 하고 건강
상태가 좋아야 한다.

⓮ "저는 제 일이 위험한 것을 알고 있지
만, 제 일이 좋습니다."라고 캘리포니
아의 삼림 소방대원인 Thomas
McCarthy는 말한다.

⓯ 그는 덧붙인다. "저는 삼림과 야생동
물, 그리고 사람의 생명까지 지킵니다.
저는 제 직업이 정말 자랑스럽습니다!"

A 다음 네모 안에서 알맞은 것을 고르시오.

01 Last week, lightning striked / struck a tree and started a fire in a mountain forest on / in California.

02 It spread quickly, and firefighters have / had to get to it fast.

03 However, there were no roads in the forest, so / because fire trucks could not get to the fire!

04 Suddenly, an airplane appeared, and a group of firefighters started jumping out of it / them.

05 They was / were smokejumpers.

06 Smokejumpers jump into a forest with only a few / a little tools, and they carry only drinking water.

07 Then, what / how do they put out a fire in the forest?

08 Where / When they are on the ground, they cut down trees and move it / them away.

09 They also turn the soil over and over make / to make a fire line.

10 The work takes a long time, so they often have / had to stay in the forest for / during a few days.

11 Do you want be / to be a smokejumper?

12 Be / Being a smokejumper is a very dangerous job.

13 You should be adventurous and be / to be in good health.

14 "I know my job is danger / dangerous, but I love it," says Thomas McCarthy, a smokejumper from California.

15 He adds, "I protect forests, wild animals, and still / even human lives. I'm really proud of / in my job!"

B 다음 우리말과 일치하도록 문장을 완성하시오.

01 삼림 소방대원이 되는 것은 매우 위험한 일이다.

≫ Being a smokejumper is a very _____ _____.

02 그들은 숲에서 어떻게 화재를 진화하는가?

≫ How do they _____ _____ a fire in the forest?

03 그들은 지상에 있을 때, 나무들을 베어내고 치운다.

≫ _____ they are on the ground, they _____ _____ trees and move

them away.

04 숲에는 도로가 없어서, 소방차들이 화재 현장에 도달할 수 없었다!

≫ _____ _____ no roads in the forest, so fire trucks _____

_____ _____ _____ the fire!

05 불은 빠르게 번졌고, 소방대원들은 그곳에 빨리 도착해야 했다.

≫ A Fire _____ quickly, and firefighters _____ _____ get to it fast.

06 여러분은 모험심이 있어야 하고 건강 상태가 좋아야 한다.

≫ You should _____ _____ and be in good health.

07 저는 삼림과 야생동물, 그리고 사람의 생명까지 지킵니다.

≫ I protect forests, wild animals, and even _____ _____.

08 삼림 소방대원들은 도구 몇 개만 가지고 숲으로 뛰어내리고, 마시는 물만 들고 다닌다.

≫ Smokejumpers _____ _____ a forest with _____ _____

_____ tools, and they carry only drinking water.

09 그들은 또한 방화선을 만들기 위해 흙을 계속 갈아엎는다.

≫ They also _____ to make a fire line.

10 그 작업은 시간이 오래 걸려서, 그들은 종종 며칠 동안 숲에 머물러야 한다.

≫ The work _____, so they often _____

in the forest for a few days.

✎ 어휘

01 다음 중 단어의 성격이 나머지와 <u>다른</u> 하나는?

① pilot ② farmer ③ painter
④ lawyer ⑤ cooker

02 다음 영영풀이에 해당하는 단어로 가장 알맞은 것은?

> It is the top layer of the earth. Plants grow there.

① stone ② soil ③ farm
④ desert ⑤ forest

03 다음 짝지어진 단어의 관계가 같도록 빈칸에 주어진 철자로 시작하는 단어를 쓰시오.

> job : firefighter = t_____ : hammer

04 다음 중 밑줄 친 부분의 뜻이 <u>잘못된</u> 것은?

① He <u>cut down</u> a tree for firewood.
　　→ 베었다
② She <u>turned over</u> the fish carefully.
　　→ 뒤집었다
③ <u>Even</u> a child can climb the mountain.
　　→ 충분한
④ Use an extinguisher to <u>put out</u> a fire.
　　→ 끄다
⑤ I want to study abroad <u>in the future</u>.
　　→ 미래에

05 다음 밑줄 친 부분과 바꿔 쓸 수 있는 것은?

> I missed the bus and couldn't <u>get to</u> the airport in time.

① return to ② stay at
③ wait for ④ arrive at
⑤ jump into

06 다음 괄호 안에서 알맞은 것을 고르시오.

(1) Stress can be (safe / dangerous) to your health.

(2) I think safety always comes (first / last).

(3) Lightning (struck / spread) the tree.

07 다음 빈칸에 공통으로 들어갈 말로 가장 알맞은 것은?

> • I want to _____ a lot of friends.
> • I think you'll _____ a good dancer.

① cross ② make ③ learn
④ appear ⑤ become

08 다음 우리말에 맞도록 빈칸에 알맞은 말을 쓰시오.

> 그 작가는 자신의 새 책을 자랑스러워했다.
> → The writer _____ _____
> _____ his new book.

✏️ 표현

09 다음 대화의 빈칸에 들어갈 말로 알맞지 <u>않은</u> 것은?

> A: What does Judy want to do after school?
> B: She wants to _____.

① play games ② study English
③ listen to music ④ be a teacher
⑤ go to the library

10 다음 중 문장의 의도가 나머지와 <u>다른</u> 하나는?

① You can exercise regularly.
② How about exercising regularly?
③ You had better exercise regularly.
④ Why don't you exercise regularly?
⑤ I think you should exercise regularly.

11 다음 질문에 대한 대답으로 가장 알맞은 것은?

> What do you want to do tonight?

① I had to clean my house.
② I want to be a police officer.
③ I'd like to go to the movies.
④ He wants to take a rest at home.
⑤ I can help Jihun with his homework.

12 다음 대화의 밑줄 친 부분과 바꿔 쓸 수 있는 것은?

> A: Let's cross the street.
> B: No, the light is red. It's not safe. <u>We should wait for the green light.</u>

① We waited for the green light.
② We will wait for the green light.
③ We'd like to wait for the green light.
④ We ought to wait for the green light.
⑤ We don't have to wait for the green light.

[13~14] 다음 대화의 빈칸에 들어갈 말로 가장 알맞은 것을 고르시오.

13
> A: Do you want to be a(n) _____?
> B: Yes, I want to be a(n) _____, but I don't know how.
> A: You should visit art museums often.

① chef ② artist ③ pilot
④ reporter ⑤ police officer

14
> A: I didn't get enough sleep last night. I was reading a detective novel.
> B: _____

① You should talk to me.
② You should write your story.
③ You should go to bed early.
④ You should read more books.
⑤ You should focus on your classes.

15 다음 대화의 밑줄 친 우리말을 괄호 안의 말을 이용하여 4단어로 영작하시오.

> A: I can't play soccer well. <u>내가 어떻게 해야 할까?</u> (what / should)
> B: You should run every day.

→ _____

16 다음 질문에 대한 대답을 자신의 경우에 맞게 쓰시오.

> I want to be an animal doctor. I want to help animals. What do you want to be in the future?

→ _____

17 다음 두 문장이 같은 뜻이 되도록 빈칸에 알맞은 말을 쓰시오.

> I would like to climb the mountain on the weekend.
> = I _____ _____ climb the mountain on the weekend.

18 다음 고민에 대한 조언으로 가장 알맞은 것은?

> I fought with my friend, and she doesn't talk to me any more.

① Study with her every day.
② You should say sorry to her first.
③ You should not talk to her again.
④ You should get angry with her.
⑤ I think you should make other friends.

19 다음 (A)~(D)를 자연스러운 대화가 되도록 바르게 배열하시오.

> (A) Don't you think it's too cold outside?
> (B) I want to stay at home and read.
> (C) Really? What do you want to do then?
> (D) Let's go for a walk. It's a beautiful day.

_____ – _____ – _____ – _____

20 다음 우리말에 맞도록 괄호 안의 말을 이용하여 문장을 완성하시오.

(1) 그녀는 영어로 된 이야기책들을 읽고 싶어 한다.
　　(want / storybook / in English)
　　→ _____

(2) 너는 늦지 않도록 지하철을 타는 게 좋겠어.
　　(should / take the subway / late)
　　→ _____

[21~23] 다음 대화를 읽고, 물음에 답하시오.

> **Jaden:** Did you see the news? There was a fire at the shopping mall, and a girl was still in the building.
> **Yuri:** Really? ⓐ그 여자아이는 어떻게 됐어?
> **Jaden:** (①) Luckily, a firefighter found her in the restroom and saved her.
> **Yuri:** (②) Wow, that's great! The firefighter is a real hero.
> **Jaden:** I know! (③)
> **Yuri:** Oh, do you want to be a firefighter? (④)
> **Jaden:** No, I want to be a police officer, but I don't know how. (⑤) What should I do?
> **Yuri:** ⓑI think you should exercise every day and learn taekwondo.
> **Jaden:** That's a good idea.

21 위 대화의 밑줄 친 우리말 ⓐ를 괄호 안의 말을 이용하여 5단어로 영작하시오.

> 그 여자아이는 어떻게 됐어? (what / happen)

→ _____

22 위 대화의 ①~⑤ 중 주어진 문장이 들어가기에 가장 알맞은 곳은?

> I want to be like him.

①　　　②　　　③　　　④　　　⑤

23 위 대화의 밑줄 친 ⓑ의 의도로 가장 알맞은 것은?

① 계획 말하기　　　② 조언하기
③ 기대 표현하기　　④ 소감 말하기
⑤ 허락하기

✐ 문법

24 다음 밑줄 친 부분과 바꿔 쓸 수 있는 말이 순서대로 짝지어진 것은?

> · You <u>have to</u> wear a helmet when you ride a bike.
> · They <u>are going to</u> swim in this river.

① should − can
② must − will
③ can − should
④ should − may
⑤ must − should

25 다음 우리말에 맞도록 빈칸에 들어갈 말로 가장 알맞은 것은?

> 나는 슬플 때, 액션 영화를 본다.
> → _____ I'm sad, I watch action movies.

① Before
② After
③ Since
④ When
⑤ Because

[26~27] 다음 빈칸에 들어갈 말로 가장 알맞은 것을 고르시오.

26

> Suzy wants _____ the piano well.

① play
② plays
③ playing
④ to play
⑤ to playing

27

> When it _____ fine, I will take a walk in the park.

① be
② is
③ was
④ does
⑤ will be

28 다음 빈칸에 공통으로 들어갈 말로 가장 알맞은 것은?

> · My family lived _____ London for ten years.
> · They often have to stay _____ the forest.

① at
② to
③ in
④ on
⑤ from

29 다음 밑줄 친 부분과 의미가 같은 것은?

> Smokejumpers jump into a forest with <u>a few</u> tools.

① many
② much
③ little
④ some
⑤ a lot of

30 다음 빈칸에 들어갈 말로 알맞지 <u>않은</u> 것은?

> Can you _____?

① turn it on
② turn off them
③ cut down trees
④ turn the light off
⑤ turn down the volume

31 다음 그림을 보고, 대화를 완성하시오.

> A: What should I do?
> B: _____ _____ the plant.

32 다음 중 어법상 옳은 문장은?

① My dad moved away them.
② He wants to playing baseball.
③ The firefighters got to there soon.
④ I live in a new apartment at Seoul.
⑤ They should not work for a few days.

33 다음 대화의 빈칸에 들어갈 말로 가장 알맞은 것은?

> A: May I take a picture inside the museum?
> B: No, you _____.

① may   ② have to
③ must   ④ must not
⑤ don't have to

34 다음 중 문장의 의미가 나머지와 다른 하나는?

① Don't eat fast food.
② Never eat fast food.
③ You must not eat fast food.
④ You should not eat fast food.
⑤ You don't have to eat fast food.

35 다음 두 문장이 같은 뜻이 되도록 빈칸에 알맞은 말을 쓰시오.

> You must come back home by 8.
> = You _____ _____ come back home by 8.

36 다음 중 밑줄 친 부분이 어법상 틀린 것은?

① Minho have to see a doctor.
② People must stop at red lights.
③ You shouldn't play computer games.
④ I will go to the market to buy some milk.
⑤ It's raining, so I'll bring an umbrella with me.

37 다음 문장을 괄호 안의 지시대로 바꿔 쓰시오.

> I have to clean my room. (과거시제 부정문으로)

→ _____

38 다음 밑줄 친 부분의 쓰임이 〈보기〉와 다른 것은?

> ─ 보기 ─
> When I have free time, I travel many places.

① When he comes, I'll tell him.
② When I was a child, I had a cat.
③ When does the first subway start?
④ When I'm sick, I get lots of sleep.
⑤ When I catch a cold, I drink a lot of water.

39 다음 글의 밑줄 친 ①~⑤ 중 어법상 틀린 것은?

> I understand your problem. You should still exercise and ①practice every day. ②Because you practice, you should focus on ③improving your shot. I hope ④that you ⑤will become a good basketball player.

독해

[40~42] 다음 글을 읽고, 물음에 답하시오.

Last week, lightning struck a tree and started a fire in a mountain forest ⓐin California. It ⓑspread quickly, and firefighters ⓒhave to get to it fast. However, there were no _____ in the forest, ⓓso fire trucks could not get to the fire! Suddenly, an airplane appeared, and a group of firefighters started ⓔjumping out of it. They were smokejumpers.

40 윗글의 밑줄 친 ⓐ~ⓔ 중 어법상 틀린 것은?

① ⓐ   ② ⓑ   ③ ⓒ   ④ ⓓ   ⑤ ⓔ

41 윗글의 빈칸에 들어갈 말로 가장 알맞은 것은?

① trees   ② roads

③ cars   ④ water

⑤ people

42 윗글의 내용과 일치하도록 빈칸에 알맞은 말을 본문에서 찾아 알맞은 형태로 쓰시오.

A smokejumper is a kind of _____.
When a fire happens in a _____
_____, he puts it out.

[43~45] 다음 글을 읽고, 물음에 답하시오.

Smokejumpers jump into a forest with only a few tools, and they carry only drinking water. Then, how do they put out a fire in the forest?
(A) They also turn the soil over and over to make a fire line.
(B) The work takes a long time, so they often have to stay in the forest for a few days.
(C) When they are on the ground, they cut down trees and move them away.

43 주어진 글에 이어질 내용을 순서에 맞게 배열한 것으로 가장 알맞은 것은?

① (A) - (B) - (C)   ② (A) - (C) - (B)

③ (B) - (A) - (C)   ④ (B) - (C) - (A)

⑤ (C) - (A) - (B)

44 윗글의 밑줄 친 부분과 쓰임이 다른 것은?

① I practiced hard to win first prize.

② I want to buy some roses for her.

③ They saved money to buy a house.

④ He went to Canada to see his uncle.

⑤ We use smartphones to play games.

45 윗글의 제목이 되도록 빈칸에 알맞은 말을 쓰시오.

→ How to _____ _____ a Fire in the Forest

[46~47] 다음 글을 읽고, 물음에 답하시오.

Do you want to be a smokejumper? Being a smokejumper is a very dangerous _____. ⓐYou should be adventurous and be in good health. "ⓑI know my _____ is dangerous, but I love it," says ⓒThomas McCarthy, a smokejumper from California. ⓓHe adds, "I protect forests, wild animals, and even human lives. ⓔI'm really proud of my _____!"

46 윗글의 빈칸에 공통으로 들어갈 단어를 주어진 철자로 시작하여 쓰시오.

j_____

47 윗글의 밑줄 친 ⓐ~ⓔ 중 가리키는 것이 나머지와 다른 하나는?

① ⓐ　　② ⓑ　　③ ⓒ　　④ ⓓ　　⑤ ⓔ

48 다음 글의 밑줄 친 They가 가리키는 직업으로 가장 알맞은 것은?

They protect people from danger. They feel excited when they solve difficult cases. To become a person like them, you should exercise every day.

① Doctors　　② Lawyers
③ Inventors　　④ Police officers
⑤ Reporters

[49~50] 다음 글을 읽고, 물음에 답하시오.

Reporter: Why are you proud of your job?
McCarthy: I protect forests, wild animals, and even human lives.
Reporter: _____
McCarthy: My job is very dangerous, so you should be adventurous. You should also be in good health.

49 윗글의 빈칸에 들어갈 질문으로 가장 알맞은 것은?

① How do you put out fires?
② What do you do in the forest?
③ How do you feel about your job?
④ Why is it important to protect forests?
⑤ What should I do to become a smokejumper?

50 위 인터뷰 내용에서 삼림 소방대원이 하는 일과 삼림 소방대원이 되기 위한 요건을 각각 우리말로 쓰시오.

하는 일	
요건	

[51~52] 다음 글을 읽고, 물음에 답하시오.

Dear Jihun,

I understand your problem. 너는 네 부모님께 너의 재능을 보여 드리는 게 좋겠어. When you talk to them, you have to tell them about your love for rap music. I hope that your parents will understand you.

Andrew

51 윗글의 지훈이가 가지고 있는 고민으로 가장 알맞은 것은?

① I don't have a dream.

② I want to be a basketball player, but I'm not tall enough.

③ I want to be a rapper, but my parents don't like that idea.

④ I want to be a singer, but I don't have a good voice.

⑤ I want to have a pet dog, but my parents don't like that idea.

52 윗글의 밑줄 친 우리말을 괄호 안의 말을 이용하여 7단어로 영작하시오.

너는 네 부모님께 너의 재능을 보여 드리는 게 좋겠어. (should / show / talents)

→ _____

[53~55] 다음 글을 읽고, 물음에 답하시오.

Bike Fisher

_____ you're in the Netherlands, you can meet bike fishers. There are many old bikes in the water, so bike fishers have to fish out them.

Elephant Dresser

_____ you're in Sri Lanka, you can see lots of special elephants. In Sri Lanka, elephant dressers make beautiful clothes for elephants. Elephants are big, so they have to make their clothes very big.

53 윗글의 빈칸에 공통으로 들어갈 말로 가장 알맞은 것은?

① How   ② Why   ③ What

④ When   ⑤ Where

54 윗글의 밑줄 친 문장에서 어법상 틀린 부분을 바르게 고쳐 문장을 다시 쓰시오.

→ _____

55 윗글의 내용으로 알 수 없는 것은?

① 네덜란드에는 물속에 자전거가 많다.

② 자전거 낚시꾼은 물속에서 오래된 자전거를 건져 낸다.

③ 스리랑카에서는 코끼리를 숭배한다.

④ 스리랑카에는 코끼리 옷을 만드는 직업이 있다.

⑤ 코끼리 옷은 크고 아름답게 만들어진다.

01 다음 짝지어진 단어의 관계가 〈보기〉와 다른 것은?

보기
safe : safety

① real : reality
② luck : luckily
③ wild : wildness
④ dangerous : danger
⑤ adventurous : adventure

02 다음 우리말에 맞도록 빈칸에 들어갈 말이 순서대로 짝지어진 것은?

• 선글라스는 태양으로부터 사람들의 눈을 보호해 준다.
  → Sunglasses _____ people's eyes from the sun.
• 불은 건물에 빠르게 번졌다.
  → The fire _____ quickly through the building.

① strike – spread
② save – added
③ save – appeared
④ protect – spread
⑤ protect – happened

03 다음 중 짝지어진 대화가 어색한 것은?

① A: Do you want to be a farmer?
   B: No, I don't. I want to be a chef.
② A: What do you want to do today?
   B: I want to stay at home and read.
③ A: You looked tired in my class.
   B: I got enough sleep last night.
④ A: What do you want to be in the future?
   B: I want to be a lawyer. I want to help people in need.
⑤ A: I'm not ready for the exam. What should I do?
   B: You should review your notes first.

04 다음 두 문장이 같은 뜻이 되도록 빈칸에 알맞은 말을 쓰시오.

All of a sudden, the weather became so cold.
= _____, the weather became so cold.

05 다음 (A)~(D)를 자연스러운 대화가 되도록 바르게 배열한 것은?

(A) There are no cars, and I don't want to be late for school.
(B) No, the light is red. It's not safe.
(C) Let's cross the street. We're going to be late for school.
(D) We should still wait for the green light. Safety always comes first.

① (A) – (C) – (B) – (D)
② (B) – (A) – (C) – (D)
③ (B) – (A) – (D) – (C)
④ (C) – (A) – (B) – (D)
⑤ (C) – (B) – (A) – (D)

중요
06 다음 대화의 빈칸에 들어갈 말로 가장 알맞은 것은?

A: What do you want to be in the future?
B: I'm not sure. That's a difficult question. What about you?
A: _____ I'm interested in sports.

① I am a baseball player.
② I want to be a sports reporter.
③ I want to play many kinds of sports.
④ I think that exercise is very important.
⑤ I think he wants to be a soccer player in the future.

[07~08] 다음 대화를 읽고, 물음에 답하시오.

> Jaden: Did you see the news? There was a fire at the shopping mall, and a girl was still in the building.
>
> Yuri: Really? What happened to the girl?
>
> Jaden: Luckily, a firefighter found her in the restroom and saved her.
>
> Yuri: Wow, that's great! The firefighter is a real hero.
>
> Jaden: I know! I want to be like him.
>
> Yuri: Oh, do you want to be a firefighter?
>
> Jaden: No, I want to be a police officer, but I don't know how. _____
>
> Yuri: I think you should exercise every day and learn taekwondo.
>
> Jaden: That's a good idea.

07 위 대화의 빈칸에 들어갈 말로 가장 알맞은 것은?

① What did he do?
② What should I do?
③ What are you going to do?
④ What does he do every day?
⑤ What do you think of the firefighter?

08 위 대화의 내용을 기사로 썼을 때 빈칸 ⓐ, ⓑ에 알맞은 말을 각각 쓰시오.

> There was a(n) ____ⓐ____ at the shopping mall, and a firefighter ____ⓑ____ a girl in the restroom.

ⓐ _____

ⓑ _____

09 다음 중 밑줄 친 부분이 어법상 틀린 것은?

① Babies <u>must not play</u> with soap.
② I <u>have to doing</u> the dishes today.
③ You <u>should not pull</u> the cat's tail.
④ She <u>should get up</u> early tomorrow.
⑤ Does he <u>have to take</u> the medicine?

고난도

10 다음 우리말에 맞도록 괄호 안의 말을 배열하여 <u>두 개의 문장</u>을 완성하시오.

> 비가 올 때, 너는 집에 있는 게 좋겠다.
> (home / it / at / when / stay / you / rains / should)

→ _____

→ _____

11 다음 우리말을 영어로 바르게 옮긴 것은?

> 박물관에서는 조용히 해야 한다.

① You must are quiet in the museum.
② You had to be quiet in the museum.
③ You should be quiet in the museum.
④ You should to be quiet in the museum.
⑤ You have to being quiet in the museum.

12 다음 우리말에 맞도록 빈칸에 알맞은 말을 쓰시오.

(1) 그는 음악을 들을 때 잠이 든다. (listen)

→ _____ _____ _____
to music, he falls asleep.

(2) 너는 좋은 성적을 받기 위해 매일 영어를 공부하는 게 좋겠다. (study)

→ _____ _____ _____
English every day to get a good grade.

13 다음 우리말에 맞도록 빈칸에 공통으로 들어갈 말로 가장 알맞은 것은?

- 그 개는 나를 보면 항상 짖는다.
  → The dog always barks _____ he sees me.
- 길을 건널 때, 양쪽 길을 모두 살펴야 한다.
  → _____ you cross the street, you have to look both ways.

① after(After)　　② since(Since)
③ because(Because)　④ when(When)
⑤ although(Although)

14 다음 밑줄 친 부분과 바꿔 쓸 수 있는 것을 모두 고르면?

I think you should talk with her.

① must to　　　② needs to
③ has to　　　④ ought to
⑤ had better

15 다음 글에서 어법상 틀린 부분을 두 군데 찾아 바르게 고쳐 쓰시오.

Jisu wants becoming a firefighter. She thinks that firefighters are real heroes. To become a firefighter, she should exercises every day to stay in good health.

(1) _____ → _____
(2) _____ → _____

[16~17] 다음 글을 읽고, 물음에 답하시오.

Last week, lightning struck a tree and started a fire in a mountain forest in California. (①) It spread quickly, and firefighters had to get to it fast. (②) However, there were no roads in the forest. (③) Suddenly, an airplane appeared, and a group of firefighters started jumping out of it. (④) They were smokejumpers. (⑤)

16 윗글의 ①~⑤ 중 주어진 문장이 들어가기에 가장 알맞은 곳은?

So fire trucks could not get to the fire!

①　　②　　③　　④　　⑤

17 <고난도> 윗글을 읽고 답할 수 없는 질문은?

① When did the fire start?
② What did lightning strike?
③ Where did the fire happen?
④ Why did the fire spread quickly?
⑤ Who jumped out of the airplane?

[18~19] 다음 글을 읽고, 물음에 답하시오.

> Smokejumpers ①jump into a forest with only a few tools, and they carry only drinking water. Then, how do they ②put out a fire in the forest? When they are on the ground, they ③cut down trees and move them away. They also turn the soil over and over to make a fire line. The work ④takes a long time, so they often have to stay in the forest ⑤for a few days.

18 윗글의 밑줄 친 부분의 우리말 뜻이 <u>잘못된</u> 것은?

① jump into: ~으로 뛰쳐나가다
② put out: (불을) 끄다
③ cut down: (나무를) 베다
④ takes a long time: 시간이 오래 걸리다
⑤ for a few days: 며칠 동안

19 윗글에서 삼림 소방대원들이 산불을 진화하기 위해 하는 일을 우리말로 쓰시오.

(1) _____

(2) _____

[20~22] 다음 글을 읽고, 물음에 답하시오.

> Do you want to be a smokejumper? (A) Be / Being a smokejumper is a very dangerous job. You should be adventurous and (B) be / are in good health. "I know my job is dangerous, but I love it," says Thomas McCarthy, a smokejumper from California. He adds, "I protect forests, wild animals, and even human (C) lifes / lives. I'm really proud of my job!"

20 다음 설명에 해당하는 단어를 본문에서 찾아 쓰시오.

> It is a large area of land. It is covered with a lot of trees and bushes.

_____

중요
21 윗글의 (A), (B), (C) 각 네모 안에서 어법에 맞는 표현으로 가장 알맞은 것은?

	(A)	(B)	(C)
①	Be	be	lifes
②	Be	are	lives
③	Being	are	lives
④	Being	be	lives
⑤	Being	be	lifes

22 윗글의 Thomas McCarthy가 기자와 인터뷰한 내용이다. 빈칸 ⓐ, ⓑ, ⓒ에 들어갈 말이 순서대로 짝지어진 것은?

> **Reporter:** Why are you _____ⓐ_____ of your job?
>
> **McCarthy:** I protect forests, wild animals, and even human lives.
>
> **Reporter:** What should I do to become a smokejumper?
>
> **McCarthy:** My job is very _____ⓑ_____, so you should be _____ⓒ_____. You should also be in good health.

	ⓐ		ⓑ		ⓒ
①	afraid	……	danger	……	adventure
②	afraid	……	dangerous	……	adventurous
③	proud	……	danger	……	adventure
④	proud	……	dangerous	……	adventure
⑤	proud	……	dangerous	……	adventurous

23 다음 글의 내용과 일치하지 <u>않는</u> 것은?

> I want to be a rapper, but my parents don't like that idea. – Jihun

> Dear Jihun,
>
> I understand your problem. You should show your parents your talents. When you talk to them, you have to tell them about your love for rap music. I hope that your parents will understand you.
>
> Andrew

① 지훈이는 래퍼가 되고 싶어 한다.
② 부모님은 지훈이의 꿈을 지지하지 않으신다.
③ 지훈이의 문제에 대한 조언의 편지이다.
④ 지훈이는 Andrew와 갈등을 겪고 있다.
⑤ Andrew는 지훈이가 해야 할 일을 말해 주고 있다.

24 다음 글의 내용을 바탕으로 할 때 주어진 질문에 대한 대답으로 가장 알맞은 것은?

> Police officers protect people from danger. They feel excited when they solve difficult cases. To become a police officer, you should exercise every day.

↓

> **Q:** What do police officers do?
> **A:** _____

① They help sick and old people.
② They save people from danger.
③ They feel really proud of their job.
④ They solve difficult math problems.
⑤ They exercise every day to stay in good health.

25 다음 글의 밑줄 친 ⓐ, ⓑ가 가리키는 것을 각각 본문에서 찾아 쓰시오.

> **Bike Fisher**
>
> When you're in the Netherlands, you can meet bike fishers. There are many old bikes in the water, so bike fishers have to fish ⓐthem out.
>
> **Elephant Dresser**
>
> When you're in Sri Lanka, you can see lots of special elephants. In Sri Lanka, elephant dressers make beautiful clothes for elephants. Elephants are big, so ⓑthey have to make their clothes very big.

ⓐ _____

ⓑ _____

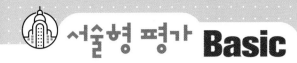
A 다음 빈칸에 괄호 안의 단어를 알맞은 형태로 바꿔 쓰시오.

❶ _____ the dog jumped up and bit the old woman. (sudden)

❷ Last night, the fire _____ quickly through the city. (spread)

❸ He lived an _____ life in the jungle. (adventure)

B 다음 밑줄 친 부분을 어법에 맞게 고쳐 쓰시오.

❶ She always <u>want go</u> to Italy to study design. → _____

❷ You <u>should back</u> at the office by 4 o'clock. → _____

❸ When Mike <u>will go</u> to university, he will buy a sports car. → _____

C 다음 두 문장이 같은 뜻이 되도록 빈칸에 알맞은 말을 쓰시오.

❶ James must finish this work by five.

= James _____ _____ _____ this work by five.

❷ You ought not to tell lies to your friends.

= You _____ _____ _____ lies to your friends.

D 다음 표지판을 보고, 괄호 안의 조동사를 이용하여 문장을 완성하시오.

❶  ❷  ❸

❶ You _____ _____ _____ right. (have to)

❷ You _____ _____ _____ in this river. (should)

❸ You _____ _____ _____ pictures in the gallery. (must)

A 다음 문장에서 어법상 <u>틀린</u> 부분을 바르게 고쳐 문장을 다시 쓰시오. (단, 한 단어만 고칠 것)

① Do yoga is good for your health.

→ _____

② It was very cold yesterday because I stayed at home and read.

→ _____

B 다음 우리말에 맞도록 괄호 안의 말을 배열하여 문장을 완성하시오.

① 나는 초등학생이었을 때, 태권도를 배웠다. (in / I / elementary school / was / when)

→ I learned taekwondo _____.

② 그는 오늘 밤에 그 보고서를 끝낼 필요가 없다. (the report / he / have to / doesn't / finish)

→ _____ tonight.

③ 너는 학교 규칙을 어기지 말아야 한다. (you / the school rules / break / not / should)

→ _____

C 다음 (A), (B) 상자에서 어울리는 말을 하나씩 골라 문장을 완성하시오.

(A)
· Ann passed the exam
· my brother comes back home
· I won first prize in the contest

(B)
· I will play with him
· I was very excited
· she was very happy

① When _____, _____.
② When _____, _____.
③ When _____, _____.

A 다음 그림을 보고, 각 상황에 어울리는 충고의 말을 should 또는 should not과 괄호 안의 말을 이용하여 쓰시오.

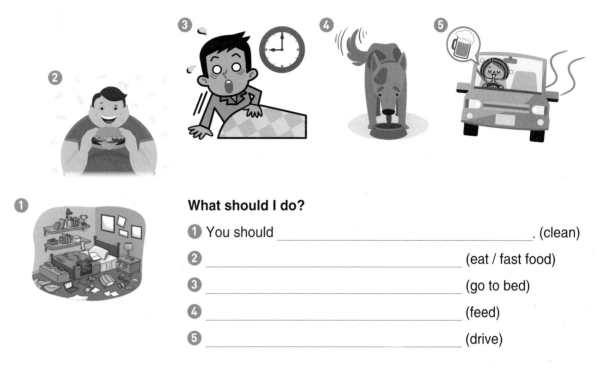

What should I do?

❶ You should _____. (clean)

❷ _____ (eat / fast food)

❸ _____ (go to bed)

❹ _____ (feed)

❺ _____ (drive)

B 다음은 의사라는 직업을 조사한 내용이다. 조사 내용을 바탕으로 직업을 소개하는 글을 완성하시오.

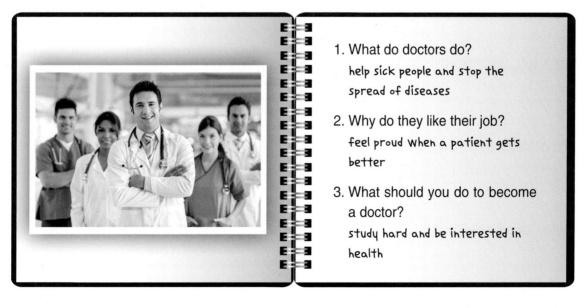

1. What do doctors do?
   help sick people and stop the spread of diseases

2. Why do they like their job?
   feel proud when a patient gets better

3. What should you do to become a doctor?
   study hard and be interested in health

Doctors ❶ _____. They feel proud

when ❷ _____. To become a doctor,

❸ _____.

» **다음 우리말을 영어로 옮기시오.**

01 지난주, 나무에 번개가 쳐서 캘리포니아에 있는 산림에 화재가 시작되었다.

→ _____

02 그것은 빠르게 번졌다.

→ _____

03 그리고 소방대원들은 그곳에 빨리 도착해야 했다.

→ _____

04 하지만, 숲에는 도로가 없어서, 소방차들이 화재 현장에 도달할 수 없었다!

→ _____

05 갑자기 비행기 한 대가 나타났다.

→ _____

06 그리고 한 무리의 소방대원들이 그것에서 뛰어내리기 시작했다.

→ _____

07 그들은 삼림 소방대원들이었다.

→ _____

08 삼림 소방대원들은 도구 몇 개만 가지고 숲으로 뛰어내린다.

→ _____

09 그리고 그들은 마시는 물만 들고 다닌다.

→ _____

10 그러면, 그들은 숲에서 어떻게 화재를 진화하는가?

→ _____

11 그들은 지상에 있을 때, 나무들을 베어내고 치운다.

→ _____

12 그들은 또한 방화선을 만들기 위해 흙을 계속 갈아엎는다.

→ _____

13 그 작업은 시간이 오래 걸려서, 그들은 종종 며칠 동안 숲에 머물러야 한다.

→ _____

14 여러분은 삼림 소방대원이 되고 싶은가?

→ _____

15 삼림 소방대원이 되는 것은 매우 위험한 일이다.

→ _____

16 여러분은 모험심이 있어야 하고 건강 상태가 좋아야 한다.

→ _____

17 "저는 제 일이 위험한 것을 알고 있지만, 제 일이 좋습니다."라고 캘리포니아의 삼림 소방대원인 Thomas McCarthy는 말한다.

→ _____

18 그는 덧붙인다.

→ _____

19 저는 삼림과 야생동물, 그리고 사람의 생명까지 지킵니다.

→ _____

20 저는 제 직업이 정말 자랑스럽습니다!

→ _____

단원 마무리 노트

① 7단원에서 배운 내용을 정리한 노트를 완성해 봅시다.

Vocabulary

> 나무에 번개가 쳐서 산림에 화재가 시작되었다.

→ **❶** _____ struck a tree and started a fire in a mountain forest.

> 삼림 소방대원들은 숲에서 어떻게 화재를 진화하는가?

→ How do smokejumpers **❷** _____ a fire in the forest?

> 저는 삼림과 야생동물, 그리고 사람의 생명까지 지킵니다.

→ I protect forests, wild animals, and **❸** _____ .

Expressions

> I want to be an animal doctor.

→ 자신의 바람이나 소원을 나타낼 때는 **❹** _____ (으)로 표현한다.

> You should read storybooks in English.

→ 상대방에게 충고나 조언을 할 때는 **❺** _____ (으)로 표현한다.

Grammar

조동사 have to

have to는 '～해야 한다'라는 뜻으로, 꼭 해야 하는 의무를 나타낸다. 뒤에는 반드시 동사원형을 쓰며, 주어가 3인칭 단수일 때는 has to를, 과거시제일 때는 **❻** _____ 을(를) 쓴다.

조동사 should

should는 '～해야 한다, ～하는 게 좋겠다'라는 뜻으로, 충고나 조언을 하거나 마땅히 해야 하는 의무를 말할 때 쓴다. 조동사이므로 뒤에는 반드시 **❼** _____ 을(를) 쓴다.

접속사 when

접속사 when은 '～할 때'라는 뜻으로, 두 개의 절을 연결한다. when이 이끄는 절은 문장의 앞과 뒤에 모두 쓸 수 있는데, 앞에 오면 when이 이끄는 부사절 끝에 **❽** _____ 을(를) 찍는다.

LESSON
8

Science from Curiosity

Listen & Speak

- 비교하기
  I think the U.S. is bigger than Canada.
- 이유 묻기
  Why do flowers smell good?

Read

- 음펨바 효과의 발견

Language Use

- She is **taller than** you.
- He was **the most curious** boy in his class.

다음 어휘의 뜻을 알아봅시다.

▷ Words

명사

- bee[biː] 벌
- country[kʌ́ntri] 나라
- curiosity[kjùəriásəti] 호기심 + curious 호기심이 많은
- (the) Earth 지구
- finding[fáindiŋ] 발견 + find 찾다
- freezer[fríːzər] 냉동실, 냉동고
  + fridge 냉장고(= refrigerator)
- full moon 보름달
  + new moon 초승달 half-moon 반달
- math[mæθ] 수학(= mathematics)
- older sister 언니, 누나 + younger sister 여동생
- ostrich[ɔ́ːstritʃ] 타조
- physics[fíziks] 물리학
- picture[píktʃər] 사진, 그림
- place[pleis] 집, 장소
- professor[prəfésər] 교수
- result[rizʌ́lt] 결과
- science[sáiəns] 과학
- teenager[tíːnèidʒər] 십 대 청소년(13~19세)
- zebra[zíːbrə] 얼룩말

형용사/부사

- actually[ǽktʃuəli] 실제로(는) + actual 실제의
- already[ɔ́ːlrédi] 벌써, 이미

- beautiful[bjúːtəfəl] 아름다운 ↔ ugly 추한
- fast[fæst] 빠른; (부) 빨리
- impossible[impásəbl] 불가능한 ↔ possible 가능한
- other[ʌ́ðər] 다른, 그 밖의
- outside[àutsáid] 밖에, 바깥에
- smart[smɑːrt] 똑똑한, 영리한 ≒ clever
- special[spéʃəl] 특별한
- strange[streindʒ] 이상한 + stranger 낯선 사람
- surprisingly[sərpráiziŋli] 놀랍게도 + surprising 놀랄 만한
- yet[jet] 아직

동사

- believe[bilíːv] 믿다 ≒ trust
- bring[briŋ] 가지고 오다 (bring – brought – brought)
- cool[kuːl] 식히다; (형) 멋진, 서늘한
- discover[diskʌ́vər] 발견하다 + discovery 발견
- finish[fíniʃ] 끝내다
- freeze[friːz] 얼다, 얼리다 (freeze – froze – frozen)
- invite[inváit] 끌다, 초대하다
- mix[miks] 섞다, 혼합하다
- pour[pɔːr] (액체를) 따르다, 붓다
- publish[pʌ́bliʃ] 발표하다, 출판하다 ≒ put out
- put[put] 놓다, 두다 (put – put – put)
- shout [ʃaut] 외치다, 소리치다
- tell[tel] 말하다 (tell – told – told)

▷ Phrases

- again and again 반복해서, 되풀이하여
- because of ~ 때문에
- by then 그때까지
- come back 돌아오다
- find out 알아내다, 찾아내다

- give up 포기하다
- help A with B A의 B를 도와주다
- in an hour 한 시간 안에
- test out 시험해 보다
- turn off (전기·가스·수도 등을) 끄다

A 다음 단어의 우리말 뜻을 쓰시오.

01 curiosity

02 actually

03 discover

04 teenager

05 full moon

06 result

07 invite

08 yet

09 finding

10 publish

11 smart

12 shout

13 ostrich

14 outside

15 physics

16 freeze

17 older sister

18 surprisingly

19 because of

20 in an hour

B 다음 우리말에 알맞은 단어를 쓰시오.

01 (액체를) 따르다, 붓다

02 지구

03 과학

04 이상한

05 냉동실, 냉동고

06 교수

07 불가능한

08 집, 장소

09 벌

10 얼룩말

11 수학

12 벌써, 이미

13 섞다, 혼합하다

14 특별한

15 아름다운

16 믿다

17 식히다; 멋진, 서늘한

18 사진, 그림

19 포기하다

20 시험해 보다

 **Vocabulary** 주제별로 배우는 **교과서 단어**

Words 집중 탐구

반의어 관계 •

- fast (빠른; 빨리) ↔ slow (느린; 느리게)
- big, large (큰) ↔ small (작은)
- long (긴) ↔ short (짧은)
- old (나이 든) ↔ young (어린)
- high (높은; 높이) ↔ low (낮은; 낮게)
- smart (똑똑한) ↔ stupid (어리석은)
- happy (행복한) ↔ sad (슬픈)

- strong (강한) ↔ weak (약한)
- tall (키가 큰) ↔ short (키가 작은)
- cold (차가운, 추운) ↔ hot (뜨거운, 더운)
- close, near (가까운; 가까이) ↔ far (먼; 멀리)
- bright (밝은) ↔ dark (어두운)
- full (가득 찬) ↔ empty (비어 있는)
- diligent (부지런한) ↔ lazy (게으른)

Phrases 집중 탐구

- give up: 포기하다
  Don't **give up**! Try it again and again. (포기하지 마! 그것을 반복해서 해 봐.)

- because of: ~ 때문에
  I didn't go to school **because of** my cold. (나는 감기 때문에 학교에 가지 않았다.)

- in an hour: 한 시간 안에
  I can walk to the lake **in an hour**. (나는 그 호수까지 한 시간 안에 걸어갈 수 있다.)

- test out: 시험해 보다
  The scientist is **testing out** the new theory. (그 과학자는 새로운 이론을 시험해 보고 있다.)

- help A with B: A의 B를 도와주다
  Many robots **help** us **with** hard work. (많은 로봇들이 우리의 힘든 일을 도와준다.)

★ 바른답·알찬풀이 p. 31

Pop Quiz ←

1 다음 짝지어진 단어의 관계가 같도록 빈칸에 알맞은 말을 쓰시오.

strong : weak = hot : _____

2 다음 빈칸에 공통으로 들어갈 알맞은 말을 쓰시오.

- Don't drive too _____ . You may hit others.
- Horses can run _____ because of their long legs.

3 다음 영영풀이에 해당하는 단어를 쓰시오.

(1) _____ : a teacher at a college or university

(2) _____ : a desire to know more about something

A 다음 우리말에 맞도록 빈칸에 알맞은 말을 쓰시오.

(1) 나는 회의 결과를 알고 싶다.
→ I would like to know the _____ of the meeting.

(2) 나는 지난밤에 정말 이상한 꿈을 꿨다.
→ I had such a _____ dream last night.

(3) 평범한 십 대 청소년은 학교에서 많은 시간을 보낸다.
→ The typical _____ spends lots of hours a day at school.

(4) 그 테니스 선수는 결승전을 포기했다.
→ The tennis player _____ _____ the final match.

W·O·R·D·S

☐ **would like to** ~하고
싶다
☐ **have a dream**
꿈을 꾸다
☐ **typical** 평범한, 일반
적인
☐ **final match** 결승전

B 다음 빈칸에 알맞은 말을 〈보기〉에서 골라 쓰시오.

┌─ 보기 ─────────────────────────────┐
│   mix   publish   shout   freeze   │
└──────────────────────────────────┘

(1) When it's below zero, water will _____.

(2) You can _____ blue and yellow to make green.

(3) The writer will _____ his new novel next month.

(4) I had to _____ because of the noise.

☐ **below zero** 영하
☐ **novel** 몡 소설
☐ **next month** 다음 달
☐ **noise** 몡 소음

C 다음 짝지어진 단어의 관계가 같도록 빈칸에 들어갈 말로 가장 알맞은 것은?

┌──────────────────────────────────┐
│   country : Tanzania = subject : _____   │
└──────────────────────────────────┘

① ostrich   ② finding   ③ school
④ physics   ⑤ professor

D 다음 영영풀이에 해당하는 단어로 가장 알맞은 것은?

┌──────────────────────────────────┐
│   the third planet from the sun   │
└──────────────────────────────────┘

① Venus   ② Mars   ③ Earth
④ Jupiter   ⑤ Moon

☐ **third** 몡 세 번째의
☐ **planet** 몡 행성

1 비교하기

두 대상을 비교할 때는 〈A ~ 형용사 / 부사의 비교급+than+B.〉의 표현을 사용하여, 'A는 B보다 더 ~하다.'라는 의미를 나타낸다. 〈Which(+명사) ~ 비교급, A or B?〉는 'A와 B 중 어느 것(명사)이 더 ~하니?'라는 뜻으로, A와 B를 비교하여 상대방의 선택을 묻는 표현이다.

A: Which country is bigger, the U.S. or Canada?
B: I think the U.S. is bigger than Canada.

중요표현 더하기

- I like winter better than summer.
  나는 여름보다 겨울을 더 좋아해.
- Which animals are faster, horses or rabbits?
  말과 토끼 중에서 어느 동물이 더 빠르니?
- Tom is stronger than Andy.
  Tom은 Andy보다 힘이 더 세다.
- I think physics is more difficult than math.
  나는 물리가 수학보다 더 어렵다고 생각해.

★ 바른답·알찬풀이 p. 32

Pop Quiz

1 다음 대화의 빈칸에 알맞은 말을 쓰시오.

A: Which animals are smarter, dolphins _____ monkeys?
B: I think dolphins are smarter _____ monkeys.

2 이유 묻기

어떤 일에 대한 이유를 물을 때는 의문사 why를 써서 〈Why+do(be)동사+주어 ~?〉로 표현하고, 대답은 주로 접속사 because(때문에)를 써서 That's(It's) because ~.와 같이 말한다. I think it is ~.의 표현으로도 이유를 나타낼 수 있다.

A: Why do flowers smell good?
B: They smell good because they want to invite bees and birds.

중요표현 더하기

- Why do you think so? 너는 왜 그렇게 생각하니?
- Why do you like summer better?
  너는 왜 여름을 더 좋아하니?
- Why don't the oceans freeze?
  바다는 왜 얼지 않니?
- That's(It's) because there is much salt in the oceans. 그것은 바다에 소금이 많이 있기 때문이야.

★ 바른답·알찬풀이 p. 32

Pop Quiz

2 다음 대화에서 <u>어색한</u> 부분을 찾아 바르게 고치시오.

A: Why do elephants have big ears?
B: That's why they want to cool their bodies.
A: Really? I didn't know that.

A 다음 우리말에 맞도록 괄호 안의 말을 배열하여 문장을 완성하시오.

(1) 나는 태양이 달보다 더 밝다고 생각해.

(the sun / brighter / than / is / the moon)

→ I think _____ .

(2) 너는 왜 거기에 가고 싶니?

(you / why / go / want / do / to / there)

→ _____

W · O · R · D · S

☐ bright ⑲ 밝은

B 다음 대화의 괄호 안에서 알맞은 것을 고르시오.

(1) **A:** Which mountain is higher, Hallasan or Baekdusan?
B: Baekdusan is higher (as / than) Hallasan.

(2) **A:** Why do horses run faster than cows?
B: Because they have (more / longer) legs.

☐ horse ⑲ 말
☐ cow ⑲ 소

C 다음 (A)~(C)를 자연스러운 대화가 되도록 바르게 배열한 것은?

A: What is a supermoon?
(A) That's because it's closer to the Earth.
(B) Why does it look bigger?
(C) It's a full moon, but it looks bigger than other full moons.

① (A) – (B) – (C)
② (A) – (C) – (B)
③ (B) – (A) – (C)
④ (C) – (A) – (B)
⑤ (C) – (B) – (A)

☐ close ⑲ 가까운
☐ full moon 보름달
☐ other ⑲ 다른

D 다음 대화의 빈칸에 들어갈 말로 알맞지 <u>않은</u> 것은?

A: Why did you bring an umbrella with you?
B: _____

① It's going to rain today.
② It's because it'll rain this afternoon.
③ The weather forecast says it will rain.
④ That's because it's not raining outside.
⑤ Because the birds are flying low so it'll rain.

☐ umbrella ⑲ 우산
☐ rain ⑧ 비가 오다
☐ this afternoon 오늘 오후에
☐ weather forecast 일기예보
☐ outside ⑨ 밖에
☐ low ⑨ 낮게

Listen & Speak 1

1 G: Alex, is this a picture of your family?

B: Yes, it is.

G: Who is this? Is she your older sister?

B: No, she's my younger sister Chris.

G: Wow, she's **taller than** you. She looks like a high school student.

2 B: **Which animals are faster, zebras or ostriches?**

G: Umm … I think zebras are faster.

B: Actually, ostriches are faster than zebras.

G: Really? How do you know that?

B: I saw a TV program on animals yesterday.

 표현 해설
• 〈형용사/부사의 비교급+than〉은 '~보다 더 …한'이라는 뜻으로, 두 대상을 비교할 때 쓴다.
• 〈Which(+명사) ~ 비교급, A or B?〉는 'A와 B 중 어느 것(명사)이 더 ~하니?'라는 뜻으로, 비교 대상인 A와 B 중 어느 한쪽의 선택을 묻는 표현이다.

Listen & Speak 2

1 B: Why did you bring an umbrella with you? **It's** not raining outside.

G: Not yet, but **It's** going to rain today. Look! The birds are flying low.

B: Oh, do birds fly low before rain?

G: Yes, my science teacher told me that.

2 B: Mom, **can I** go to Yujin's place now?

W: Now? It's already 8 o'clock. Why do you want to go there?

B: I need her help with my math homework.

W: Can you come back in an hour?

B: Yes, I think I can finish the homework by then. Thanks, Mom.

표현 해설
• 날씨나 시간을 말할 때는 비인칭주어 it을 쓰고, 이때의 it은 해석하지 않는다.
• Can I ~?는 '내가 ~해도 될까?'라는 뜻으로, 허락을 구하는 표현이다.

해석

1 G: Alex, 이것이 너의 가족사진이니?
B: 응, 맞아.
G: 이 사람은 누구니? 네 누나야?
B: 아니, 그녀는 내 여동생 Chris야.
G: 와, 그녀가 너보다 키가 더 크네. 그녀는 고등학생처럼 보여.

2 B: 얼룩말과 타조 중에서 어느 동물이 더 빠를까?
G: 음… 내 생각에는 얼룩말이 더 빨라.
B: 실제로는, 타조가 얼룩말보다 더 빨라.
G: 정말? 너는 그것을 어떻게 아니?
B: 나는 어제 동물에 관한 TV 프로그램을 봤어.

1 B: 너는 왜 우산을 가져왔니? 밖에 비가 안 오는데.
G: 아직은 아니지만, 오늘 비가 올 거야. 봐! 새들이 낮게 날고 있어.
B: 오, 비가 오기 전에 새들이 낮게 나니?
G: 응, 우리 과학 선생님께서 그것을 내게 말씀해 주셨어.

2 B: 엄마, 저 지금 유진이네 집에 가도 돼요?
W: 지금? 벌써 8시야. 너는 왜 거기에 가고 싶니?
B: 수학 숙제를 하는 데 유진이의 도움이 필요해요.
W: 한 시간 안에 돌아올 수 있니?
B: 네, 제 생각에 저는 그때까지 숙제를 끝낼 수 있어요. 고마워요, 엄마.

Communicate

Dad: What are you doing tonight?

Anna: Tonight? <u>Nothing special.</u>

Dad: Let's go and see the supermoon together.

Anna: What is the supermoon?

Dad: It's a full moon, but it looks bigger than other full moons.

Anna: <u>Why</u> does it look bigger?

Dad: <u>That's because</u> it's closer to the Earth.

Anna: Wow, I can't wait to see it.

➕ 표현 해설

- Nothing special.은 '특별한 것은 없어.'라는 뜻이다. -thing으로 끝나는 말은 형용사가 뒤에서 수식한다.
- Why ~?는 이유를 묻는 표현이고, That's because ~.는 '그것은 ～이기 때문이야.'의 뜻으로 이유를 말하는 표현이다.

➕ 해석

아빠: 너는 오늘 밤에 뭘 할 거니?

Anna: 오늘 밤이요? 특별한 계획은 없어요.

아빠: 같이 슈퍼문을 보러 가자꾸나.

Anna: 슈퍼문이 뭐예요?

아빠: 그것은 보름달인데, 다른 보름달보다 더 커 보인단다.

Anna: 그것이 왜 더 커 보여요?

아빠: 그것이 지구에 더 가까이 있기 때문이란다.

Anna: 와, 빨리 그것을 보고 싶어요.

Progress Check

1 **B:** Mom, which animals are smarter, dogs or cats?

W: Umm ... I think cats are smarter.

B: Actually, dogs are smarter than cats.

W: Really? How do you know that?

B: I read it in a science magazine.

2 **G:** Mr. Johnson, may I use our classroom after school?

M: After school? Why do you want to use it?

G: Julie and I are going to practice dancing for the school festival.

M: O.K. Can you turn off the lights when you leave?

G: Sure. Thank you so much, Mr. Johnson.

3 **M:** The supermoon looks bigger than other full moons. It looks bigger because it's closer to the Earth.

1 **B:** 엄마, 개와 고양이 중에서 어느 동물이 더 영리할까요?

W: 음… 내 생각에는 고양이가 더 영리해.

B: 실제로는, 개가 고양이보다 더 영리해요.

W: 정말? 그것을 어떻게 아니?

B: 과학 잡지에서 읽었어요.

2 **G:** Johnson 선생님, 방과 후에 우리 반 교실을 써도 될까요?

M: 방과 후에? 왜 그곳을 쓰고 싶니?

G: Julie와 저는 학교 축제를 위해서 춤 연습을 할 거예요.

M: 알겠다. 갈 때 불을 꺼 주겠니?

G: 그럼요. 정말 감사합니다, Johnson 선생님.

3 **M:** 슈퍼문은 다른 보름달보다 더 커 보인다. 그것은 지구에 더 가까이 있어서 더 크게 보인다.

Listen & Speak 1

1 G: Alex, is this a picture of your family?

B: Yes, it is.

G: Who is this? Is she your older sister?

B: No, she's my ❶_____ _____ Chris.

G: Wow, she's ❷_____ _____ you. She looks like a high school student.

2 B: Which animals are faster, zebras ❸_____ ostriches?

G: Umm … I think zebras are faster.

B: Actually, ostriches are faster than zebras.

G: Really? How do you know that?

B: I saw a TV program ❹_____ _____ yesterday.

• HINTS

❶ 여동생

❷ ~보다 더 키가 큰

❸ 또는

❹ 동물들에 관한

Listen & Speak 2

1 B: ❺_____ did you bring an umbrella with you? It's not raining outside.

G: Not yet, but it's going to rain today. Look! The birds are flying low.

B: Oh, do birds ❻_____ _____ before rain?

G: Yes, my science teacher told me that.

2 B: Mom, ❼_____ _____ go to Yujin's place now?

W: Now? It's already 8 o'clock. Why do you want to go there?

B: I need her help with my math homework.

W: Can you come back ❽_____ _____ _____?

B: Yes, I think I can finish the homework ❾_____ _____. Thanks, Mom.

❺ 왜

❻ 낮게 날다

❼ 제가 ~해도 될까요?

❽ 한 시간 안에

❾ 그때까지

Communicate

Dad: What are you doing tonight?

Anna: Tonight? ⑩ _____ _____.

Dad: Let's go and see the supermoon together.

Anna: What is the supermoon?

Dad: It's a ⑪ _____ _____, but it looks bigger than other full moons.

Anna: Why does it ⑫ _____ _____?

Dad: ⑬ _____ _____ it's closer to the Earth.

Anna: Wow, I can't wait to see it.

⑩ 특별한 건 없어요

⑪ 보름달

⑫ 더 커 보여요

⑬ 그것은 ~이기 때문이야

Progress Check

1 **B:** Mom, ⑭ _____ _____ are smarter, dogs or cats?

W: Umm ... I think cats are smarter.

B: Actually, dogs are smarter than cats.

W: Really? How do you know that?

B: I ⑮ _____ it in a science magazine.

⑭ 어느 동물들이

⑮ 읽었다

2 **G:** Mr. Johnson, may I use our classroom after school?

M: After school? Why do you ⑯ _____ _____ use it?

G: Julie and I are going to practice dancing for the school festival.

M: O.K. Can you ⑰ _____ _____ the lights when you leave?

G: Sure. Thank you so much, Mr. Johnson.

⑯ ~하고 싶다

⑰ (전등 · 불을) 끄다

3 **M:** The supermoon looks bigger than other full moons. It looks bigger because it's ⑱ _____ _____ the Earth.

⑱ ~와 더 가까운

1 비교급

- She is **taller than** you.   그녀는 너보다 키가 더 크다.
- I think the moon is **more beautiful than** the sun.   나는 달이 태양보다 더 아름답다고 생각한다.
- The hot milk froze **faster than** the cold milk.   뜨거운 우유가 차가운 우유보다 더 빨리 얼었다.

(1) **비교급의 의미와 형태:** '~보다 더 …한/하게'라는 뜻으로 두 개의 대상을 비교할 때 〈비교급+than〉의 형태로 나타낸다.

    The dolphin is **smarter than** the monkey. 돌고래가 원숭이보다 더 영리하다.

(2) **형용사/부사의 비교급 만드는 법**

규칙 변화	대부분의 경우	원급+-er	tall – tall**er**, fast – fast**er** 등
	-e로 끝나는 경우	원급+-r	large – larger, nice – nicer 등
	〈자음+-y〉로 끝나는 경우	y → i+-er	happy – happ**ier**, easy – eas**ier** 등
	〈단모음+단자음〉으로 끝나는 경우	끝자음 추가+-er	big – big**ger**, hot – hot**ter** 등
	-ful, -ous, -ive 등으로 끝나는 2음절 이상의 경우	more+원급	beautiful – **more** beautiful, famous – **more** famous 등
불규칙 변화	good/well – **better**, bad/ill – **worse**, many/much – **more**, little – **less**		

His house is **larger than** my house(=mine). 그의 집은 우리 집보다 더 크다.

My mother is **prettier than** the actress. 우리 엄마는 그 여배우보다 더 예쁘다.

The tiger is **bigger than** the house cat. 호랑이는 집고양이보다 더 크다.

Soccer is **more interesting than** baseball. 축구가 야구보다 더 재미있다.

I like coffee **better than** tea. 나는 차보다 커피를 더 좋아한다.

(3) **비교급을 강조하는 부사:** much, far, still, even, a lot 등은 '훨씬'이라는 의미로 비교급을 강조할 수 있다.

    A bus is **much** faster than a bike. 버스는 자전거보다 훨씬 더 빠르다.

    cf. very는 원급을 강조하는 부사로, 비교급에는 쓰이지 않는다.

       This train is **very** fast. 이 기차는 매우 빠르다. / The plane is very faster than the train. (×)

(4) **Who(Which) ~ 비교급, A or B?:** A와 B 중에서 누가[어느 것이] 더 ~한가?

    Who is **stronger**, Jack **or** Tom? Jack과 Tom 중에서 누가 더 힘이 세니?

    Which do you like **better**, meat **or** fish? 너는 고기와 생선 중에서 어느 것을 더 좋아하니?

Pop Quiz

★ 바른답·알찬풀이 p. 32

1 다음 괄호 안에서 알맞은 것을 고르시오.

    (1) Russia is (larger / more large) than Canada.

    (2) The building is (very / much) taller than the tower.

    (3) Which are bigger, watermelons (than / or) apples?

2 최상급

| • He was **the most curious** boy in his class. | 그는 자기 반에서 가장 호기심이 많은 소년이었다. |
| • Seoul is **the largest** city in Korea. | 서울은 한국에서 가장 큰 도시이다. |

(1) 최상급의 의미와 형태: '가장 ~한/하게'라는 뜻으로, 셋 이상의 대상을 비교하여 그중에 최고인 것을 나타내며 〈the+최상급〉의 형태로 쓴다.

Mt. Everest is **the highest** mountain in the world. 에베레스트산은 세계에서 가장 높은 산이다.

(2) 형용사/부사의 최상급 만드는 법

규칙 변화	대부분의 경우	원급+-est	tall – taller – tall**est**, fast – faster – fast**est** 등
	-e로 끝나는 경우	원급+-st	large – larger – large**st**, nice – nicer – nice**st** 등
	〈자음+-y〉로 끝나는 경우	y → i+-est	happy – happier – happ**iest**, easy – easier – eas**iest** 등
	〈단모음+단자음〉으로 끝나는 경우	끝자음 추가+-est	big – bigger – big**gest**, hot – hotter – hot**test** 등
	-ful, -ous, -ive 등으로 끝나는 2음절 이상의 경우	most+원급	beautiful – more beautiful – **most** beautiful, famous – more famous – **most** famous 등
불규칙 변화	good/well – better – **best**, bad/ill – worse – **worst**, many/much – more – **most**, little – less – **least**		

The library is **the largest** of the buildings. 도서관이 건물들 중에서 가장 크다.

Home is **the happiest** place for me. 집은 나에게 가장 행복한 공간이다.

August is **the hottest** month. 8월은 가장 더운 달이다.

This is **the most expensive** restaurant in this town. 이곳은 이 마을에서 가장 비싼 식당이다.

I like classical music **the most**. 나는 클래식 음악을 가장 좋아한다.

(3) 최상급 뒤에는 비교 범위나 장소를 나타내는 〈in+단수명사〉 또는 비교 대상을 나타내는 〈of+복수명사〉가 올 수 있다.

Minho is **the most popular** *in his school*. 민호는 그의 학교에서 가장 인기 있다.

Cheetahs run **the fastest** *of all the animals*. 치타는 모든 동물들 중에서 가장 빨리 달린다.

Pop Quiz ←

★ 바른답·알찬풀이 p. 32

2 다음 문장에서 어법상 **틀린** 부분을 찾아 바르게 고치시오.

(1) She is tallest in the dancing team.

(2) Fred runs the fastest of all the runner.

(3) This sports car is the more expensive in the showroom.

Grammar Practice

01 다음 괄호 안에서 알맞은 것을 고르시오.

(1) Jiho gets up (earlyer / earlier) than his brother.

(2) This tree is (much / very) taller than the house.

(3) Alice plays the piano (well / better) than Amy.

(4) Soccer is (popularer / more popular) than tennis.

02 다음 빈칸에 들어갈 말로 가장 알맞은 것은?

> Which river is longer, the Amazon _____ the Nile?

① as   ② or   ③ and
④ but   ⑤ than

03 다음 짝지어진 단어의 관계가 〈보기〉와 같도록 빈칸에 알맞은 말을 쓰시오.

> ─ 보기 ─
> fast − fastest

(1) hot − _____

(2) well − _____

(3) cheap − _____

(4) difficult − _____

04 다음 중 밑줄 친 부분이 어법상 틀린 것은?

① He is the most diligent of all the workers.

② It's the easiest quiz in the world.

③ Jejudo is the largest island in Korea.

④ Today is the coldest day of the year.

⑤ The steak is most delicious at this restaurant.

05 다음 우리말에 맞도록 〈보기〉에서 단어를 골라 알맞은 형태로 바꿔 쓰시오.

> ─ 보기 ─
> heavy   big   interesting

(1) 러시아는 일본보다 더 크다.
→ Russia is _____ than Japan.

(2) 빨간색 상자는 셋 중에서 가장 무겁다.
→ The red box is _____ _____ of the three.

(3) 그 책이 영화보다 훨씬 더 재미있다.
→ The book is much _____ than the movie.

06 다음 대화의 빈칸에 들어갈 말로 가장 알맞은 것은?

> A: Excuse me. Where is _____ bus stop?
> B: Go straight one block, and then turn right. It's on your right.

① the near   ② the nearer
③ more near   ④ the nearest
⑤ the most near

07 다음 표를 보고, 밑줄 친 It이 가리키는 동물로 가장 알맞은 것은?

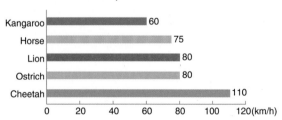

The Speed of Animals

	(km/h)
Kangaroo	60
Horse	75
Lion	80
Ostrich	80
Cheetah	110

> It is faster than the horse. It is faster than the lion.

① Horse   ② Lion   ③ Ostrich
④ Cheetah   ⑤ Kangaroo

08 다음 빈칸에 들어갈 말로 알맞지 <u>않은</u> 것은?

> He is the most _____ boy in his school.

① smart   ② famous   ③ wonderful
④ popular   ⑤ handsome

09 다음 중 어법상 옳은 문장은?

① New York is largest city in the U.S.
② Health is the importantest of all.
③ He is more diligent than his brother.
④ A basketball is very bigger than a baseball.
⑤ The pink bag looks more prettier than the red one.

10 다음 중 빈칸에 들어갈 말이 나머지와 <u>다른</u> 하나는?

① He is the best actor _____ Korea.
② This car is the nicest _____ the four cars.
③ This red shirt is the cheapest _____ the store.
④ What is the highest mountain _____ the world?
⑤ She is the most beautiful girl _____ the town.

11 다음 두 문장이 같은 뜻이 되도록 빈칸에 알맞은 말을 쓰시오.

> John doesn't sing well, but Daniel is a good singer.
> =Daniel sings _____ _____ John.

12 다음 대화에서 어법상 <u>틀린</u> 부분을 찾아 바르게 고쳐 쓰시오. (2군데)

> A: Jejudo is the most beautiful place of Korea.
> B: I think that Ulleungdo is the more beautiful than Jejudo.

(1) _____ → _____
(2) _____ → _____

13 다음 빈칸에 들어갈 말이 순서대로 짝지어진 것은?

> • I like summer _____ better than winter.
> • Kate is _____ student in the class.

① a lot − more intelligent
② very − the most intelligent
③ still − more intelligent
④ much − the intelligentest
⑤ even − the most intelligent

14 다음 두 문장을 주어진 말로 시작하는 비교급 문장으로 바꿔 쓰시오.

> Jane is 160 cm tall. Mina is 148 cm tall.

→ Jane _____.

15 다음 괄호 안의 말을 배열하여 문장을 완성하시오.

(1) (all the animals / a blue whale / is / of / the / biggest).
    → _____

(2) Women (longer / men / live / usually / than).
    → Women _____.

Which Freezes Faster, Hot or Cold Water? 교과서 143~145쪽

❶ Science begins with curiosity.
전 ~으로, ~와 함께

❷ When you are curious about something, ask yourself why and how.
접 ~할 때(시간의 접속사)   동사원형으로 시작하는 명령문

❸ That way, you can discover great things.
그런 방식으로

❹ Here is an interesting story of a curious teenager in Africa.
여기 ~이 있다   in+국가 이름

❺ "How strange! The hot milk froze faster than the cold milk," shouted a
감탄문: How+형용사/부사(+ 주어+ 동사)!   비교급+than
boy in a cooking class.
요리 수업 시간에

❻ His name was Erasto Mpemba.

❼ He was a 13-year-old boy from Tanzania.
boy를 꾸미는 형용사구(13세의) 전 ~ 출신의

❽ He was the most curious boy in his class.
최상급   명사 in+비교의 범위, 장소

❾ Mpemba was making ice cream in his cooking class in 1963.
과거진행시제   in+연도

❿ He first mixed hot milk and sugar.
먼저, 처음에

⓫ He then put the milk in the freezer when it was still hot.
그러고 나서   접 ~할 때 = the milk

➕ 해석

무엇이 더 빨리 얼까, 뜨거운 물 아니면 차가운 물?

❶ 과학은 호기심에서 시작된다.

❷ 여러분이 무언가에 대해 궁금하다면, 자기 자신에게 왜 그리고 어떻게 물어봐라.

❸ 그런 방식으로 여러분은 위대한 것들을 발견할 수 있다.

❹ 여기 아프리카에 사는 어느 호기심 많은 십 대 청소년의 흥미로운 이야기가 있다.

❺ "참 이상하군! 뜨거운 우유가 차가운 우유보다 더 빨리 얼다니."라고 요리 수업 시간에 한 소년이 소리쳤다.

❻ 그의 이름은 Erasto Mpemba였다.

❼ 그는 탄자니아 출신의 13세 소년이었다.

❽ 그는 자기 반에서 가장 호기심이 많은 소년이었다.

❾ 1963년에 Mpemba는 요리 수업 시간에 아이스크림을 만들고 있었다.

❿ 그는 먼저 뜨거운 우유와 설탕을 섞었다.

⓫ 그는 그러고 나서 우유가 아직 뜨거울 때 그것을 냉동실에 넣었다.

Do It Yourself 다음 단어의 우리말은 영어로, 영어 단어는 우리말로 쓰시오.

01 discover _____ 02 freeze _____ 03 curiosity _____ 04 shout _____
05 과학 _____ 06 이상한 _____ 07 섞다 _____ 08 십 대 _____

⑫ Surprisingly, his hot milk froze faster than his classmates' cold milk.
　　(부) 놀랍게도　　　　　　　　　　　비교급＋than

⑬ He told his teacher and classmates about his finding, but they did not
　　tell＋사람 ＝ say to＋사람 cf. tell to (×)　　　　　　　　발견
believe him.

⑭ They all said, "That's impossible!"
　　　　　　　　　　　뜨거운 우유가 차가운 우유보다 더 빨리 어는 것

⑮ However, Mpemba never gave up, and he tested his finding again and
　　그러나　　　　　　　　 ＝ didn't give up　　　　　　　　반복해서
again.

⑯ The result was always the same.
　　　　　　　　　　빈도부사는 be동사 뒤에 위치

⑰ In 1966, Dr. Denis Osborne, a professor of physics, visited Mpemba's
　　　　　　　　　　　　　　＝　　　　　　　　　　　소유격(Mpemba의)
school.

⑱ Mpemba asked him about his strange finding.
　　　　　　ask A about B: A에게 B에 대해 묻다

⑲ Dr. Osborne tested it out, and he got the same result.
　　　　test out: 시험해 보다 ＝ his strange finding

⑳ Dr. Osborne and Mpemba published their finding together in 1969.
　　　　　　　　　　　　　　　　　　　＝ discovery

㉑ Mpemba made an important discovery because of his curiosity!
　　　make a discovery: 발견하다(＝ discover)　 because of ＋명사(구): ～ 때문에

＋ 해석

⑫ 놀랍게도, 그의 뜨거운 우유가 반 친구들의 차가운 우유보다 더 빨리 얼었다.

⑬ 그는 선생님과 반 친구들에게 자신의 발견에 대해 말했지만, 그들은 그를 믿지 않았다.

⑭ 그들은 모두 "그건 불가능해!"라고 말했다.

⑮ 그러나 Mpemba는 결코 포기하지 않았고, 반복해서 자신의 발견을 시험했다.

⑯ 그 결과는 항상 똑같았다.

⑰ 1966년에 물리학 교수인 Denis Osborne 박사가 Mpemba의 학교를 방문했다.

⑱ Mpemba는 그에게 자신의 이상한 발견에 대해 질문했다.

⑲ Osborne 박사는 그것을 시험해 보았고 같은 결과를 얻었다.

⑳ Osborne 박사와 Mpemba는 1969년에 함께 그들의 발견을 발표했다.

㉑ Mpemba는 자신의 호기심 때문에 중요한 발견을 했다!

★ 바른답·알찬풀이 p. 33

| 09 finding _____ | 10 physics _____ | 11 publish _____ | 12 discovery _____ |
| 13 결과 _____ | 14 교수 _____ | 15 불가능한 _____ | 16 포기하다 _____ |

A 다음 네모 안에서 알맞은 것을 고르시오.

01 Science begins with curious / curiosity .

02 When you are curious about something, ask / asked yourself why and how.

03 That way, you can discover / discovery great things.

04 Here is an interesting story of a curious / curiosity teenager in Africa.

05 " What / How strange! The hot milk froze faster then / than the cold milk," shouted a boy in a cooking class.

06 His name was Erasto Mpemba. He was a 13-year-old / 13-years-old boy from Tanzania.

07 He was the more / most curious boy in his class.

08 Mpemba is / was making ice cream in his cooking class in 1963.

09 He first mix / mixed hot milk and sugar.

10 He then put the milk in the freezer when / what it was still hot.

11 Surprisingly, his hot milk froze more fast / faster than his classmates' cold milk.

12 He told / told to his teacher and classmates about his finding, but they did not believe / believed him.

13 They all said, "That's impossible / impossibly !"

14 However, Mpemba gave up / never gave up , and he tested his finding again and again.

15 The result was always / always was the same.

16 In / At 1966, Dr. Denis Osborne, a professor of physics, visited Mpemba / Mpemba's school.

17 Mpemba asked him about / when his strange finding.

18 Dr. Osborne tested out it / tested it out , and he got the same result.

19 Dr. Osborne and Mpemba published their / theirs finding together in 1969.

20 Mpemba made an important discovery because / because of his curiosity!

B 다음 우리말과 일치하도록 문장을 완성하시오.

01 과학은 호기심에서 시작된다.

≫ Science begins with _____.

02 그는 자기 반에서 가장 호기심이 많은 소년이었다.

≫ He was _____ _____ _____ boy in his class.

03 그는 그러고 나서 우유가 아직 뜨거울 때 그것을 냉동실에 넣었다.

≫ He then put the milk in the freezer _____ it was still hot.

04 1963년에 Mpemba는 요리 수업 시간에 아이스크림을 만들고 있었다.

≫ Mpemba _____ _____ ice cream in his cooking class in 1963.

05 Osborne 박사와 Mpemba는 1969년에 함께 그들의 발견을 발표했다.

≫ Dr. Osborne and Mpemba _____ _____ _____ together in 1969.

06 Mpemba는 결코 포기하지 않았고, 반복해서 자신의 발견을 시험했다.

≫ Mpemba never _____ _____, and he tested his _____ again and

again.

07 놀랍게도, 그의 뜨거운 우유가 반 친구들의 차가운 우유보다 더 빨리 얼었다.

≫ Surprisingly, his hot milk _____ _____ _____ his classmates'

cold milk.

08 여러분이 무언가에 대해 궁금하다면, 자기 자신에게 왜 그리고 어떻게를 물어봐라.

≫ When you are _____ _____ something, _____ _____

why and how.

09 Osborne 박사는 그것을 시험해 보았고 같은 결과를 얻었다.

≫ Dr. Osborne _____, and he _____.

10 Mpemba는 자신의 호기심 때문에 중요한 발견을 했다!

≫ Mpemba made an important discovery _____!

✎ **어휘**

01 다음 중 짝지어진 단어의 관계가 나머지와 <u>다른</u> 하나는?

① old : young
② full : empty
③ clever : stupid
④ strange : unusual
⑤ possible : impossible

02 다음 밑줄 친 It이 가리키는 단어를 주어진 철자로 시작하여 쓰시오.

> It is a kind of science. It studies energy such as heat, light, sound, and so on.

p_____

03 다음 우리말에 맞도록 빈칸에 들어갈 말로 가장 알맞은 것은?

> 고양이는 주위 환경에 대해 호기심이 많다.
> → The cat is _____ about its surroundings.

① smart
② special
③ curious
④ surprising
⑤ adventurous

04 다음 빈칸에 공통으로 들어갈 알맞은 말을 쓰시오.

> • My group wants to test _____ the theory.
> • How did you find _____ the secret of the magic show?

05 다음 밑줄 친 부분과 바꿔 쓸 수 있는 것은?

> The company plans to <u>put out</u> two books this month.

① pour
② publish
③ shout
④ believe
⑤ discover

06 다음 두 문장이 같은 뜻이 되도록 빈칸에 알맞은 말을 쓰시오.

> He didn't go to work because he was ill.
> =He didn't go to work _____ _____ his illness.

07 다음 빈칸에 들어갈 말이 순서대로 짝지어진 것은?

> • _____ flour and water to make a cake.
> • The oceans don't _____ in winter.

① Mix − freeze
② Match − freeze
③ Mix − flow
④ Make − freezer
⑤ Make − flow

08 다음 중 밑줄 친 부분의 의미가 〈보기〉와 같은 것은?

> ┌ 보기 ┐
> The fans <u>cool</u> the engine.

① It feels <u>cool</u> here.
② The weather is <u>cool</u> today.
③ There are a lot of <u>cool</u> things.
④ I want to drink something <u>cool</u>.
⑤ Elephants <u>cool</u> their bodies with their big ears.

표현

09 다음 대화의 빈칸 ⓐ, ⓑ에 들어갈 말이 순서대로 짝지어진 것은?

> A: _____ⓐ_____ I go to Amy's place now?
> B: Now? It's already 7 o'clock. _____ⓑ_____ do you want to go there?
> A: I need her help with my math homework.

① Can – What ② May – Who
③ Can – Why ④ May – When
⑤ Could – Where

[10~11] 다음 대화의 빈칸에 들어갈 말로 가장 알맞은 것을 고르시오.

10
> A: Which animals are _____, rabbits or turtles?
> B: Rabbits are _____ than turtles.

① slower ② faster
③ hotter ④ more slowly
⑤ most famous

11
> A: Why do you want to learn Spanish?
> B: Because _____.

① I don't have any free time
② I traveled to France last year
③ I want to live with my family
④ I have some Spanish friends online
⑤ I saw a TV program on physics today

12 다음 대화의 밑줄 친 우리말을 2단어로 영작하시오.

> A: What are you doing this weekend?
> B: 특별한 일은 없어.
> A: Let's go on a picnic.

→ _____

13 다음 중 짝지어진 대화가 <u>어색한</u> 것은?

① A: Is he your younger brother?
　B: No, he's my older brother Daniel.
② A: How do you know that fact?
　B: I saw a TV program about it.
③ A: Why do flowers smell good?
　B: Because they want to invite bees.
④ A: May I use our classroom after school?
　B: After school? Why?
⑤ A: Which mountain is higher, Mt. Everest or K2?
　B: I want to climb Mt. Everest.

14 다음 우리말에 맞도록 빈칸에 알맞은 말을 쓰시오.

> 그것은 새들이 낮게 날고 있기 때문이야.
> → _____ _____ the birds are flying low.

15 다음 대화의 밑줄 친 우리말에 해당하는 표현으로 가장 알맞은 것은?

> A: Actually, dogs are smarter than cats.
> B: Really? <u>너는 그것을 어떻게 아니?</u>
> A: I read it in a science magazine.

① What did you see?
② What do you know?
③ What does it look like?
④ How do you know that?
⑤ How do you like that?

16 다음 우리말에 맞도록 괄호 안의 말을 이용하여 문장을 완성하시오.

(1) 내 생각에 중국이 인도보다 더 크다.
　(think / China / big / India)
　→ _____

(2) 너는 왜 겨울을 여름보다 더 좋아하니?
　(why / like / better)
　→ _____

17 다음 대화의 밑줄 친 부분의 의도로 가장 알맞은 것은?

> A: Why do dogs lie on their backs?
> B: That's because they want to play with their owners.

① 조언하기 ② 소감 말하기
③ 비교하기 ④ 이유 말하기
⑤ 기대 표현하기

18 다음 대화의 빈칸에 들어갈 대답으로 알맞지 <u>않은</u> 것은?

> A: Can you turn off the lights when you leave the room?
> B: _____

① Sure. ② Of course.
③ My pleasure. ④ No problem.
⑤ Sorry, I can't.

19 다음 (A)~(D)를 자연스러운 대화가 되도록 바르게 배열하시오.

> (A) Oh, do birds fly low before rain?
> (B) Not yet, but it's going to rain today. Look! The birds are flying low.
> (C) Why did you bring an umbrella with you? It's not raining outside.
> (D) Yes, my science teacher told me that.

_____ - _____ - _____ - _____

20 다음 대화의 빈칸에 알맞은 질문을 완성하시오.

> A: _____ _____ _____ , elephants or bears?
> B: I think elephants are bigger than bears.

[21~23] 다음 대화를 읽고, 물음에 답하시오.

> **Dad:** What are you doing tonight?
> **Anna:** Tonight? Nothing special.
> **Dad:** Let's go and see the supermoon together.
> **Anna:** What is the supermoon?
> **Dad:** It's a full moon, but it looks bigger than other full moons.
> **Anna:** Why does it look ____ⓐ____ ?
> **Dad:** That's because it's ____ⓑ____ to the Earth.
> **Anna:** Wow, I can't wait to see it.

21 위 대화의 빈칸 ⓐ, ⓑ에 들어갈 말로 가장 알맞은 것은?

	ⓐ	ⓑ
①	larger	higher
②	bigger	closer
③	longer	farther
④	smaller	closer
⑤	brighter	farther

22 위 대화의 밑줄 친 문장을 우리말로 옮기시오.

→ _____

23 위 대화의 주제로 가장 알맞은 것은?
① 슈퍼문의 어원
② 달과 지구의 거리
③ 슈퍼문을 볼 수 있는 시기
④ 슈퍼문과 보름달의 크기 차이
⑤ 슈퍼문이 다른 보름달보다 커 보이는 이유

✎ 문법

24 다음 중 '원급−비교급−최상급'의 변화가 <u>잘못된</u> 것은?

① bad − worse − worst
② many − more − most
③ happy − happier − happiest
④ famous − famouser − famousest
⑤ popular − more popular − most popular

25 다음 대화의 빈칸에 들어갈 말로 가장 알맞은 것은?

A: Do you feel better today?
B: No, I don't. I feel _____ than yesterday.

① better ② worse ③ most
④ best ⑤ worst

[26~27] 다음 중 괄호 안에 주어진 단어가 들어갈 위치로 가장 알맞은 곳을 고르시오.

26

I know (①) he (②) is (③) late (④) for school (⑤). (always)

27

I'm curious about your strange finding. I'm (①) going to (②) test (③) out (④) in my school (⑤). (it)

28 다음 빈칸에 들어갈 말로 알맞지 <u>않은</u> 것은?

He is the _____ tennis player in the world.

① best ② worst
③ richest ④ stronger
⑤ most handsome

29 다음 대화의 빈칸에 공통으로 들어갈 말로 가장 알맞은 것은?

A: Who is _____ ?
B: Emily is _____ than Susan.

① short ② shorter
③ more short ④ the shortest
⑤ very shorter

30 다음 우리말을 영어로 바르게 옮긴 것은?

이 호수는 세계에서 가장 깊다.

① This lake is deepest in the world.
② This lake is deeper than the world.
③ This lake is deeper than other lakes.
④ This lake is the deepest in the world.
⑤ This lake is the most deep in the world.

31 다음 중 어법상 틀린 문장은?

① We published the novel in 2015.
② He is a 15-years-old boy.
③ How beautiful!
④ They never gave up swimming.
⑤ This is the thickest book in the library.

32 다음 두 문장이 같은 뜻이 되도록 빈칸에 알맞은 말을 쓰시오.

Oliver is older than Allen.
= Allen _____ _____ Oliver.

33 다음 대화의 빈칸에 들어갈 말로 알맞지 <u>않은</u> 것은?

> A: I think Jinsu runs faster than Minho.
> B: I don't think so. Minho is _____ faster than Jinsu.

① far   ② very   ③ still
④ even   ⑤ much

34 다음 빈칸에 들어갈 전치사가 순서대로 짝지어진 것은?

> • He is the smartest boy _____ his school.
> • The doctor is the busiest _____ all.

① in – on   ② of – in
③ to – of   ④ in – of
⑤ of – of

35 다음 우리말에 맞도록 빈칸에 알맞은 말을 쓰시오.

> 금은 모든 금속 중에서 가장 비싸다.
> → Gold   is _____ _____
> _____ of all metals.

36 다음 중 어법상 옳은 문장은?

① He is a strongest boy in his class.
② The Pacific Ocean is big than the Atlantic Ocean.
③ The city has tallest building in the world.
④ The kitchen is more large than my room.
⑤ The cheetah is the fastest animal in the world.

37 다음 중 빈칸에 들어갈 말이 나머지와 <u>다른</u> 하나는?

① I live _____ London.
② He goes jogging _____ the morning.
③ I'm tired because _____ my homework.
④ Jane traveled to Mexico _____ 2010.
⑤ He is the most handsome boy _____ his class.

38 다음 글에서 어법상 <u>틀린</u> 부분을 찾아 바르게 고쳐 쓰시오.

> Snow White is more pretty than Cinderella. But, Sleeping Beauty is much more pretty than those two girls.

_____ → _____

39 다음 그림을 보고, 과일의 크기를 비교하는 글을 완성하시오.

There are some fruits on the table. The apples are _____ _____ strawberries. The watermelon is _____ _____ of the fruits.

독해

40 주어진 글 다음에 이어질 내용으로 가장 알맞은 것은?

Science begins with curiosity. When you are curious about something, ask yourself why and how. That way, you can discover great things. Here is an interesting story of a curious teenager in Africa.

① 십 대가 좋아하는 과목
② 과학을 배워야 하는 이유
③ 아프리카의 위대한 발명품
④ 여러 나라의 재미있는 과학 이야기
⑤ 호기심 많은 아프리카 청소년의 일화

41 다음 글을 읽고, Mpemba에 관해 답할 수 <u>없는</u> 질문은?

"How strange! The hot milk froze faster than the cold milk," shouted a boy in a cooking class. His name was Erasto Mpemba. He was a 13-year-old boy from Tanzania. He was the most curious boy in his class.

① How old was Mpemba?
② Was Mpemba a curious boy?
③ Where does Mpemba come from?
④ What was Mpemba making in the cooking class?
⑤ What did Mpemba discover in the cooking class?

[42~43] 다음 글을 읽고, 물음에 답하시오.

Mpemba was making ice cream in his cooking class in 1963. (①) He first mixed hot milk and sugar. He then put the milk in the freezer when it was still hot. (②) He told his teacher and classmates about his finding, but they did not believe him. (③) They all said, "That's impossible!" (④) However, Mpemba never gave up, and he tested his finding again and again. (⑤) The result was always the same.

42 윗글의 ①~⑤ 중 주어진 문장이 들어가기에 가장 알맞은 곳은?

Surprisingly, his hot milk froze faster than his classmates' cold milk.

①　　　②　　　③　　　④　　　⑤

43 윗글의 내용을 다음과 같이 요약할 때 빈칸에 알맞은 말을 쓰시오.

Mpemba mixed hot milk and sugar to make ＿＿＿＿＿ ＿＿＿＿＿ . He put the ＿＿＿＿＿ milk in the freezer. He found that his hot milk froze ＿＿＿＿＿ than his classmates' cold milk.

[44~46] 다음 글을 읽고, 물음에 답하시오.

In 1966, Dr. Denis Osborne, a professor of physics, visited Mpemba's school. Mpemba asked him about his strange finding. Dr. Osborne (A)|tested it out / tested out it|, and he got the same result. Dr. Osborne and Mpemba published their finding together (B)|in / at| 1969. Mpemba made an important discovery (C)|because / because of| his curiosity!

44 윗글의 (A), (B), (C) 각 네모 안에서 어법에 맞는 표현으로 가장 알맞은 것은?

	(A)	(B)	(C)
①	tested it out	…… in	…… because
②	tested it out	…… at	…… because of
③	tested it out	…… in	…… because of
④	tested out it	…… at	…… because
⑤	tested out it	…… in	…… because of

45 윗글의 밑줄 친 단어와 바꿔 쓸 수 있는 것을 본문에서 찾아 쓰시오.

→ _____

46 Dr. Osborne에 관한 윗글의 내용과 일치하지 <u>않는</u> 것은?

① 물리학 교수이다.
② Mpemba의 학교를 방문했다.
③ Mpemba와 같은 실험 결과를 얻었다.
④ 1969년에 발견한 내용을 발표했다.
⑤ 호기심 때문에 중요한 발견을 했다.

[47~49] 다음 글을 읽고, 물음에 답하시오.

Today, I'm going to tell you about my ⓐdiscovery. I first ⓑfound out about it in a cooking class _____ I was 13 years old.

My teacher and classmates didn't believe me. I ⓒforgot my finding again and again.

I published the result with Dr. Osborne. We showed that hot water freezes ⓓfaster than cold water.

I'd like to tell you, "Science begins with ⓔcuriosity." Thank you.

47 윗글의 밑줄 친 ⓐ~ⓔ 중 단어의 쓰임이 어색한 것은?

① ⓐ ② ⓑ ③ ⓒ ④ ⓓ ⑤ ⓔ

48 윗글의 빈칸에 들어갈 말로 가장 알맞은 것은?

① but   ② when
③ then   ④ that
⑤ because

49 윗글의 밑줄 친 the result가 가리키는 것을 본문에서 찾아 한 문장으로 쓰시오.

→ _____

50 다음 글의 제목으로 가장 알맞은 것은?

> We will need: soft drink cans, cold water, a bowl
> 1. Put a can in a bowl.
> 2. Pour cold water into the bowl.
> 3. After 10 minutes, taste the drink.

① 캔 재활용 방법
② 음료를 맛보는 방법
③ 물을 빨리 얼리는 방법
④ 아이스크림 만드는 방법
⑤ 음료를 시원하게 하는 방법

[51~52] 다음 글을 읽고, 물음에 답하시오.

(A) ────────────────── 6,671 (km)
(B) ──────────────── 6,448
(C) ──────────────── 6,380

This graph is ①about the three longest rivers ②in the world. The Amazon is ③longer than the Yangtze, but the Nile is longer than the Amazon. The Nile is ④the longest river ⑤in the three.

51 위 그래프의 (A), (B) (C)에 들어갈 강 이름을 각각 영어로 쓰시오.

(A) _____

(B) _____

(C) _____

52 윗글의 밑줄 친 ①~⑤ 중 어법상 틀린 것은?

① ② ③ ④ ⑤

[53~55] 다음 글을 읽고, 물음에 답하시오.

(A)

The idea of the _____ⓐ_____ started with the question "Why can't we fly like birds?" Because of this curiosity, we can now travel f_____ than before.

(B)

"The radio or the phone can send sounds to faraway places. Then, can we send moving images, too?" The idea of the _____ⓑ_____ started with this question. Because of this curiosity, we can now see news from all over the world f_____ than before. We can also see lots of interesting programs at home.

53 윗글의 빈칸 ⓐ, ⓑ에 들어갈 말이 순서대로 짝지어진 것은?

	ⓐ		ⓑ
①	car	·····	telescope
②	car	·····	smartphone
③	airplane	·····	dishwasher
④	airplane	·····	television
⑤	airplane	·····	refrigerator

54 윗글의 빈칸에 공통으로 들어갈 단어를 주어진 철자로 시작하여 쓰시오.

f_____

55 윗글의 제목으로 가장 알맞은 것은?

① Many Strange Findings
② All Questions Are Good
③ The Most Famous Invention
④ Curiosity Changes the World
⑤ A Better World than Before

01 다음 중 단어의 영영풀이가 <u>잘못된</u> 것은?

① shout: to say very loudly
② freezer: a machine for freezing food
③ finish: to do the last part of something
④ strange: usual or normal, or common
⑤ discover: to find something for the first time

02 다음 짝지어진 단어의 관계가 같도록 빈칸에 들어갈 말로 가장 알맞은 것은?

> fast : slow = same : _____

① diligent
② different
③ difficult
④ important
⑤ impossible

03 다음 중 밑줄 친 부분을 우리말로 <u>잘못</u> 옮긴 것은?

① Please call him back <u>in an hour</u>.
　　→ 한 시간 안에
② We wished upon the <u>full moon</u>.
　　→ 보름달
③ I'm tired <u>because of</u> the hard work.
　　→ ~ 때문에
④ You should not <u>give up</u> your dream.
　　→ 포기하다
⑤ The scientist wants to <u>test out</u> the new discovery.
　　→ 시험을 보다

04 다음 대화의 빈칸에 들어갈 말로 알맞지 <u>않은</u> 것은?

> A: Which river is longer, the Amazon or the Nile?
> B: I think _____.

① the Nile is long river in the world
② the Nile is longer than the Amazon
③ the Nile isn't shorter than the Amazon
④ the Amazon isn't longer than the Nile
⑤ the Amazon is shorter than the Nile

05 다음 중 짝지어진 대화가 <u>어색한</u> 것은?

① A: May I bring my friend home?
　B: O.K. But you should clean your room first.
② A: Why is the sun brighter than the moon?
　B: It's because it makes more energy.
③ A: Why do you want to go to Mike's place?
　B: I need his help with my science report.
④ A: May I use your colored pencils?
　B: I like colored pencils better than crayons.
⑤ A: Why do horses have long legs?
　B: Because they have to run away from dangerous animals.

06 다음 (A)~(D)를 자연스러운 대화가 되도록 바르게 배열하시오.

> A: May I use our classroom after school?
> (A) Julie and I are going to practice dancing for the school festival.
> (B) O.K. Can you turn off the lights when you leave?
> (C) After school? Why do you want to use it?
> (D) Sure. Thank you so much, Mr. Johnson.

_____ － _____ － _____ － _____

[07~08] 다음 대화를 읽고, 물음에 답하시오.

> Dad: What are you doing tonight?
> Anna: Tonight? Nothing special.
> Dad: Let's go and see the supermoon together.
> Anna: What is the supermoon?
> Dad: It's a full moon, but it looks bigger than other full moons.
> Anna: _____
> Dad: That's because it's closer to the Earth.
> Anna: Wow, I can't wait to see it.

07 위 대화의 빈칸에 들어갈 말로 가장 알맞은 것은?

① What do you think of it?
② Why does it look bigger?
③ Who discovered the supermoon?
④ Which is bigger, the supermoon or the new moon?
⑤ Is the supermoon bigger than other full moons?

중요
08 위 대화의 내용과 일치하지 <u>않는</u> 것은?

① Anna는 오늘 밤에 특별한 계획이 없다.
② Anna는 슈퍼문이 무엇인지 몰랐다.
③ 슈퍼문은 보름달이다.
④ 슈퍼문은 다른 보름달보다 더 크다.
⑤ Anna는 아빠의 제안을 받아들였다.

09 다음 중 밑줄 친 비교급의 형태가 잘못된 것은?

① I feel a little <u>better</u> than yesterday.
② Dolphins are <u>smarter</u> than monkeys.
③ A bear is <u>more heavy</u> than a rabbit.
④ An eagle flies <u>higher</u> than a sparrow.
⑤ He is <u>more handsome</u> than my brother.

10 다음 두 문장을 한 문장으로 바꿔 쓸 때 빈칸에 들어갈 말로 가장 알맞은 것은?

> I'm fourteen years old.
> My friend Somi is thirteen years old.
> → My friend Somi is _____ I am.

① taller than
② older than
③ younger than
④ the youngest of
⑤ not younger than

11 다음 중 어법상 옳은 문장은?

① Sumin is very taller than Yujin.
② He is the richer man in the world.
③ Which are more bigger, cats or mice?
④ Jake is the most funny boy of my friends.
⑤ She is the busiest woman in our company.

12 다음 우리말에 맞도록 괄호 안의 말을 이용하여 문장을 완성하시오.

(1) 서울은 한국에서 가장 멋진 도시이다.
   (nice / city / in Korea)
   → Seoul _____.

(2) 나는 달이 태양보다 더 아름답다고 생각한다.
   (think / beautiful)
   → _____

13 다음 중 짝지어진 두 문장의 의미가 서로 <u>다른</u> 것은?

① James is taller than Paul.
   = Paul is shorter than James.
② My mom is older than my dad.
   = My dad is younger than my mom.
③ The airplane is faster than the train.
   = The train is slower than the airplane.
④ Kate's bag is more expensive than Ann's.
   = Ann's bag isn't cheaper than Kate's.
⑤ Judy's hair is longer than Sally's.
   = Sally has shorter hair than Judy.

14 다음 중 도표의 내용과 일치하지 <u>않는</u> 것은?

	Mina	Sojin	Yumi
height	155 cm	145 cm	160 cm
age	14	15	13

① Mina is taller than Sojin.
② Mina is older than Yumi.
③ Sojin is younger than Yumi.
④ Yumi is taller than Mina.
⑤ Yumi is the tallest of the three.

15 다음 글에서 어법상 <u>틀린</u> 부분을 찾아 바르게 고쳐 쓰시오.

> Do you know the supermoon? The supermoon is a full moon. It looks bigger than other full moons. That's why it's closer to the Earth.

_____ → _____

[16~17] 다음 글을 읽고, 물음에 답하시오.

> Science begins with curiosity. When you are curious about something, ask yourself why and how. That way, you can discover great things. Here is an interesting story of a curious teenager in Africa.
> "How strange! The hot milk froze ____ⓐ____ than the cold milk," shouted a boy in a cooking class. His name was Erasto Mpemba. He was a 13-year-old boy from Tanzania. He was the ____ⓑ____ boy in his class.

16 윗글의 빈칸 ⓐ, ⓑ에 들어갈 말이 순서대로 짝지어진 것은?

	ⓐ		ⓑ
①	faster	……	curious
②	faster	……	more curious
③	faster	……	most curious
④	fastest	……	more curious
⑤	more fast	……	most curious

17 윗글의 내용과 일치하지 <u>않는</u> 것은?

① 호기심으로 과학적 발견을 할 수 있다.
② 질문을 많이 할수록 호기심이 늘어난다.
③ 뜨거운 우유가 차가운 우유보다 빨리 얼었다.
④ Mpemba는 탄자니아 출신이다.
⑤ Mpemba는 호기심이 아주 많은 성격이다.

[18~19] 다음 글을 읽고, 물음에 답하시오.

Mpemba ①was making ice cream in his cooking class in 1963. He first mixed hot milk and sugar. He then put the milk in the freezer when it ②was still hot. Surprisingly, his hot milk froze faster than his classmates' cold milk. He ③told to his teacher and classmates about his finding, but they did not believe him. They all said, "That's impossible!" However, Mpemba ④never gave up, and he tested his finding again and again. The result ⑤was always the same.

18 윗글의 밑줄 친 ①~⑤ 중 어법상 틀린 부분을 찾아 바르게 고쳐 쓰시오.

→ _____

19 윗글의 내용을 바탕으로 할 때 다음 질문에 대한 대답이 잘못된 것은?

① Q: What was Mpemba doing in his cooking class?
　 A: He was making ice cream.
② Q: Where did Mpemba put the hot milk?
　 A: He put the hot milk in the freezer.
③ Q: Which froze faster, the hot milk or the cold milk?
　 A: The hot milk froze faster than the cold milk.
④ Q: What did Mpemba's classmates think about his finding?
　 A: They thought that it was usual.
⑤ Q: What was the result of Mpemba's tests?
　 A: The result was always the same.

[20~21] 다음 글을 읽고, 물음에 답하시오.

In 1966, Dr. Denis Osborne, a professor of physics, visited Mpemba's school. Mpemba asked ⓐhim about ⓑhis strange finding. Dr. Osborne tested it out, and ⓒhe got the same result. Dr. Osborne and Mpemba published ⓓtheir finding together in 1969. Mpemba made an important discovery because of ⓔhis curiosity!

20 윗글의 밑줄 친 ⓐ~ⓔ와 가리키는 대상이 잘못 짝지어진 것은?

① ⓐ – Dr. Osborne
② ⓑ – Mpemba
③ ⓒ – Mpemba
④ ⓓ – Mpemba and Dr. Osborne
⑤ ⓔ – Mpemba

21 윗글의 내용을 다음과 같이 요약할 때 빈칸 (A), (B)에 들어갈 말로 가장 알맞은 것은?

Dr. Osborne tested out Mpemba's strange finding and the ___(A)___ was the same. They ___(B)___ the finding.

	(A)		(B)
①	result	......	gave up
②	result	......	published
③	curiosity	......	showed
④	curiosity	......	discovered
⑤	discovery	......	believed

★ 바른답·알찬풀이 p. 40

22 다음 글의 밑줄 친 우리말을 영어로 바르게 옮긴 것은?

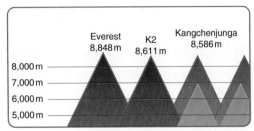

Everest 8,848 m

K2 8,611 m

Kangchenjunga 8,586 m

8,000 m
7,000 m
6,000 m
5,000 m

(visualign, 2012)

This graph is about the three tallest mountains in the world. K2 is taller than Kangchenjunga, but Mt. Everest is taller than K2. <u>에베레스트산이 세계에서 가장 높다.</u>

① The tallest mountain is Mt. Everest.
② Mt. Everest is tallest mountain in the world.
③ The tallest mountain in the world is Mt. Everest.
④ Mt. Everest is the tallest mountains in the world.
⑤ Mt. Everest is the most tall mountain in the world.

23 다음 글의 빈칸에 들어갈 말로 가장 알맞은 것은?

The idea of the airplane started with the question "_____"
Because of this curiosity, we can now travel faster than before.

① Why can't we fly like birds?
② Why can't we live on the moon?
③ Can we travel fast without horses?
④ Can we send moving images to faraway places?
⑤ Can we send sounds to faraway places?

[24~25] 다음 글을 읽고, 물음에 답하시오.

Mpemba was a curious teenager from Tanzania.
(A) People around Mpemba didn't believe his finding, but he tested it again and again.
(B) Mpemba found that hot milk froze faster than cold milk.
(C) Mpemba was making ice cream in his cooking class in 1963.
(D) Three years later, Mpemba met Dr. Osborne and asked him about his strange finding.
Dr. Osborne got the same result as Mpemba, and they published their finding together in 1969.

24 [고난도] 주어진 문장에 이어질 내용을 순서에 맞게 배열한 것으로 가장 알맞은 것은?

① (A) – (C) – (B) – (D)
② (B) – (A) – (D) – (C)
③ (B) – (C) – (A) – (D)
④ (C) – (B) – (A) – (D)
⑤ (C) – (A) – (D) – (B)

25 윗글의 내용을 연도별로 정리한 표이다. 빈칸에 알맞은 말을 쓰시오.

Year	Mpemba did ...
1963	made ice cream in a (1) _____ and made a discovery
1966	met Dr. Osborne and asked him about (2) _____
1969	(3) _____ the finding with Dr. Osborne

★ 바른답·알찬풀이 **p. 40**

A 다음 괄호 안의 단어를 알맞은 형태로 바꿔 문장을 완성하시오.

① The red car is much _____ _____ the white car. (slow)

② Sujin has _____ shoes than Minju. (many)

③ We stayed at the _____ _____ hotel in this town. (expensive)

B 다음 문장에서 어법상 <u>틀린</u> 부분을 바르게 고쳐 문장을 다시 쓰시오. (단, 한 단어만 고칠 것)

① Which is faster, a car and a bike?

→ _____

② This television is very cheaper in America than in Korea.

→ _____

③ Summer is the hotest season of the year.

→ _____

C 다음 두 문장이 같은 뜻이 되도록 빈칸에 알맞은 말을 쓰시오.

① The KTX is faster than the subway.

= The subway is _____ .

② Peter is stronger than Tom. Peter is stronger than Jason, too.

= Peter is the _____ .

D 다음 우리말에 맞도록 괄호 안의 말을 배열하여 문장을 완성하시오.

① 나는 우리 가족 중에서 가장 부지런한 사람이다. (I / diligent / the / most / am / in / my family / person)

→ _____

② 오늘은 어제보다 훨씬 더 따뜻하다. (today / yesterday / is / than / warmer / much)

→ _____

★ 바른답·알찬풀이 p. 41

A 다음 대답에 알맞은 질문을 괄호 안의 말을 이용하여 완전한 문장으로 쓰시오.

① Q: _____ (look so tired)

A: That's because I have lots of work to do.

② Q: _____ (open the window)

A: That's because the room was hot.

③ Q: _____ (late / this morning)

A: That's because I missed the bus.

B 다음 그림을 보고, ⟨보기⟩에서 알맞은 단어를 골라 비교하는 문장을 완성하시오.

(단, 긍정문으로 쓰고 필요하면 형태를 바꿀 것)

보기		
thin	heavy	long

① The crayon _____.

② The black cat _____.

③ Tom _____.

C 학생들에게 인기 있는 과목에 대한 다음 그래프를 보고, 질문에 알맞은 대답을 완전한 문장으로 쓰시오.

Popular Subjects among Students

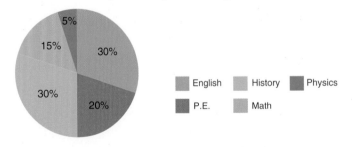

① A: Which subject is more popular, history or math?

B: _____

② A: What is the least popular subject of all?

B: _____

A 다음 도표를 보고, 질문에 알맞은 대답을 비교급 문장으로 완성하시오.

	Height	Weight	Age	Test Score
Hojin	167 cm	62 kg	17	100
Seho	172 cm	58 kg	15	50

① Q: Who is taller?

A: _____

② Q: Who is heavier?

A: _____

③ Q: Who is younger?

A: _____

④ Q: Who has a higher test score?

A: _____

B 세계에서 가장 높은 3개의 건물에 대한 다음 도표를 보고, 주어진 조건에 맞도록 글을 완성하시오.

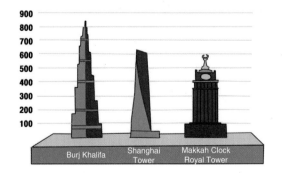

(조건 1)
형용사 tall을 이용한 비교급 문장 2개, 최상급 문장 2개로 나타낼 것

(조건 2)
긍정문으로 쓸 것

① This chart is about _____ .

② Shanghai Tower is _____ .

③ _____ Shanghai Tower.

④ Burj Khalifa is _____ .

교과서 본문 손으로 기억하기

>> **다음 우리말을 영어로 옮기시오.**

01 과학은 호기심에서 시작된다.

→ _____

02 여러분이 무언가에 대해 궁금하다면, 자기 자신에게 왜 그리고 어떻게를 물어봐라.

→ _____

03 그런 방식으로 여러분은 위대한 것들을 발견할 수 있다.

→ _____

04 여기 아프리카에 사는 어느 호기심 많은 십 대 청소년의 흥미로운 이야기가 있다.

→ _____

05 "참 이상하군! 뜨거운 우유가 차가운 우유보다 더 빨리 얼다니."라고 요리 수업 시간에 한 소년이 소리쳤다.

→ _____

06 그의 이름은 Erasto Mpemba였다. 그는 탄자니아 출신의 13세 소년이었다.

→ _____

07 그는 자기 반에서 가장 호기심이 많은 소년이었다.

→ _____

08 1963년에 Mpemba는 요리 수업 시간에 아이스크림을 만들고 있었다.

→ _____

09 그는 먼저 뜨거운 우유와 설탕을 섞었다.

→ _____

10 그는 그러고 나서 우유가 아직 뜨거울 때 그것을 냉동실에 넣었다.

→ _____

★ 바른답·알찬풀이 p. 42

11 놀랍게도, 그의 뜨거운 우유가 반 친구들의 차가운 우유보다 더 빨리 얼었다.

→ _____

12 그는 선생님과 반 친구들에게 자신의 발견에 대해 말했지만, 그들은 그를 믿지 않았다.

→ _____

13 그들은 모두 "그건 불가능해!"라고 말했다.

→ _____

14 그러나 Mpemba는 결코 포기하지 않았고, 반복해서 자신의 발견을 시험했다.

→ _____

15 그 결과는 항상 똑같았다.

→ _____

16 1966년에 물리학 교수인 Denis Osborne 박사가 Mpemba의 학교를 방문했다.

→ _____

17 Mpemba는 그에게 자신의 이상한 발견에 대해 질문했다.

→ _____

18 Osborne 박사는 그것을 시험해 보았고 같은 결과를 얻었다.

→ _____

19 Osborne 박사와 Mpemba는 1969년에 함께 그들의 발견을 발표했다.

→ _____

20 Mpemba는 자신의 호기심 때문에 중요한 발견을 했다!

→ _____

❶ 8단원에서 배운 내용을 정리한 노트를 완성해 봅시다.

Vocabulary

> 그는 자기 반에서 가장 호기심이 많은 소년이었다.

→ He was the most **❶**_____ boy in his class.

> 놀랍게도, 그의 뜨거운 우유가 반 친구들의 차가운 우유보다 더 빨리 얼었다.

→ Surprisingly, his hot milk **❷**_____ faster than his classmates' cold milk.

> Mpemba는 자신의 호기심 때문에 중요한 발견을 했다!

→ Mpemba made an important discovery **❸**_____ his curiosity!

Expressions

> I think the U.S. is bigger than Canada. 나는 미국이 캐나다보다 더 크다고 생각한다.

→ 두 대상을 비교하여 '~보다 더 …하다'라는 의미를 나타낼 때는 형용사나 부사의 비교급 뒤에 **❹**_____ 을(를) 붙여 표현한다.

> A: Why do flowers smell good? 왜 꽃들은 향기가 좋니?
>
> B: Because they want to invite bees and birds. 그것들은 벌과 새를 끌어들이고 싶어 하기 때문이야.

→ 이유를 물을 때는 의문사 **❺**_____ (으)로 표현하고, 이유를 말할 때는 That's(It's) because ~. 또는 Because ~. 등으로 표현한다.

Grammar

비교급

비교급은 두 대상을 비교하는 말로, 형용사나 부사의 비교급은 일반적으로 뒤에 -(e)r을 붙이거나, -ful, -ous, -ive 등으로 끝나는 2음절 이상의 경우 앞에 **❻**_____ 을(를) 쓴다. '~보다 더 …한(하게)'의 의미를 나타내며, 비교되는 대상 앞에는 than을 쓴다.

최상급

최상급은 셋 이상에서 '가장 ~한(하게)'라는 의미를 나타낼 때 쓴다. 형용사와 부사 뒤에 -(e)st를 붙이거나, -ful, -ous, -ive 등으로 끝나는 2음절 이상일 때는 앞에 most를 쓴다. 최상급 앞에는 the를 쓰고, 최상급 뒤에 비교 범위나 장소가 나오면 전치사 **❼**_____ 을(를), 비교 대상이 나오면 전치사 of를 쓴다.

내 영화는 촬영 중

언제까지 남의 일인 양
팝콘 먹으면서 구경만 할 거야.

지금도 네 영화는 촬영 중인데….
감독, 각본, 주연 '나'의 '내 인생'.

-부귀영화

Memo

개념 잡고 성적 올리는 필수 개념서

올리드

미래엔 교과서

Self-study Book 중등 **영어 1**-2

올리드 100점 전략

| 개념을 꼭 잡아라! | 문제를 싹 잡아라! | 시험을 확 잡아라! | 오답을 꼭 잡아라! |

Mirae N 에듀

올리드 100점 전략

1 단어, 의사소통, 문법, 읽기 지문 완전 분석 **교과서 내용 꽉 잡기** ——————— • 교과서 학습편

2 영역별 기본 - 응용 - 서술형의 반복 · 심화 학습으로 **문제 싹 잡기**

3 교과서 암기 학습과 실전 대비 문제로 학교 **시험 확 잡기** ———————— • Self-study Book

4 문제 풀이 노하우를 담은 자세한 풀이로 **오답 꼭 잡기** ———————— • 바른답 · 알찬풀이

교과서
Self-study Book

Part 1 단계별 암기 워크북

단원별 주요 어휘 표현 암기 워크북

스크립트 & 교과서 본문 암기 워크북

Vocabulary

A 다음 영어를 우리말로 쓰시오.

01 friendly
02 adventure
03 attend
04 close
05 local
06 curry
07 arrive
08 excited
09 forget
10 history
11 block
12 hot
13 ride
14 tribe
15 chef
16 guesthouse
17 straight
18 Thai
19 trip
20 visit

B 다음 우리말을 영어로 쓰시오.

01 타기, 여행; 타다
02 부족, 종족
03 구역, 블록
04 친절한, 다정한
05 방문하다
06 카레 (요리)
07 도착하다
08 태국의; 태국어, 태국인
09 더운, 뜨거운
10 요리사, 주방장
11 모험
12 흥분한, 들뜬
13 지역의, 현지의
14 게스트하우스
15 참석하다, 출석하다
16 여행
17 가까운
18 똑바로, 곧장
19 잊다, 깜박하다
20 역사

C 다음 영어 표현을 우리말로 쓰시오.

01 at last
02 by the way
03 check in
04 go camping
05 turn right
06 see a movie
07 ride a bike
08 a lot of

Dialogue

★ 바른답·알찬풀이 p. 42

❶ Listen & Speak 1

1 B: What are you going to do _____ _____, Mina?

   G: I'm going to visit Haeundae Beach.

   B: Sounds exciting!

   G: Do you have any _____, Mike?

   B: I'm _____ _____ _____ a movie with my friends.

2 B1: Hi, Ryan. What are you going to do this afternoon?

   B2: I'm going to _____ _____ with my friends.

   B1: Wow! That sounds _____!

   B2: Why don't you join us?

   B1: Sure. _____ _____ _____.

❷ Listen & Speak 2

1 M: Excuse me, is there a bank _____ _____?

   G: Yes, there is.

   M: _____ _____ _____ get there?

   G: Go straight one block, and then _____ _____. It'll be on your left.

   M: Thank you.

2 W: Excuse me. How can I _____ _____ the museum?

   B: _____ _____ two blocks, and then turn right. It's _____ _____ the subway station.

   W: Thanks a lot.

   B: You're welcome.

➕ 해석

❶

1 B: 미나야, 너는 이번 주말에 뭘 할 거니?

   G: 나는 해운대를 방문할 거야.

   B: 신나겠는데!

   G: Mike, 너는 무슨 계획이 있니?

   B: 나는 친구들과 영화를 볼 거야.

2 B1: 안녕, Ryan. 너는 오늘 오후에 뭘 할 거니?

   B2: 나는 친구들과 농구를 할 거야.

   B1: 와! 재미있겠다!

   B2: 너도 우리와 같이하는 게 어때?

   B1: 좋지. 그러고 싶어.

❷

1 M: 실례합니다만, 이 근처에 은행이 있나요?

   G: 네, 있어요.

   M: 거기에 어떻게 갈 수 있나요?

   G: 한 블록을 직진한 다음 왼쪽으로 도세요. 왼편에 있을 거예요.

   M: 고맙습니다.

2 W: 실례합니다. 박물관에 어떻게 갈 수 있나요?

   B: 두 블록 직진한 다음 오른쪽으로 도세요. 지하철역 옆에 있어요.

   W: 정말 고마워요.

   B: 천만에요.

Dialogue

❸ Communicate

Anna: Suho, _____ _____ _____ going to do this fall?

Suho: I'm _____ _____ study Chinese. How about you, Anna?

Anna: I'm going to visit Jejudo. By the way, I need to buy a _____ _____ _____ on Jejudo.

Suho: *Go Go Jejudo* is a good book.

Anna: Thanks! _____ _____ a bookstore near here?

Suho: Yes, there's one near our school.

Anna: How can I get there?

Suho: _____ _____ two blocks, and then turn left. It's the white building next to the bakery.

Anna: Wow! That's _____ _____. I'm going to go there right now.

➕ 해석

❸

Anna: 수호야. 너는 이번 가을에 뭘 할 거니?

수호: 나는 중국어를 공부할 거야. Anna, 너는 어때?

Anna: 나는 제주도를 방문할 거야. 그런데, 제주도에 관한 여행 안내서를 사야 해.

수호: 'Go Go Jejudo'가 좋은 책이야.

Anna: 고마워! 이 근처에 서점이 있니?

수호: 응, 우리 학교 근처에 하나 있어.

Anna: 거기에 어떻게 갈 수 있니?

수호: 두 블록 직진한 다음 왼쪽으로 돌아. 빵집 옆의 흰색 건물이야.

Anna: 와! 정말 가깝네. 지금 당장 거기에 갈 거야.

❹ Progress Check

1 **B:** What are you going to do this weekend?

G: I'm going to _____ _____ _____ with my friends. How about you?

B: I'm going to _____ _____ _____ _____ with my family.

G: Great. Have fun!

2 **M:** Excuse me, is there a _____ near here?

G: Yes, there is.

M: _____ _____ _____ get there?

G: Go straight one block, and then turn right. It'll be _____ _____ _____.

M: Thank you.

3 **M:** Excuse me. How can I _____ _____ the shopping mall?

❹

1 **B:** 너는 이번 주말에 뭘 할 거니?

G: 나는 친구들이랑 영화를 볼 거야. 너는 어때?

B: 나는 우리 가족과 소풍을 갈 거야.

G: 멋지다. 즐거운 시간 보내!

2 **M:** 실례합니다. 이 근처에 은행이 있나요?

G: 네, 있어요.

M: 거기에 어떻게 갈 수 있나요?

G: 한 블록 직진한 다음 오른쪽으로 도세요. 오른편에 있을 거예요.

M: 고맙습니다.

3 **M:** 실례합니다. 쇼핑몰에 어떻게 갈 수 있나요?

Reading Text

★ 바른답·알찬풀이 **p. 42**

Step 1 •

01 My _____ is to become a _____ .

    A. cook   B. dream

02 Tomorrow, I am _____ to _____ Thailand with my cousin and _____
about Thai food.

    A. visit   B. learn   C. going

03 I am very _____ about this _____ .

    A. excited   B. trip

04 At last, _____ _____ in Bangkok.

    A. arrived   B. we

05 We first _____ in at a _____ on Khaosan Road and _____ to the
Grand Palace.

    A. guesthouse   B. checked   C. went

06 The palace was very beautiful with _____ _____ buildings.

    A. colorful   B. many

07 The _____ day, I attended a Thai cooking class for _____ .

    A. next   B. travelers

08 First, we _____ to a local market and _____ about Thai fruits and vegetables.

    A. learned   B. went

09 I made som tam, _____ rolls, and _____ curry in class.

    A. spring   B. green

10 The chef said to me, "Good job! You are going to _____ a great _____ !" I
was very _____ of myself.

    A. cook   B. become   C. proud

11 After a long bus _____ from Bangkok, we _____ in Chiang Mai.

    A. arrived   B. ride

12 Chiang Mai is an _____ city with lots of fun _____.

    A. exciting   B. activities

13 _____ the day, we went _____ and visited hill tribes.

    A. hiking   B. during

14 In the _____, we tried different street _____.

    A. foods   B. evening

15 My _____ street food _____ pad Thai.

    A. was   B. favorite

16 I _____ to cook it, and a friendly street food chef _____ me.

    A. wanted   B. taught

17 I was so _____! I will _____ forget my time in Thailand.

    A. lucky   B. never

18 It _____ was my dream _____.

    A. trip   B. truly

Step 2 •

01 My _____ is to _____ a _____ .

02 Tomorrow, I _____ _____ to _____ Thailand _____ my cousin and _____ about Thai food.

03 I am very _____ about _____ _____ .

04 At last, _____ _____ in _____ .

05 We first _____ _____ at a _____ on Khaosan Road and _____ _____ the Grand Palace.

06 The palace was very _____ with _____ _____ buildings.

07 The _____ day, I _____ a Thai cooking class for _____ .

08 First, we _____ to a local _____ and _____ about Thai fruits and _____ .

09 I made som tam, _____ _____ , and _____ curry in class.

10 The _____ said to me, "Good job! You are going to _____ a great _____ !" I was very _____ _____ myself.

11 After a long _____ _____ from Bangkok, we _____ in Chiang Mai.

12 Chiang Mai is an _____ city with lots of _____ _____ .

13 _____ the day, we _____ _____ and visited hill tribes.

14 In the _____ , we tried _____ street _____ .

15 My _____ street food _____ pad _____.

16 I _____ to _____ it, and a friendly street food chef _____ me.

17 I was so _____! I will _____ forget my _____ in Thailand.

18 It _____ was _____ dream _____.

Step 3 •

01 My _____ is _____ _____ a _____.

02 Tomorrow, I _____ _____ to _____ Thailand _____ my
_____ and _____ about Thai food.

03 I am _____ _____ about _____ _____.

04 At last, _____ _____ _____ _____.

05 We first _____ _____ at a _____ on _____ _____
and _____ _____ the Grand Palace.

06 The palace was very _____ with _____ _____ _____.

07 The _____ day, I _____ a Thai _____ class for _____.

08 First, we _____ to a _____ _____ and _____
_____ Thai fruits and _____.

09 I made som tam, _____ _____, and _____ _____ in class.

10 The _____ _____ to me, "Good job! You are going to _____ a great _____!" I was very _____ _____ _____.

11 After a long _____ _____ from _____, we _____ in Chiang Mai.

12 Chiang Mai is an _____ _____ with lots of _____ _____.

13 _____ the day, we _____ _____ and visited hill _____.

14 In the _____, we tried _____ _____ _____.

15 My _____ street food _____ _____ _____.

16 I _____ to _____ it, and a _____ street food chef _____ me.

17 I was so _____! I will _____ _____ my _____ in Thailand.

18 It _____ was _____ _____ _____.

Passage Writing

🎈 우리말을 참고하여 본문을 영작하시오.

01 나의 꿈은 요리사가 되는 것이다.

≫ _____

02 내일, 나는 사촌과 함께 태국을 방문해서 태국의 음식에 대해서 배울 것이다.

≫ _____

03 나는 이번 여행에 매우 들떠 있다.

≫ _____

04 드디어, 우리는 방콕에 도착했다.

≫ _____

05 우리는 먼저 카오산 로드에 있는 게스트하우스에서 투숙 절차를 밟고 대궁전(Grand Palace)에 갔다.

≫ _____

06 그 궁전은 많은 화려한 건물들이 있는 매우 아름다운 곳이었다.

≫ _____

07 다음날, 나는 여행자들을 위한 태국 요리 교실에 참여했다.

≫ _____

08 먼저, 우리는 현지 시장에 가서 태국의 과일과 채소에 대해 배웠다.

≫ _____

09 나는 수업에서 쏨탐, 스프링 롤, 그리고 그린 카레를 만들었다.

≫ _____

10 요리사는 나에게 말했다. "잘했어요! 당신은 훌륭한 요리사가 될 거예요!"

≫ _____

11 나는 내 자신이 매우 자랑스러웠다.

　≫ _____

12 방콕에서부터 오랜 시간 버스를 탄 후에, 우리는 치앙마이에 도착했다.

　≫ _____

13 치앙마이는 많은 재미있는 활동들을 할 수 있는 신나는 도시이다.

　≫ _____

14 낮 동안에 우리는 등산하러 갔고 고산족들을 방문했다.

　≫ _____

15 저녁에 우리는 다양한 길거리 음식들을 맛보았다.

　≫ _____

16 내가 가장 좋아한 길거리 음식은 팟타이였다.

　≫ _____

17 나는 그것을 요리하고 싶었는데, 한 친절한 길거리 음식 요리사가 나에게 가르쳐 주었다.

　≫ _____

18 나는 정말 운이 좋았다!

　≫ _____

19 나는 태국에서의 시간을 결코 잊지 못할 것이다.

　≫ _____

20 그것은 진정 나의 꿈의 여행이었다.

　≫ _____

Vocabulary

A 다음 영어를 우리말로 쓰시오.

01 battleship

02 bring

03 dangerous

04 helpful

05 especially

06 finish

07 generally

08 headache

09 cute

10 leave

11 lonely

12 moment

13 place

14 president

15 rat

16 sailor

17 secret

18 special

19 voyage

20 touch

B 다음 우리말을 영어로 쓰시오.

01 가져오다, 데려오다

02 외로운

03 위험한

04 전투함

05 ~을 두고 오다, 떠나다

06 일반적으로

07 두통

08 특별히, 특히

09 끝내다

10 장소, 곳, (개인의) 집

11 대통령

12 특별한

13 선원, 뱃사람

14 도움이 되는

15 귀여운

16 만지다

17 순간

18 (긴 거리의) 항해, 여행

19 쥐

20 비밀스러운; 비밀

C 다음 영어 표현을 우리말로 쓰시오.

01 keep A away from B

02 protect A from B

03 say hello to

04 get off

05 play with

06 be back

07 look well

08 have fun

Dialogue

❶ Listen & Speak 1

1 **M:** Where's your _____ _____, Katie?

    G: I think I left it in the library. May I go back and get it?

    M: Yes, you may. _____ _____ you hurry?

    G: Thank you, Mr. Johnson.

2 **B:** Mom, I _____ _____ _____ on the street. May I bring it home?

    W: I don't think that's a _____ _____, David.

    B: Why not? Don't you like cats?

    W: I do, but we already have _____ _____.

❷ Listen & Speak 2

1 **G:** Did you read the _____ _____ *The Panda World*?

    B: No, I didn't. What is it about?

    G: It's about a panda and _____ _____.

    B: Oh, I love adventure stories. I _____ _____ _____ read it!

2 **G:** Andy, _____ _____ _____ going to do this weekend?

    B: I'm going to visit my uncle's place to see my baby cousin.

    G: _____ _____ is your cousin?

    B: She's two years old. I can't wait to see _____ _____ again.

❸ Communicate

Jaden: Mom, _____ _____ _____ Suho's dog?

Mom: Yes, I did. It was really cute.

Jaden: _____ _____ go to Suho's place to play with it?

Mom: Sure, but did you finish your homework?

Jaden: Yes, I did. I _____ my room, too.

Mom: Good job, Jaden. Just _____ _____ by dinner time.

Jaden: O.K., Mom. I just can't wait to play with Suho's dog.

Mom: Have fun, and _____ _____ _____ Suho's mom for me.

❸

Jaden: 엄마, 수호네 강아지를 보셨어요?

엄마: 응, 봤어. 정말 귀엽더라.

Jaden: 강아지랑 놀러 수호네 집에 가도 돼요?

엄마: 물론이지, 근데 숙제는 끝냈니?

Jaden: 네, 끝냈어요. 제 방도 치웠어요.

엄마: 잘했어, Jaden. 저녁 식사 때까지는 돌아오렴.

Jaden: 네, 엄마. 빨리 수호네 강아지랑 놀고 싶어요.

엄마: 재미있게 놀고, 수호 어머니께 엄마 대신 안부 전해 드리렴.

❹ Progress Check

1 W: Eric, are you all right? You _____ _____ _____ today.

 B: I have a _____ _____. May I go home?

 W: Yes, you may. I'll call your mom.

 B: Thank you.

2 B: Suji, what are you going to do this weekend?

 G: My cousin is _____ _____ Canada. We're going to go to Gyeongbokgung.

 B: How long is she going to be in Korea?

 G: Ten days. I can't wait to _____ _____ _____.

3 G: _____ _____ _____ visit my aunt's place _____ _____ _____ my baby cousin. He's three years old, and he's so cute.

❹

1 W: Eric, 너 괜찮니? 오늘 안 좋아 보이는구나.

 B: 머리가 너무 아파요. 집에 가도 될까요?

 W: 응, 그러렴. 내가 너희 어머니께 전화드릴게.

 B: 감사합니다.

2 B: 수지야, 너는 이번 주말에 무엇을 할 예정이니?

 G: 내 사촌이 캐나다에서 나를 보러 와. 우리는 경복궁에 갈 거야.

 B: 그녀가 한국에 얼마나 있을 예정이니?

 G: 열흘. 나는 빨리 그녀에게 구경시켜 주고 싶어.

3 G: 나는 내 사촌 아기를 보러 이모 댁을 방문할 예정이야. 그는 세 살이고, 아주 귀여워.

Reading Text

Step 1 •

01 Blackie was a _____ _____.
    A. cat   B. special

02 He was _____ ship's _____.
    A. cat   B. a

03 Cats _____ do not like _____, but Blackie spent a lot of _____ at sea.
    A. generally   B. time   C. water

04 A ship's cat did _____ good things for _____, especially on a long _____.
    A. sailors   B. many   C. voyage

05 Sailors often _____ lonely during _____ voyages, so they _____ a ship's cat.
    A. welcomed   B. felt   C. long

06 It also kept rats _____ from the _____.
    A. away   B. ship

07 Some sailors believed _____ a _____ cat brought good _____.
    A. that   B. ship's   C. luck

08 They _____ believed that it could _____ their ship from _____ weather.
    A. protect   B. also   C. dangerous

09 Some ship's cats _____ famous, and Blackie was _____ of them.
    A. became   B. one

10 In 1941, Blackie met Winston Churchill, the Prime _____ of the United _____.
    A. Kingdom   B. Minister

11 Blackie was the ship's _____ of a Royal _____ battleship.

A. cat   B. Navy

12 Churchill was _____ that _____.

A. on   B. ship

13 He was going to a _____ place to _____ U.S. President Franklin D. Roosevelt.

A. meet   B. secret

14 Blackie tried to _____ off the ship with Churchill, but Churchill _____ his head to stop _____.

A. him   B. get   C. touched

15 Someone _____ a picture of that _____.

A. took   B. moment

16 The picture became _____, and people gave Blackie a _____ _____, Churchill.

A. famous   B. name   C. new

Step 2 •

01 Blackie _____ a _____ _____.

02 He was _____ _____ _____.

03 Cats _____ do not like _____, but Blackie _____ a lot of _____ at _____.

04 A ship's cat did _____ good things for _____, _____ on a long _____.

05 Sailors often _____ lonely during _____ _____, so they _____ a ship's cat.

06 It also kept rats _____ the _____.

07 Some sailors _____ _____ a _____ cat brought good _____.

08 They _____ believed that it could _____ their ship from _____.

09 _____ ship's cats _____ famous, and Blackie was _____ of them.

10 In 1941, Blackie met Winston Churchill, the _____ _____ of the United _____.

11 Blackie was the ship's _____ of a Royal _____ _____.

12 Churchill was _____ _____ _____.

13 He was going to a _____ _____ to _____ U.S. President Franklin D. Roosevelt.

14 Blackie tried to _____ _____ the ship with Churchill, but Churchill _____ his _____ to stop _____ .

15 Someone _____ a _____ of that _____ .

16 The picture _____ _____ , and people _____ Blackie a _____ _____ , Churchill.

Step 3 •

01 _____ _____ a _____ _____ .

02 He _____ _____ _____ _____ .

03 _____ _____ do not like _____ , but Blackie _____ a lot _____ _____ at _____ .

04 A ship's cat did _____ good _____ for _____ , _____ on a long _____ .

05 Sailors _____ _____ lonely during _____ _____ , so they _____ a ship's cat.

06 It also _____ rats _____ _____ the _____ .

07 Some sailors _____ _____ a _____ cat brought _____ _____ .

08 They _____ believed that it _____ _____ their ship from _____ _____ .

09 _____ ship's cats _____ famous, and Blackie was _____

_____ _____.

10 In 1941, Blackie _____ Winston Churchill, the _____ _____ of the

_____ _____.

11 Blackie was the ship's _____ _____ a _____ _____

_____.

12 _____ was _____ _____ _____.

13 He was _____ _____ a _____ _____ to _____

U.S. President Franklin D. Roosevelt.

14 Blackie tried to _____ _____ the ship with Churchill, but Churchill

_____ _____ _____ to stop _____.

15 Someone _____ a _____ of _____ _____.

16 The _____ _____ _____, and people _____ Blackie a

_____ _____, Churchill.

Passage Writing

🎈 우리말을 참고하여 본문을 영작하시오.

01 Blackie는 특별한 고양이였다.

≫ _____

02 그는 뱃고양이였다.

≫ _____

03 고양이들은 일반적으로 물을 좋아하지 않지만, Blackie는 바다에서 많은 시간을 보냈다.

≫ _____

04 뱃고양이는 특히 긴 항해를 하는 선원들을 위해 좋은 일을 많이 했다.

≫ _____

05 선원들은 종종 긴 항해를 하는 동안 외로움을 느꼈다.

≫ _____

06 그래서 그들은 뱃고양이를 환영했다.

≫ _____

07 그것은 또한 배에서 쥐들을 쫓기도 했다.

≫ _____

08 일부 선원들은 뱃고양이가 행운을 가져다준다고 믿었다.

≫ _____

09 그들은 또한 그것이 험한 날씨로부터 그들의 배를 보호해 줄 수 있을 것이라고 믿었다.

≫ _____

10 몇몇 뱃고양이들은 유명해졌다.

≫ _____

11 그리고 Blackie가 그들 중 하나였다.

≫ _____

12 1941년에, Blackie는 영국 총리인 Winston Churchill을 만났다.

≫ _____

13 Blackie는 영국 해군 전함의 뱃고양이였다.

≫ _____

14 Churchill이 그 배에 타고 있었다.

≫ _____

15 그는 미국 대통령인 Franklin D. Roosevelt를 만나기 위해 비밀 장소로 가는 중이었다.

≫ _____

16 Blackie가 Churchill과 함께 배에서 내리려고 했다.

≫ _____

17 하지만 Churchill은 그를 멈추게 하기 위해 그의 머리를 만졌다.

≫ _____

18 어떤 사람이 그 순간을 사진으로 찍었다.

≫ _____

19 그 사진이 유명해졌다.

≫ _____

20 그리고 사람들은 Blackie에게 Churchill이라는 새로운 이름을 지어 주었다.

≫ _____

Vocabulary

A 다음 영어를 우리말로 쓰시오.

01 lightning
02 suddenly
03 cross
04 even
05 spread
06 outside
07 enough
08 exercise
09 smokejumper
10 restroom
11 adventurous
12 tool
13 still
14 luckily
15 strike
16 wild
17 happen
18 firefighter
19 soil
20 save

B 다음 우리말을 영어로 쓰시오.

01 삼림 소방대원
02 번지다, 퍼지다
03 여전히, 그래도
04 모험심이 강한
05 야생의, 거친
06 세게 치다, 때리다
07 갑자기
08 충분한
09 도구, 수단
10 소방관, 소방대원
11 일어나다, 발생하다
12 건너다
13 번개
14 ~까지(도), ~조차(도)
15 흙, 토양
16 구하다
17 다행히
18 운동하다; 운동
19 밖에서
20 화장실

C 다음 영어 표현을 우리말로 쓰시오.

01 cut down
02 jump into
03 in the future
04 put out
05 come first
06 turn over
07 go for a walk
08 wait for

Dialogue

★ 바른답·알찬풀이 p. 45

❶ Listen & Speak 1

1 G: Ken, let's _____ _____ a walk. It's a beautiful day.

B: Don't you think it's too cold outside?

G: Really? What do you _____ _____ do then?

B: I want to stay _____ _____ and read.

2 B: What do you want to be _____ _____ _____?

G: I'm not sure. That's a difficult question. What about you?

B: I want to be a _____ _____. I'm interested in sports.

G: Sounds good! I think _____ _____ a good reporter.

✛ 해석

❶

1 G: Ken, 산책하러 가자. 날씨가 좋아.
B: 밖이 너무 춥다고 생각하지 않니?
G: 정말? 그럼 넌 뭘 하고 싶은데?
B: 나는 집에 있으면서 책을 읽고 싶어.

2 B: 너는 미래에 무엇이 되고 싶니?
G: 잘 모르겠어. 그건 어려운 질문이야. 너는 어때?
B: 나는 스포츠 기자가 되고 싶어. 나는 스포츠에 관심이 있어.
G: 멋지다! 내 생각에 너는 훌륭한 기자가 될 거야.

❷ Listen & Speak 2

1 M: Are you all right, Katie? You looked a _____ _____ in my class.

G: I didn't _____ _____ sleep last night. I was reading a very interesting book.

M: You _____ _____ to bed early.

G: I'll try. Thank you, Mr. Johnson.

2 G: Let's cross the street. _____ _____ _____ be late for school.

B: No, the light is red. It's not safe.

G: There are _____ _____, and I don't want to be late for school.

B: We should still wait for the green light. Safety always _____ _____.

❷

1 M: 괜찮니, Katie? 네가 내 수업 시간에 좀 피곤해 보이더구나.
G: 저는 어젯밤에 잠을 충분히 못 잤어요. 아주 재미있는 책을 읽고 있었거든요.
M: 너는 일찍 자는 게 좋겠다.
G: 노력해 볼게요. 감사합니다, Johnson 선생님.

2 G: 길을 건너자. 우리 학교에 늦겠어.
B: 안 돼, 빨간불이야. 안전하지 않아.
G: 차가 없잖아, 그리고 나는 학교에 늦기 싫어.
B: 우리는 그래도 파란불을 기다리는 게 좋겠어. 안전이 항상 최우선이야.

❸ Communicate

Jaden: Did you see the news? There was a fire at the shopping mall, and a girl was still in the building.

Yuri: Really? _____ _____ to the girl?

Jaden: Luckily, a firefighter found her in the restroom and _____ _____.

Yuri: Wow, that's great! The firefighter is a _____ _____.

Jaden: I know! I _____ _____ be like him.

Yuri: Oh, do you want to be a firefighter?

Jaden: No, I want to be a _____ _____, but I don't know how. What should I do?

Yuri: I think you _____ _____ every day and learn taekwondo.

Jaden: That's a good idea.

❹ Progress Check

1 **G:** Kevin, let's _____ _____ and play soccer.

B: Don't you think it's too _____ _____?

G: Really? What do you want to do then?

B: I want to _____ _____ _____ and watch TV.

2 **G:** Are you all right, Andy? You _____ _____.

B: I have a science quiz tomorrow, but I'm _____ _____ _____ it. What should I do?

G: You _____ _____ your notes first.

B: O.K. Thank you.

3 **M:** Jisu wants to become a firefighter. She _____ _____ firefighters are real heroes. To become a firefighter, she should exercise every day to stay in _____ _____.

➕ 해석

❸
Jaden: 너 뉴스 봤니? 쇼핑몰에 불이 났는데, 한 여자아이가 여전히 건물에 있었어.
유리: 정말? 그 여자아이는 어떻게 됐어?
Jaden: 다행히, 한 소방관이 화장실에서 그녀를 발견해서 구해냈어.
유리: 와, 잘됐다! 그 소방관은 진짜 영웅이네.
Jaden: 그러게 말이야! 난 그처럼 되고 싶어.
유리: 오, 너는 소방관이 되고 싶니?
Jaden: 아니, 난 경찰관이 되고 싶은데, 방법을 모르겠어. 내가 어떻게 해야 할까?
유리: 내 생각에 너는 매일 운동하고 태권도를 배우는 게 좋겠어.
Jaden: 그거 좋은 생각이다.

❹
1 **G:** Kevin, 나가서 축구를 하자.
B: 밖이 너무 춥다고 생각하지 않니?
G: 정말? 그럼 넌 뭘 하고 싶은데?
B: 난 집에 있으면서 TV를 보고 싶어.

2 **G:** 괜찮니, Andy? 너 걱정스러워 보여.
B: 나는 내일 과학 시험이 있는데, 준비되지 않았어. 내가 어떻게 해야 할까?
G: 너는 먼저 네가 필기한 것을 복습하는 게 좋겠어.
B: 알겠어. 고마워.

3 **M:** 지수는 소방관이 되고 싶어 한다. 그녀는 소방관들이 진짜 영웅들이라고 생각한다. 소방관이 되기 위해서, 그녀는 매일 운동해서 좋은 건강 상태를 유지해야 한다.

Reading Text

Step 1 •

01 Last week, _____ struck a tree and started a _____ in a mountain _____ in California.

   A. lightning   B. forest   C. fire

02 It _____ quickly, and _____ had to get to it fast.

   A. spread   B. firefighters

03 However, there were _____ roads in the forest, so fire _____ could not _____ to the fire!

   A. get   B. trucks   C. no

04 Suddenly, an airplane _____, and a group of firefighters started _____ out of it. They were _____.

   A. jumping   B. appeared   C. smokejumpers

05 Smokejumpers jump into a forest with _____ a few _____, and they _____ only drinking water.

   A. tools   B. only   C. carry

06 Then, _____ do they _____ out a fire in the forest?

   A. put   B. how

07 When they are on the _____, they cut down trees and _____ them away.

   A. ground   B. move

08 They also _____ the soil over and over to _____ a fire line.

   A. turn   B. make

09 The work _____ a long time, so they _____ have to stay in the forest for a _____ days.

   A. few   B. often   C. takes

10 Do you _____ to _____ a smokejumper?

   A. want   B. be

11 _____ a smokejumper is a very _____ job.

    A. dangerous   B. being

12 You should be _____ and be in good _____.

    A. health   B. adventurous

13 "I _____ my job is dangerous, but I _____ it," says Thomas McCarthy, a smokejumper _____ California.

    A. know   B. love   C. from

14 He adds, "I _____ forests, wild animals, and _____ human lives. I'm really _____ of my job!"

    A. protect   B. proud   C. even

Step 2 •

01 Last week, _____ struck a tree and _____ a _____ in a mountain _____ in California.

02 It _____ quickly, and _____ _____ to get to it fast.

03 However, _____ were _____ roads in the _____, so fire _____ could not _____ to the fire!

04 Suddenly, an airplane _____, and a group of _____ started _____ out of it. They were _____.

05 Smokejumpers _____ _____ a forest with _____ a few _____, and they _____ only drinking water.

06 Then, _____ do they _____ out a _____ in the forest?

07 _____ they are on the _____, they cut down trees and _____ them _____.

08 They also _____ the _____ over and over to _____ a fire line.

09 The work _____ a long time, so they _____ have to stay in the _____ for a _____ _____.

10 Do you _____ to _____ a _____?

11 _____ a smokejumper is a very _____ _____.

12 You _____ be _____ and be in good _____.

13 "I _____ my job is _____, but I _____ it," says Thomas McCarthy, a smokejumper _____ California.

14 He adds, "I _____ _____, wild animals, and _____ human lives. I'm really _____ of my job!"

Step 3 ⚬

01 Last week, _____ _____ a tree and _____ a _____ in a mountain _____ in California.

02 It _____ quickly, and _____ _____ to _____ _____ it fast.

03 However, _____ were _____ roads in the _____, so _____ _____ could not _____ to the fire!

04 Suddenly, an _____ _____, and a group of _____ started _____ out of it. They were _____.

05 Smokejumpers _____ _____ a forest with _____ a _____ _____, and they _____ _____ drinking water.

06 Then, _____ do they _____ _____ a _____ in the _____?

07 _____ they are on the _____, they _____ _____ trees and _____ them _____.

08 They also _____ the _____ _____ and over _____ _____ a fire line.

09 The work _____ a long time, so they _____ have to _____ in the _____ _____ a _____ _____.

10 _____ you _____ to _____ a _____?

11 _____ a _____ is a _____ _____ _____.

12 You _____ be _____ and be in _____ _____.

13 "I _____ my _____ is _____, but I _____ it," says Thomas McCarthy, a smokejumper _____ California.

14 He adds, "I _____ _____, wild _____, and _____ _____ lives. I'm really _____ of my job!"

Passage Writing

🎈 우리말을 참고하여 본문을 영작하시오.

01 지난주, 나무에 번개가 쳐서 캘리포니아에 있는 산림에 화재가 시작되었다.

≫ _____

02 그것은 빠르게 번졌다.

≫ _____

03 그리고 소방대원들은 그곳에 빨리 도착해야 했다.

≫ _____

04 하지만, 숲에는 도로가 없어서, 소방차들이 화재 현장에 도달할 수 없었다!

≫ _____

05 갑자기 비행기 한 대가 나타났다.

≫ _____

06 그리고 한 무리의 소방대원들이 그것에서 뛰어내리기 시작했다.

≫ _____

07 그들은 삼림 소방대원들이었다.

≫ _____

08 삼림 소방대원들은 도구 몇 개만 가지고 숲으로 뛰어내린다.

≫ _____

09 그리고 그들은 마시는 물만 들고 다닌다.

≫ _____

10 그러면, 그들은 숲에서 어떻게 화재를 진화하는가?

≫ _____

11 그들은 지상에 있을 때, 나무들을 베어내고 치운다.

》 _____

12 그들은 또한 방화선을 만들기 위해 흙을 계속 갈아엎는다.

》 _____

13 그 작업은 시간이 오래 걸려서, 그들은 종종 며칠 동안 숲에 머물러야 한다.

》 _____

14 여러분은 삼림 소방대원이 되고 싶은가?

》 _____

15 삼림 소방대원이 되는 것은 매우 위험한 일이다.

》 _____

16 여러분은 모험심이 있어야 하고 건강 상태가 좋아야 한다.

》 _____

17 "저는 제 일이 위험한 것을 알고 있지만, 제 일이 좋습니다."라고 캘리포니아의 삼림 소방대원인 Thomas McCarthy는 말한다.

》 _____

18 그는 덧붙인다.

》 _____

19 저는 삼림과 야생동물, 그리고 사람의 생명까지 지킵니다.

》 _____

20 저는 제 직업이 정말 자랑스럽습니다!

》 _____

Vocabulary

A 다음 영어를 우리말로 쓰시오.

01 professor

02 curiosity

03 yet

04 impossible

05 shout

06 discover

07 put

08 freeze

09 publish

10 smart

11 strange

12 result

13 teenager

14 full moon

15 zebra

16 mix

17 physics

18 surprisingly

19 pour

20 finding

B 다음 우리말을 영어로 쓰시오.

01 (액체를) 따르다, 붓다

02 십 대 청소년

03 보름달

04 아직

05 똑똑한, 영리한

06 발견

07 발표하다, 출판하다

08 결과

09 얼다, 얼리다

10 섞다, 혼합하다

11 물리학

12 외치다, 소리치다

13 발견하다

14 놓다, 두다

15 불가능한

16 이상한

17 교수

18 놀랍게도

19 호기심

20 얼룩말

C 다음 영어 표현을 우리말로 쓰시오.

01 by then

02 because of

03 again and again

04 come back

05 test out

06 give up

07 find out

08 turn off

Dialogue

① Listen & Speak 1

1 G: Alex, is this a _____ _____ your family?

B: Yes, it is.

G: Who is this? Is she your _____ _____?

B: No, she's my _____ _____ Chris.

G: Wow, she's taller than you. She _____ _____ a high school student.

2 B: _____ _____ are faster, zebras or ostriches?

G: Umm … I think zebras are faster.

B: Actually, ostriches are _____ _____ zebras.

G: Really? How do you know that?

B: I saw a TV program _____ _____ yesterday.

② Listen & Speak 2

1 B: Why did you _____ _____ _____ with you? It's not raining outside.

G: Not yet, but it's _____ _____ rain today. Look! The birds are flying low.

B: Oh, do birds _____ _____ before rain?

G: Yes, my science teacher told me that.

2 B: Mom, _____ _____ _____ to Yujin's place now?

W: Now? It's already 8 o'clock. Why do you want to go there?

B: I _____ _____ _____ with my math homework.

W: Can you come back in an hour?

B: Yes, I think I _____ _____ the homework by then. Thanks, Mom.

+ 해석

①

1 G: Alex, 이것이 너의 가족사진이니?

B: 응, 맞아.

G: 이 사람은 누구니? 네 누나야?

B: 아니, 그녀는 내 여동생 Chris야.

G: 와, 그녀가 너보다 키가 더 크네. 그녀는 고등학생처럼 보여.

2 B: 얼룩말과 타조 중에서 어느 동물이 더 빠를까?

G: 음… 내 생각에는 얼룩말이 더 빨라.

B: 실제로는, 타조가 얼룩말보다 더 빨라.

G: 정말? 너는 그것을 어떻게 아니?

B: 나는 어제 동물에 관한 TV 프로그램을 봤어.

②

1 B: 너는 왜 우산을 가져왔니? 밖에 비가 안 오는데.

G: 아직은 아니지만, 오늘 비가 올 거야. 봐! 새들이 낮게 날고 있어.

B: 오, 비가 오기 전에 새들이 낮게 나니?

G: 응, 우리 과학 선생님께서 그것을 내게 말씀해 주셨어.

2 B: 엄마, 저 지금 유진이네 집에 가도 돼요?

W: 지금? 벌써 8시야. 너는 왜 거기에 가고 싶니?

B: 수학 숙제를 하는 데 유진이의 도움이 필요해요.

W: 한 시간 안에 돌아올 수 있니?

B: 네, 제 생각에 저는 그때까지 숙제를 끝낼 수 있어요. 고마워요, 엄마.

Dialogue

❸ Communicate

Dad: _____ are you _____ tonight?

Anna: Tonight? Nothing special.

Dad: _____ _____ and see the supermoon together.

Anna: What is the supermoon?

Dad: It's a _____ _____, but it looks bigger than other full moons.

Anna: Why does it _____ _____?

Dad: That's because it's closer to the Earth.

Anna: Wow, I _____ _____ _____ see it.

🕐

➕ 해석

❸

아빠:	너는 오늘 밤에 뭘 할 거니?
Anna:	오늘 밤이요? 특별한 계획은 없어요.
아빠:	같이 슈퍼문을 보러 가자꾸나.
Anna:	슈퍼문이 뭐예요?
아빠:	그것은 보름달인데, 다른 보름달보다 더 커 보인단다.
Anna:	그것이 왜 더 커 보여요?
아빠:	그것이 지구에 더 가까이 있기 때문이란다.
Anna:	와, 빨리 그것을 보고 싶어요.

❹ Progress Check

1 **B:** Mom, _____ _____ are smarter, dogs or cats?

W: Umm … I think cats are smarter.

B: Actually, dogs are _____ _____ cats.

W: Really? _____ _____ _____ know that?

B: I read it in a science magazine.

2 **G:** Mr. Johnson, _____ _____ _____ our classroom after school?

M: After school? _____ _____ _____ want to use it?

G: Julie and I are going to practice dancing for the school festival.

M: O.K. Can you _____ _____ the lights when you leave?

G: Sure. Thank you so much, Mr. Johnson.

3 **M:** The supermoon _____ _____ than other full moons. It looks bigger because it's _____ _____ the Earth.

❹

1 **B:** 엄마, 개와 고양이 중에서 어느 동물이 더 영리할까요?

W: 음… 내 생각에는 고양이가 더 영리해.

B: 실제로는, 개가 고양이보다 영리해요.

W: 정말? 그것을 어떻게 아니?

B: 과학 잡지에서 읽었어요.

2 **G:** Johnson 선생님, 방과 후에 우리 반 교실을 써도 될까요?

M: 방과 후에? 왜 그곳을 쓰고 싶니?

G: Julie와 저는 학교 축제를 위해서 춤 연습을 할 거예요.

M: 알겠다. 갈 때 불을 꺼 주겠니?

G: 그럼요. 정말 감사합니다, Johnson 선생님.

3 **M:** 슈퍼문은 다른 보름달보다 더 커 보인다. 그것은 지구에 더 가까이 있어서 더 크게 보인다.

Reading Text

Step 1 •

01 Science begins with _____. When you are _____ about something, _____ yourself why and how.

    A. ask   B. curiosity   C. curious

02 That _____, you can discover _____ things.

    A. great   B. way

03 Here is an _____ _____ of a _____ teenager in Africa.

    A. curious   B. story   C. interesting

04 "How _____! The hot milk froze _____ than the cold milk," shouted a _____ in a cooking class.

    A. faster   B. strange   C. boy

05 His _____ was Erasto Mpemba. He was a 13-year-old _____ from Tanzania.

    A. name   B. boy

06 He was the _____ _____ boy in his class.

    A. curious   B. most

07 Mpemba was _____ ice cream in his _____ class in 1963.

    A. making   B. cooking

08 He first _____ hot milk and _____.

    A. sugar   B. mixed

09 He then _____ the milk in the freezer when it was _____ hot.

    A. put   B. still

10 Surprisingly, his hot _____ froze faster than his _____ cold milk.

    A. milk   B. classmates'

11 He told his _____ and classmates about his _____, but they did not _____ him.

    A. teacher   B. finding   C. believe

12 They all said, "That's _____!" However, Mpemba never _____ up, and he tested his _____ again and again.

    A. finding   B. gave   C. impossible

13 The _____ was always the _____.

    A. result   B. same

14 In 1966, Dr. Denis Osborne, a _____ of physics, visited Mpemba's _____.

    A. school   B. professor

15 Mpemba _____ him about his _____ finding.

    A. strange   B. asked

16 Dr. Osborne _____ it out, and he _____ the same result.

    A. tested   B. got

17 Dr. Osborne and Mpemba published their _____ _____ in 1969.

    A. finding   B. together

18 Mpemba made an important _____ because of his _____!

    A. curiosity   B. discovery

Step 2 •

01 Science _____ with _____ . When you are _____ about something, _____ yourself why and _____ .

02 That _____ , you can _____ _____ things.

03 Here is an _____ _____ of a _____ _____ in Africa.

04 "How _____ ! The hot milk froze _____ than the _____ _____ ," shouted a _____ in a cooking class.

05 His _____ was Erasto Mpemba. He was a 13-year-old _____ _____ Tanzania.

06 He was the _____ _____ boy in his _____ .

07 Mpemba was _____ ice cream in his _____ _____ in 1963.

08 He first _____ hot _____ and _____ .

09 He then _____ the milk in the _____ when it was _____ hot.

10 Surprisingly, his hot _____ froze _____ than his _____ cold milk.

11 He told his _____ and _____ about his _____ , but they did not _____ him.

12 They all said, "That's _____ !" However, Mpemba never _____ _____ , and he tested his _____ again and _____ .

13 The _____ was _____ the _____ .

14 In 1966, Dr. Denis Osborne, a _____ of physics, _____ Mpemba's _____ .

15 Mpemba _____ him about his _____ _____.

16 Dr. Osborne _____ it out, and he _____ the same _____.

17 Dr. Osborne and Mpemba _____ their _____ _____ in 1969.

18 Mpemba _____ an important _____ because of his _____!

Step 3 •

01 Science _____ with _____. _____ you are _____ about _____, _____ yourself why and _____.

02 That _____, you _____ _____ _____ things.

03 Here is an _____ _____ of a _____ _____ in _____.

04 "How _____! The hot milk froze _____ than the _____ _____," _____ a _____ in a cooking _____.

05 His _____ was Erasto Mpemba. _____ _____ a 13-year-old _____ _____ Tanzania.

06 He was the _____ _____ boy _____ his _____.

07 Mpemba was _____ ice _____ in his _____ _____ in 1963.

08 He first _____ _____ _____ and _____.

09 He then _____ the _____ in the _____ when it was _____ hot.

10 _____, his hot _____ froze _____ than his _____ cold milk.

11 He told his _____ and _____ about his _____, but they _____ _____ _____ him.

12 They all said, "That's _____!" However, Mpemba _____ _____ _____, and he tested his _____ again and _____.

13 The _____ _____ _____ the _____.

14 In 1966, Dr. Denis Osborne, a _____ of _____, _____ Mpemba's _____.

15 Mpemba _____ him about _____ _____ _____.

16 Dr. Osborne _____ it _____, and he _____ the same _____.

17 Dr. Osborne and Mpemba _____ _____ _____ in 1969.

18 Mpemba _____ an important _____ _____ _____ his _____!

Passage Writing

우리말을 참고하여 본문을 영작하시오.

01 과학은 호기심에서 시작된다.

>> _____

02 여러분이 무언가에 대해 궁금하다면, 자기 자신에게 왜 그리고 어떻게를 물어봐라.

>> _____

03 그런 방식으로 여러분은 위대한 것들을 발견할 수 있다.

>> _____

04 여기 아프리카에 사는 어느 호기심 많은 십 대 청소년의 흥미로운 이야기가 있다.

>> _____

05 "참 이상하군! 뜨거운 우유가 차가운 우유보다 더 빨리 얼다니."라고 요리 수업 시간에 한 소년이 소리쳤다.

>> _____

06 그의 이름은 Erasto Mpemba였다. 그는 탄자니아 출신의 13세 소년이었다.

>> _____

07 그는 자기 반에서 가장 호기심이 많은 소년이었다.

>> _____

08 1963년에 Mpemba는 요리 수업 시간에 아이스크림을 만들고 있었다.

>> _____

09 그는 먼저 뜨거운 우유와 설탕을 섞었다.

>> _____

10 그는 그러고 나서 우유가 아직 뜨거울 때 그것을 냉동실에 넣었다.

>> _____

11 놀랍게도, 그의 뜨거운 우유가 반 친구들의 차가운 우유보다 더 빨리 얼었다.

≫ _____

12 그는 선생님과 반 친구들에게 자신의 발견에 대해 말했지만, 그들은 그를 믿지 않았다.

≫ _____

13 그들은 모두 "그건 불가능해!"라고 말했다.

≫ _____

14 그러나 Mpemba는 결코 포기하지 않았고, 반복해서 자신의 발견을 시험했다.

≫ _____

15 그 결과는 항상 똑같았다.

≫ _____

16 1966년에 물리학 교수인 Denis Osborne 박사가 Mpemba의 학교를 방문했다.

≫ _____

17 Mpemba는 그에게 자신의 이상한 발견에 대해 질문했다.

≫ _____

18 Osborne 박사는 그것을 시험해 보았고 같은 결과를 얻었다.

≫ _____

19 Osborne 박사와 Mpemba는 1969년에 함께 그들의 발견을 발표했다.

≫ _____

20 Mpemba는 자신의 호기심 때문에 중요한 발견을 했다!

≫ _____

사각사각
네컷만화

딴짓은 즐거워

시험을 앞둔 우리에겐 공통적인 이상 현상이 발생하게 되는데, 그것은 바로 · · ·

수삭 수삭

시험공부를 제외한 세상만사가 다 재밌어 보이는 현상이다.

지우개 가루

와, 지우개똥 재밌다.

둥글게 둥글게~

치료법은 아직까지 발견되지 못했다고 한다.

케 켁 케 케

완쥰 크닥

글 / 그림 우쿠쥐

Self-study Book

Part 2 최종 모의고사

1학년 2학기 중간고사 (LESSON 5~6)

1학년 2학기 기말고사 (LESSON 7~8)

01 다음 중 짝지어진 단어의 관계가 나머지와 <u>다른</u> 하나는?

① close : far
② different : same
③ sea : ocean
④ arrive : depart
⑤ dangerous : safe

02 다음 영영풀이에 해당하는 단어로 가장 알맞은 것은?

> a cook in a restaurant or hotel

① chef   ② guide
③ visitor   ④ traveler
⑤ guesthouse

03 다음 빈칸에 공통으로 들어갈 말로 가장 알맞은 것은?

> • You should _____ left at the next corner.
> • I often forget to _____ off the lights.

① get   ② take   ③ make
④ turn   ⑤ keep

04 다음 중 밑줄 친 부분의 뜻이 <u>잘못된</u> 것은?

① We should <u>check in</u> at the hotel.
→ 투숙 절차를 밟다
② Andy is <u>interested in</u> art very much.
→ ~에 관심이 있다
③ I'll <u>get off</u> the train at the next station.
→ ~에서 내리다
④ A lot of people <u>have fun</u> at the beach.
→ 즐거운 시간을 보내다
⑤ <u>Say hello to</u> your sister for me.
→ 작별 인사를 하다

05 다음 대화의 빈칸에 들어갈 말로 알맞지 <u>않은</u> 것은?

> A: Excuse me. _____
> B: Keep going to the end. It's across from the park.

① Where is the museum?
② I'm looking for the museum.
③ How can I get to the museum?
④ Are you going to go to the museum?
⑤ Can you tell me how to get to the museum?

06 다음 대화의 빈칸에 들어갈 말로 가장 알맞은 것은?

> A: Mom, may I play the computer game now?
> B: _____ You must finish your homework first.

① Sure. Go ahead.   ② Yes, you may.
③ No problem.   ④ No, you may not.
⑤ I can't play the game.

07 다음 (A)~(D)를 자연스러운 대화가 되도록 바르게 배열한 것은?

> (A) Yes, I love them. I can't wait to read the book!
> (B) Oh, do you like adventure stories?
> (C) Andy, what are you going to do this weekend?
> (D) I'm going to read the new book *The Panda World*.

① (A) - (C) - (B) - (D)
② (A) - (D) - (C) - (B)
③ (B) - (A) - (C) - (D)
④ (C) - (A) - (B) - (D)
⑤ (C) - (D) - (B) - (A)

08 다음 지도를 보고, 대화의 빈칸에 알맞은 장소를 쓰시오.

> A: Excuse me. How can I get to the
> _____?
> B: Go straight two blocks, and then turn
> right. It'll be on your right.

09 위 대화의 밑줄 친 ①~⑤ 중 흐름상 어색한 것은?

①   ②   ③   ④   ⑤

10 위 대화의 내용과 일치하지 않는 것은?

① 수호는 이번 가을에 중국어를 공부할 것이다.
② Anna는 여행 안내서를 사고 싶어 한다.
③ 수호가 Anna에게 좋은 책을 추천해 주었다.
④ Anna가 가려는 곳은 학교 근처에 있는 흰색 건물
이다.
⑤ Anna와 수호는 대화 직후 빵집에 갈 것이다.

[09~10] 다음 대화를 읽고, 물음에 답하시오.

> Anna: Suho, ①what are you going to do
> this fall?
> Suho: I'm going to study Chinese. ②How
> about you, Anna?
> Anna: I'm going to visit Jejudo. By the
> way, I need to buy a travel guide
> book on Jejudo.
> Suho: *Go Go Jejudo* is a good book.
> Anna: Thanks! ③Did you read the book at
> school?
> Suho: Yes, there's one near our school.
> Anna: ④How can I get there?
> Suho: Go straight two blocks, and then turn
> left. It's the white building next to
> the bakery.
> Anna: Wow! That's really close. ⑤I'm
> going to go there right now.

11 다음 중 밑줄 친 that을 생략할 수 있는 문장을 모두 고르면?

> (a) I can't believe that Ann defeated Ted in
> their tennis match.
> (b) Do you know that pretty girl under the
> tree?
> (c) I don't want to live like that.
> (d) Judy thinks that a smartphone is a magic
> machine.

① (a), (b)   ② (a), (c)   ③ (a), (d)
④ (b), (c)   ⑤ (b), (d)

12 다음 중 어법상 옳은 문장끼리 짝지어진 것은?

> (a) Jiho and I am going to go hiking together.
> (b) My mom likes to draw pictures.
> (c) I don't think money is important.
> (d) Emily showed to me her old picture.
> (e) The bird dived into the river to catch fish.

① (a), (b), (c) ② (a), (c), (d)
③ (a), (d), (e) ④ (b), (c), (d)
⑤ (b), (c), (e)

13 다음 문장을 괄호 안의 지시대로 바꿔 쓰시오.

(1) We are going to go to the beach this afternoon. (부정문으로)

→ _____

(2) Steve is going to leave for New York tomorrow. (의문문으로)

→ _____

[14~15] 다음 글을 읽고, 물음에 답하시오.

> Sailors often felt lonely during long voyages, ____ⓐ____ they welcomed a ship's cat. It also kept rats away from the ship. Some sailors believed that a ship's cat brought good luck. They also believed that it could protect their ship from dangerous weather. Some ship's cats became famous, ____ⓑ____ Blackie was one of them.

14 윗글의 빈칸 ⓐ, ⓑ에 들어갈 접속사가 순서대로 짝지어진 것은?

	ⓐ		ⓑ
①	but	……	and
②	so	……	and
③	but	……	so
④	so	……	but
⑤	or	……	and

15 윗글의 내용과 일치하지 <u>않는</u> 것은?

① 선원들은 긴 항해 중 자주 외로움을 느꼈다.
② 뱃고양이는 배에서 쥐를 쫓는 역할을 했다.
③ 선원들은 뱃고양이가 행운을 불러온다고 믿었다.
④ 뱃고양이는 위험한 날씨를 미리 감지해서 선원들에게 알려 주었다.
⑤ Blackie는 유명해진 뱃고양이 중 하나였다.

16 다음 글의 (A)에 이어질 내용을 순서대로 배열한 것으로 가장 알맞은 것은?

> (A) The next day, I attended a Thai cooking class for travelers.
> (B) I made som tam, spring rolls, and green curry in class.
> (C) The chef said to me, "Good job! You are going to become a great cook!"
> (D) First, we went to a local market and learned about Thai fruits and vegetables.

① (B) - (D) - (C) ② (C) - (B) - (D)
③ (C) - (D) - (B) ④ (D) - (B) - (C)
⑤ (D) - (C) - (B)

[17~18] 다음 글을 읽고, 물음에 답하시오.

After a long bus ride from Bangkok, we arrived in Chiang Mai. Chiang Mai is an ⓐexciting city with lots of fun activities. During the day, we went hiking and visited hill tribes. In the evening, we tried ⓑdangerous street foods. My ⓒfavorite street food was pad Thai. I wanted to cook it, and a ⓓfriendly street food chef taught me. I was so lucky!

I will never forget my time in Thailand. It ⓔtruly was my dream trip.

17 윗글의 밑줄 친 ⓐ~ⓔ 중 문맥상 낱말의 쓰임이 알맞지 않은 것은?

① ⓐ　　② ⓑ　　③ ⓒ
④ ⓓ　　⑤ ⓔ

18 윗글의 밑줄 친 부분의 이유를 우리말로 쓰시오.

(단, 35자 내외로 쓸 것)

_____

_____

19 다음 글의 밑줄 친 ⓐ~ⓔ 중 가리키는 대상이 같은 것끼리 짝지어진 것은?

In 1941, ⓐBlackie met Winston Churchill, ⓑthe Prime Minister of the United Kingdom. Blackie was the ship's cat of ⓒa Royal Navy battleship. Churchill was on that ship. ⓓHe was going to a secret place to meet ⓔU.S. President Franklin D. Roosevelt.

① ⓐ, ⓒ　　　② ⓐ, ⓔ
③ ⓑ, ⓒ　　　④ ⓑ, ⓓ
⑤ ⓒ, ⓔ

[20~21] 다음 글을 읽고, 물음에 답하시오.

Dear Amy,

Hello, I am in Busan. Today, I visited Songdo Beach. I enjoyed swimming. Tomorrow, I am going ___ⓐ___ BIFF Street. I want ___ⓑ___ different street foods. It will be a lot of fun. Miss you!

Love,

Jisu

20 윗글의 빈칸 ⓐ, ⓑ에 들어갈 말이 순서대로 짝지어진 것은?

	ⓐ		ⓑ
①	visit	……	try
②	visit	……	to try
③	to visit	……	try
④	visiting	……	to try
⑤	to visit	……	to try

21 윗글의 내용과 일치하도록 다음 질문에 대한 대답을 〈조건〉에 맞게 쓰시오.

Q: What is Jisu going to do tomorrow?

── 조건 ──
1. 방문 장소와 방문 목적이 모두 드러나도록 할 것
2. 목적을 나타내는 to부정사를 이용하여 한 문장으로 쓸 것

A: _____

_____

22 다음 대화의 밑줄 친 부분과 바꿔 쓸 수 있는 문장은?

> A: Suji, what are you going to do this weekend?
> B: My cousin is visiting me from Canada. We're going to go to Gyeongbokgung.
> A: How long is she going to be in Korea?
> B: Ten days. <u>I can't wait to show her around.</u>

① I'm looking forward to showing her around.
② I'm so busy, so I can't show her around.
③ I hope that she can wait for me.
④ I don't want to show her around.
⑤ I think she is going to show me around.

23 윗글의 밑줄 친 to stop과 쓰임이 같은 것은?

① They decided <u>to move</u> to another city.
② Her dream is <u>to go</u> to the moon.
③ Jason did his best <u>to reach</u> his goal.
④ <u>To swim</u> in the sea is very hard.
⑤ We're planning <u>to go</u> on a trip next week.

24 윗글의 밑줄 친 우리말에 맞도록 괄호 안의 말을 배열하여 문장을 완성하시오.

> (Blackie / Churchill / gave / a new name / people)

→ The picture became famous, and
_____.

25 다음 지도를 보고, 빈칸에 알맞은 말을 써서 길을 묻고 답하는 대화를 완성하시오.

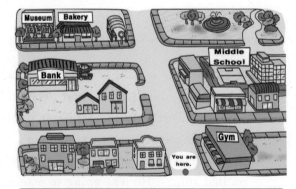

> A: Excuse me, is there a bakery near here?
> B: Yes, there is one.
> A: How can I get there?
> B: Go straight two blocks, and then turn
> _____. It'll be on your _____.

[23~24] 다음 글을 읽고, 물음에 답하시오.

> Blackie tried to get off the ship with Churchill, but Churchill touched his head <u>to stop</u> him. Someone took a picture of that moment. The picture became famous, and 사람들은 Blackie에게 Churchill이라는 새로운 이름을 지어 주었다.

01 다음 중 단어의 영영풀이가 <u>잘못된</u> 것은?

① spread: to move into more places

② safety: freedom from harm or danger

③ wild: to live with human care or control

④ tool: something such as a hammer, saw, knife, etc.

⑤ teenager: someone between thirteen and nineteen years old

02 다음 중 짝지어진 단어의 관계가 〈보기〉와 <u>다른</u> 것은?

┌ 보기 ─────────────────┐
strong : weak
└───────────────────────┘

① cold : hot   ② old : young

③ long : short   ④ smart : clever

⑤ difficult : easy

03 다음 빈칸에 공통으로 들어갈 말로 가장 알맞은 것은?

┌───────────────────────┐
• I _____ enough sleep every night.
• You have to _____ to the airport two hours before the departure time.
└───────────────────────┘

① go   ② get

③ put   ④ make

⑤ cross

04 다음 우리말에 맞도록 빈칸에 알맞은 말을 쓰시오.

┌───────────────────────┐
그는 자신의 어머니를 돌보기 위해 일을 포기했다.
→ He _____ _____ his job to take care of his mother.
└───────────────────────┘

05 다음 중 짝지어진 대화가 어색한 것은?

① A: I can't speak English well.

  B: You should read storybooks in English.

② A: What do you want to be in the future?

  B: I want to be an animal doctor.

③ A: I want to be a writer. What should I do?

  B: I want to help people in need.

④ A: Why do horses run faster than cows?

  B: That's because they have longer legs.

⑤ A: Which animals are smarter, dolphins or monkeys?

  B: I think dolphins are smarter than monkeys.

06 다음 대화의 밑줄 친 부분과 바꿔 쓸 수 있는 것은?

┌───────────────────────┐
A: Which animals are faster, zebras or ostriches?
B: Umm … I think zebras are faster.
A: Actually, <u>ostriches are faster than zebras</u>.
└───────────────────────┘

① zebras are taller than ostriches

② zebras are slower than ostriches

③ zebras are shorter than ostriches

④ zebras aren't smarter than ostriches

⑤ zebras aren't smaller than ostriches

07 다음 대화의 빈칸에 들어갈 대답으로 알맞지 <u>않은</u> 것은?

> A: Are you all right, Katie? You looked a little tired in my class.
> B: I didn't get enough sleep last night. I was reading a very interesting book.
> A: _____
> B: I'll try. Thank you, Mr. Johnson.

① You must go to bed early.
② You should go to bed early.
③ You have to go to bed early.
④ You had better go to bed early.
⑤ You don't have to go to bed early.

08 다음 (A)~(D)를 자연스러운 대화가 되도록 바르게 배열한 것은?

> A: Mom, can I go to Yujin's place now?
> (A) I need her help with my math homework.
> (B) Now? It's already 8 o'clock. Why do you want to go there?
> (C) Can you come back in an hour?
> (D) Yes, I think I can finish the homework by then. Thanks, Mom.

① (A) – (C) – (B) – (D)
② (B) – (A) – (C) – (D)
③ (B) – (D) – (C) – (A)
④ (C) – (A) – (D) – (B)
⑤ (C) – (B) – (A) – (D)

[09~10] 다음 대화를 읽고, 물음에 답하시오.

> Jaden: Did you see the news? There was a fire at the shopping mall, and a girl was ①<u>still</u> in the building.
> Yuri: Really? What ②<u>happened</u> to the girl?
> Jaden: Luckily, a firefighter found her in the restroom and saved her.
> Yuri: Wow, that's great! The firefighter is a real hero.
> Jaden: I know! I want to be ③<u>like</u> him.
> Yuri: Oh, do you want to be a firefighter?
> Jaden: No, I want to be a police officer, but I don't know ④<u>why</u>. What should I do?
> Yuri: I think you should ⑤<u>exercise</u> every day and learn taekwondo.
> Jaden: That's a good idea.

09 위 대화의 밑줄 친 ①~⑤ 중 단어의 쓰임이 어색한 것은?

①　　②　　③　　④　　⑤

10 위 대화의 내용과 일치하지 <u>않는</u> 것은?

① 불이 난 장소는 쇼핑몰이다.
② 소방관이 화장실에서 여자아이를 구했다.
③ 유리는 소방관이 되고 싶어 한다.
④ Jaden은 경찰관이 되고 싶어 한다.
⑤ 유리는 Jaden에게 매일 운동하라고 조언한다.

11 다음 대화의 빈칸에 들어갈 말로 알맞지 <u>않은</u> 것은?

> A: Is she your younger sister?
> B: Yes, she's _____ than I am.

① taller　　　　　② stronger
③ more smart　　④ more popular
⑤ more diligent

12 다음 중 밑줄 친 부분의 쓰임이 나머지와 <u>다른</u> 하나는?

① <u>When</u> are you going to start your homework?
② <u>When</u> I have free time, I draw flowers.
③ <u>When</u> it rains, I stay at home and read.
④ <u>When</u> you're tired, you should take a rest.
⑤ Do you drink warm tea <u>when</u> you have a cold?

13 다음 중 어법상 옳은 문장을 <u>모두</u> 고르면?

ⓐ I think she should join a school club.
ⓑ What is longest river?
ⓒ I like winter better than summer.
ⓓ Firefighters had to got to the fire fast.

① ⓐ, ⓑ 　② ⓐ, ⓒ 　③ ⓑ, ⓒ
④ ⓑ, ⓓ 　⑤ ⓒ, ⓓ

14 다음 문장에서 어법상 틀린 부분을 <u>모두</u> 찾아 바르게 고쳐 쓰시오.

· Seoul is the largeest city in Korea.
· I think the moon is beautifuler than the sun.

_____ → _____
_____ → _____

15 다음 두 문장이 같은 뜻이 되도록 빈칸에 알맞은 말을 쓰시오.

We need not answer all the questions.
= We _____ _____ _____ all the questions.

16 다음 글에서 어법상 <u>틀린</u> 부분을 바르게 고친 것은?

I understand your problem. You should ①showing your parents your talents. ②When you ③talk to them, you ④have to tell them about your love for rap music. I hope ⑤that your parents will understand you.

① → show   　② → That
③ → talk   　④ → need not
⑤ → to

17 다음 메뉴판을 보고, 질문에 알맞은 대답을 쓰시오.

MENU

pizza $7.5
hamburger $6
spaghetti $5.5

A: Which is more expensive, pizza or spaghetti?
B: _____

[18~19] 다음 글을 읽고, 물음에 답하시오.

Last week, lightning struck a tree and started a fire in a mountain forest in California. ⓐIt spread quickly, and firefighters had to get to it fast. However, there were no roads in the forest, so fire trucks could not get to the fire! Suddenly, an airplane appeared, and a group of firefighters started jumping out of ⓑit. They were smokejumpers.

18 윗글의 밑줄 친 ⓐ, ⓑ가 가리키는 것이 순서대로 짝지어진 것은?

ⓐ		ⓑ
① a road	......	an airplane
② a tree	......	a fire truck
③ a forest	......	lightning
④ a road	......	a fire truck
⑤ a fire	......	an airplane

19 윗글의 내용과 일치하지 <u>않는</u> 것은?

① 지난주에 캘리포니아에서 산불이 났다.
② 화재의 원인은 나무에 친 번개였다.
③ 불이 빠르게 번져서 도로가 통제되었다.
④ 소방차로는 화재 현장에 도달할 수 없었다.
⑤ 삼림 소방대원들이 비행기로 화재 현장에 갔다.

[20~21] 다음 글을 읽고, 물음에 답하시오.

Smokejumpers jump into a forest with only a few tools, and they carry only drinking water. Then, how do they put out a fire in the forest? When they are on the ground, they cut down trees and move them away. They also turn the soil over and over to make a fire line. The work takes a long time, so they often _____ stay in the forest for a few days.

Do you want to be a smokejumper? Being a smokejumper is a very dangerous job. You _____ be adventurous and be in good health.

20 윗글의 빈칸에 공통으로 들어갈 말로 알맞은 것을 <u>모두</u> 고르면?

① could   ② would
③ should   ④ have to
⑤ had to

21 삼림 소방대원에 관한 윗글의 내용과 일치하는 것은?

① 비상식량을 가지고 다닌다.
② 비행기에서 물을 뿌려 진화한다.
③ 나무를 최대한 보호한다.
④ 흙을 뒤엎어서 방화선을 만든다.
⑤ 단시간에 진화 작업을 완료한다.

★ 바른답·알찬풀이 p. 52

[22~23] 다음 글을 읽고, 물음에 답하시오.

Science begins with curiosity. When you are curious about something, ask yourself why and how. That way, you can (A) [believe / discover] great things. Here is an interesting story of a curious teenager in Africa.

"How (B) [strange / common]! The hot milk froze faster than the cold milk," shouted a boy in a cooking class. His name was Erasto Mpemba. He was a 13-year-old boy from Tanzania. He was the most (C) [curious / popular] boy in his class.

22 윗글의 (A), (B), (C) 각 네모 안에서 문맥에 맞는 낱말로 가장 알맞은 것은?

	(A)		(B)		(C)
①	discover	……	strange	……	popular
②	discover	……	common	……	curious
③	discover	……	strange	……	curious
④	believe	……	strange	……	popular
⑤	believe	……	common	……	popular

23 윗글에서 Mpemba에 관해 언급한 내용이 아닌 것은?

① 나이
② 국적
③ 직업
④ 성격
⑤ 좋아하는 과목

[24~25] 다음 글을 읽고, 물음에 답하시오.

Mpemba was making ice cream in his cooking class in 1963. He first mixed hot milk and sugar. He then put the milk in the freezer when it was still hot. Surprisingly, his hot milk froze faster than his classmates' cold milk. He told his teacher and classmates about his finding, but they did not believe him. They all said, "That's impossible!" However, Mpemba never gave up, and he tested his finding again and again. The result was always the same.

In 1966, Dr. Denis Osborne, a professor of physics, visited Mpemba's school. Mpemba asked him about his strange finding. Dr. Osborne tested it out, and he got the same result. Dr. Osborne and Mpemba published their finding together in 1969. Mpemba made an important discovery because of his curiosity!

24 윗글의 밑줄 친 his finding이 의미하는 것을 우리말로 쓰시오.

→ ______________________________
____

25 윗글의 내용으로 대답할 수 없는 질문은?

① What did Mpemba mix to make ice cream?
② Where did Mpemba keep testing his finding?
③ Did Mpemba's teacher and classmates believe his words?
④ Who was Dr. Osborne?
⑤ When did Dr. Osborne and Mpemba publish their finding?

1 동사의 종류에 따른 문장 형태

동사의 종류		문장 형태	예
보어, 목적어가 필요 없는 동사	완전자동사	1형식: 주어(S)+동사(V)	live, go, run, come, work
주격보어를 가지는 동사	불완전자동사 (감각동사)	2형식: 주어(S)+동사(V)+주격보어(SC) (주어+감각동사+형용사)	be동사, become, feel, look, smell, sound, taste
목적어를 가지는 동사	완전타동사	3형식: 주어(S)+동사(V)+목적어(O)	do동사, love, have, like
목적어를 두 개 가지는 동사	완전타동사 = 수여동사	4형식: 주어(S)+동사(V)+간접목적어(IO)+직접목적어(DO) 4형식의 3형식 전환: =주어(S)+동사(V)+직접목적어(DO)+to/for/of+ 간접목적어(IO)	3형식 전환 시 • 전치사 to를 쓰는 동사: give, send, show, tell, teach, lend, write, sell • 전치사 for를 쓰는 동사: buy, make, cook, get, find • 전치사 of를 쓰는 동사: ask

2 동사의 기본 시제

기본 시제	변화 형태	예
현재시제	동사원형(-(e)s) (• 예외: 불규칙 변화)	I often **eat** pizza. (나는 자주 피자를 먹는다.) She often **eats** pizza. (그녀는 자주 피자를 먹는다.)
과거시제	동사원형-(e)d (• 예외: 불규칙 변화)	I **ate** pizza yesterday. (나는 어제 피자를 먹었다.)
미래시제	will+동사원형 be going to+동사원형	I **will(am going to) eat** pizza. (나는 피자를 먹을 것이다.)

3 주요 조동사의 용법

조동사	뜻	의미
can (=be able to)	~할 수 있다	능력, 가능성, 허가
may	~해도 좋다, ~일지도 모른다	허가, 추측, 기원
must (=have to)	~해야 한다, ~임에 틀림없다	강제, 의무, 강한 추측
will (=be going to)	~할 것이다	단순미래, 주어의 의지
should (=ought to, had better)	~해야 한다, ~하는 게 좋겠다	도덕적 의무, 당위, 제안, 조언

4 자주 쓰이는 구동사

구동사	뜻	구동사	뜻
calm down	가라앉다, 진정하다	get on(off)	타다(내리다)
pour down	퍼붓다	set off	출발하다
turn on(off)	~을 켜다(끄다)	wait for	~을 기다리다
put on	~을 입다	live in	~에 살다
take off	~을 벗다	look after	~을 돌보다
stay up	자지 않고 깨어 있다	cut down	~을 베다, 자르다
bring up	~을 기르다	put off	~을 미루다, 연기하다
call off	~을 취소하다	hand in	~을 제출하다
look up to	~을 우러러보다	turn down(up)	(소리 등을) 낮추다(높이다)
look for	~을 찾다	laugh at	~을 비웃다

5 동명사의 관용 표현

표현	뜻	표현	뜻
go+-ing	~하러 가다	cannot help+-ing	~하지 않을 수 없다
spend+시간(돈)+-ing	~하는 데 시간(돈)을 쓰다	be busy+-ing	~하느라 바쁘다
It's no use+-ing	~해 봐야 소용없다	have trouble(difficulty) in+-ing	~하는 데 어려움을 겪다
be worth+-ing	~할 가치가 있다	There is no+-ing	~할 수 없다
How(What) about+-ing?	~하는 게 어때?	object to -ing	~하는 것에 반대하다
feel like+-ing	~하고 싶다	on+-ing	~하자마자
look forward to+-ing	~할 것을 고대하다	be used(accustomed) to+-ing	~에 익숙하다

6 to부정사 vs. 동명사를 목적어로 취하는 동사

구분	예
to부정사만 목적어로 취하는 동사	want, hope, wish, expect, decide, promise, learn, refuse, offer, choose
동명사만 목적어로 취하는 동사	enjoy, finish, mind, stop, give up, keep, avoid, quit, delay, put off, practice, deny
둘 다 목적어로 취하는 동사	like, love, hate, begin, start, continue, intend
둘 다 목적어로 취하지만 의미가 달라지는 동사	remember+to부정사: ~할 것을 기억하다　remember+동명사: ~했던 것을 기억하다 forget+to부정사: ~할 것을 잊다　forget+동명사: ~했던 것을 잊다 try+to부정사: ~하려고 노력하다　try+동명사: 시험 삼아 ~해 보다 regret+to부정사: ~하게 되어 유감이다　regret+동명사: ~했던 것을 후회하다

7 형용사를 부사로 만드는 법

구분	형용사	변화 형태	예
규칙 변화	대부분의 경우	형용사+-ly	sad**ly**, bad**ly**, large**ly**, slow**ly**, kind**ly**, real**ly**, beautiful**ly**, careful**ly**, usual**ly**
	-y로 끝나는 경우	y를 i로 바꾸고+-ly	happy → happ**ily**, easy → eas**ily**, heavy → heav**ily**, noisy → nois**ily**, lucky → luck**ily**
불규칙 변화	형용사와 부사의 형태가 같은 경우		fast(빠른; 빨리), early(이른; 일찍), hard(어려운; 열심히), long(긴; 길게), short(짧은; 짧게), low(낮은; 낮게), high(높은; 높게), late(늦은; 늦게), near(가까운; 가까이), most(가장 많은; 가장 많이)
	-ly가 붙으면 다른 뜻의 부사가 되는 경우		hard → hardly(거의 ~ 않다), short → shortly(곧), high → highly(매우), late → lately(최근에), near → nearly(거의)

8 비교급/최상급 만드는 법

구분	형용사/부사	변화 형태	예	
규칙 변화	대부분의 경우	원급+-er/-est	small-small**er**-small**est** old-old**er**-old**est**	tall-tall**er**-tall**est** hard-hard**er**-hard**est**
	-e로 끝나는 경우	원급+-r/-st	large-larg**er**-larg**est** wise-wis**er**-wis**est**	nice-nic**er**-nic**est**
	〈자음+-y〉로 끝나는 경우	y를 i로 바꾸고+-er/-est	easy-eas**ier**-eas**iest** pretty-prett**ier**-prett**iest**	happy-happ**ier**-happ**iest**
	〈단모음+단자음〉으로 끝나는 경우	마지막 자음을 하나 더 쓰고 +-er/-est	big-big**ger**-big**gest** fat-fat**ter**-fat**test**	hot-hot**ter**-hot**test**
	-ful, -ous, -ive, -able, -less, -ly, -ing, -ed 등으로 끝나는 2음절 이상인 경우	more/most+원급	useful-**more** useful-**most** useful famous-**more** famous-**most** famous active-**more** active-**most** active capable-**more** capable-**most** capable hopeless-**more** hopeless-**most** hopeless quickly-**more** quickly-**most** quickly shocking-**more** shocking-**most** shocking excited-**more** excited-**most** excited	
불규칙 변화	원급, 비교급, 최상급이 다른 경우	good/well-better-best many/much-more-most	bad-worse-worst little-less-least	

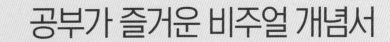
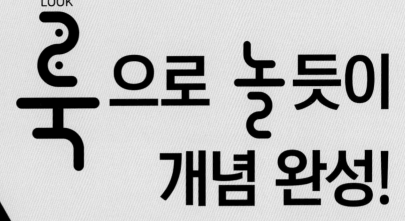

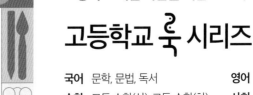

중등
도서목록

비주얼 개념서

룩

이미지 연상으로 필수 개념을 쉽게 익히는 비주얼 개념서

국어	문학, 독서, 문법
영어	품사, 문법, 구문
수학	1(상), 1(하), 2(상), 2(하), 3(상), 3(하)
사회	①, ②
역사	①, ②
과학	1, 2, 3

필수 개념서

올리드

자세하고 쉬운 개념,
시험을 대비하는 특별한 비법이 한가득!

국어	1-1, 1-2, 2-1, 2-2, 3-1, 3-2
영어	1-1, 1-2, 2-1, 2-2, 3-1, 3-2
수학	1(상), 1(하), 2(상), 2(하), 3(상), 3(하)
사회	①-1, ①-2, ②-1, ②-2
역사	①-1, ①-2, ②-1, ②-2
과학	1-1, 1-2, 2-1, 2-2, 3-1, 3-2

* 국어, 영어는 미래엔 교과서 관련 도서입니다.

수학 필수 유형서

 유형완성

체계적인 유형별 학습으로 실전에서 더욱 강력하게!

수학	1(상), 1(하), 2(상), 2(하), 3(상), 3(하)

내신 대비 문제집

 시험직보
문제집

내신 만점을 위한 시험 직전에 보는 문제집

국어	1-1, 1-2, 2-1, 2-2, 3-1, 3-2
영어	1-1, 1-2, 2-1, 2-2, 3-1, 3-2

* 미래엔 교과서 관련 도서입니다.

1학년 총정리

 자유학년제
30일에
끝내기

자유학년제로 인한 학습 결손을 보충하는
중학교 1학년 전 과목 총정리

1학년(국어, 영어, 수학, 사회, 과학)

개념 잡고 성적 올리는 필수 개념서

올리드
미래엔 교과서

바른답·
알찬풀이

교과서 학습편과 Self-study Book의 정답 및 풀이를 제공합니다.

중등 영어 1-2

올리드 100점 전략

개념을 꼭
잡아라!

문제를 싹
잡아라!

시험을 확
잡아라!

오답을 꼭
잡아라!

Mirae N 에듀

올리드 100점 전략

1 단어, 의사소통, 문법, 읽기 지문 완전 분석 **교과서 내용 꽉 잡기**

2 영역별 기본 - 응용 - 서술형의 반복 · 심화 학습으로 **문제 싹 잡기**

━━━━━ ● 교과서 학습편

3 교과서 암기 학습과 실전 대비 문제로 학교 **시험 확 잡기** ━━━━━━ ● Self-study Book

4 문제 풀이 노하우를 담은 자세한 풀이로 **오답 꼭 잡기** ━━━━━━ ● 바른답 • 알찬풀이

LESSON 5 · My Dream Trip

Vocabulary

Vocabulary Check p. 9

A 01 다른, 각양각색의 02 지역의, 현지의 03 날씨 04 도착하다
05 투숙(탑승) 절차를 밟다 06 친절한, 다정한 07 구역, 블록
08 참석하다, 출석하다 09 똑바로, 곧장 10 안내서, 안내인
11 흥분한, 들뜬 12 합류하다, 함께하다 13 요리사, 주방장
14 활동, 움직임 15 가까운 16 그리워하다, 놓치다 17 게스트
하우스 18 많은 19 그런데 20 마침내, 드디어
B 01 weekend 02 history 03 forget 04 hill 05 rainy
06 hot 07 tribe 08 see a movie 09 popular
10 adventure 11 cousin 12 museum 13 curry
14 temple 15 become 16 famous 17 roll 18 turn
left 19 go camping 20 travel around the world

Pop Quiz p. 10

1 visitor 2 ride 3 (1) bakery (2) palace

Vocabulary Practice p. 11

A (1) weekend (2) curry (3) weather (4) arrive
(5) local
B (1) turn right (2) is interested in (3) see a movie
C ② D ①

A ▶ (1) weekend: 주말
(2) curry: 카레 (요리)
(3) weather: 날씨
(4) arrive: 도착하다
(5) local: 현지의, 지역의

B (1) 곧장 가서 모퉁이에서 오른쪽으로 도세요.
(2) Olivia는 한국 드라마에 관심이 있다.
(3) 오늘 밤에 밖에 나가서 영화 보는 게 어때?
▶ (1) turn right: 오른쪽으로 돌다
(2) be interested in: ~에 흥미가(관심이) 있다
(3) see a movie: 영화를 보다

C ① 뜨거운 : 차가운
② 요리사, 주방장 : 요리사
③ 가까운 : 먼
④ 다른 : 같은
⑤ 잊다, 깜박하다 : 기억하다
▶ 유의어 관계인 ②를 제외한 나머지는 반의어 관계이다.

D 같은 지역에 사는 같은 언어와 관습을 가진 사람들의 집단
▶ 'tribe(부족, 종족)'에 대한 설명이다.
② 방문객 ③ 사촌
④ 여행객 ⑤ 게스트하우스

Expressions

Pop Quiz p. 12

1 are, go 2 get to, Go, turn, on

Expressions Practice p. 13

A (1) What are you going to do
(2) I am going to play soccer
(3) How can I get to the subway station?
B (1) Are, stay (2) how, turn C ③ D ⑤

A ▶ (1) 상대방에게 계획을 물을 때는 What are you going to
do ~?를 쓴다.
(2) 자신의 계획을 말할 때는 I am going to ~.를 쓴다.
(3) 길을 물을 때는 How can I get to ~?를 쓴다.

B (1) A: 너는 서점에 갈 거니?
B: 아니. 나는 집에 있을 거야.
(2) A: 박물관에 어떻게 가는지 말해 줄 수 있나요?
B: 한 블록 직진해서 모퉁이에서 왼쪽으로 도세요.
▶ (1) 계획을 말하는 be going to에서 be동사는 주어의 인칭
과 수에 일치시키며, to 뒤에는 동사원형을 쓴다.
(2) 길을 물을 때 의문사 how를 써서 표현한다. '왼쪽(오른쪽)
으로 돌다'의 의미를 나타낼 때는 turn left(right)로 표현한다.

C A: 실례합니다만, 이 근처에 꽃집이 있나요?
(B) 네, 버스 정류장 근처에 하나 있어요.
(C) 거기에 어떻게 갈 수 있나요?
(A) 두 블록 직진해서 오른쪽으로 도세요.
▶ 근처에 꽃집이 있는지를 묻고 있으므로 그에 대한 대답을 먼
저 하고, 구체적으로 길을 묻고 답하는 대화가 이어지는 것이
자연스럽다.

D A: Emily, 이번 방학에 뭘 할 거니?
B: 나는 캠핑하러 갈 거야. 너는 어때?
A: 나는 하와이를 방문할 거야.
B: 와. 좋겠다.
▶ How about you?는 What are you going to do this
vacation?을 대신하는 말이므로 방학 계획에 대해서 말하는 응
답이 오는 것이 알맞다.
① 나는 수영장에 갔었어.
② 나는 캠핑하러 가고 싶었어.

③ 나는 바다에서 서핑을 하는 것을 좋아해.
④ 나는 지금 피아노를 연습하고 있어.

① going to visit ② plans ③ see a movie ④ play basketball ⑤ Why don't you ⑥ near here ⑦ turn left ⑧ next to ⑨ study Chinese ⑩ need to buy ⑪ Go straight ⑫ close ⑬ go on a picnic ⑭ be on your right ⑮ Excuse me

교과서 Grammar

Pop Quiz ◄ ---------------------------------- pp. 18~19

1 (1) have (2) Are   **2** (1) to buy (2) to speak

🏛 Grammar Practice   pp. 20~21

01 (1) are (2) bake (3) aren't (4) to take (5) to eat
02 (1) to become 또는 becoming (2) fix (3) to see
(4) are (5) to go
03 (1) Emily is not going to attend the meeting. /
Is Emily going to attend the meeting?
(2) They are not going to clean the classroom. /
Are they going to clean the classroom?
04 ③   **05** ③   **06** ⑤   **07** ②, ⑤   **08** ④   **09** ③   **10** ④
11 ④   **12** (1) My family is going to go to Busan
(2) Her hobby is to read fashion magazines. **13** ① **14** ⑤
15 (1) Are you going to go to the library?
(2) I want to travel around the world.

01 (1) 우리 형과 나는 보드게임을 할 것이다.
(2) Judy는 파티를 위해 쿠키를 구울 것이다.
(3) 그들은 이번 주말에 하이킹을 하러 가지 않을 것이다.
(4) 그의 직업은 병든 동물들을 돌보는 것이다.
(5) 우리는 점심으로 피자를 먹고 싶다.
▶ (1)~(3) 미래를 나타내는 be going to에서 be동사는 주어의 인칭과 수에 일치시키며, to 뒤에는 동사원형이 온다. 부정문은 〈be동사+not going to+동사원형〉으로 쓴다.
(4)~(5) to부정사가 문장에서 보어, 목적어 역할을 하는 명사적 용법으로 쓰였다.
W·O·R·D·S take care of ~을 돌보다   for lunch 점심으로

02 (1) 그녀의 꿈은 유명한 여배우가 되는 것이다.
(2) 아빠가 내 자전거를 고치실 것이다.

(3) 우리는 너를 다시 만나고 싶다.
(4) Dave와 Scott은 그 동아리에 가입할 것이다.
(5) 그들은 소풍을 가기로 결정했다.
▶ (1) to부정사나 동명사가 문장에서 보어 역할을 한다.
(2), (4) 미래를 나타내는 be going to에서 be동사는 주어의 인칭과 수에 일치시키며, to 뒤에는 동사원형이 온다.
(3), (5) to부정사가 문장에서 동사의 목적어 역할을 한다.
W·O·R·D·S actress 여배우

03 (1) Emily는 그 모임에 참석할 것이다.
→ Emily는 그 모임에 참석하지 않을 것이다.
→ Emily가 그 모임에 참석할 예정이니?
(2) 그들은 교실을 청소할 것이다.
→ 그들은 교실을 청소하지 않을 것이다.
→ 그들은 교실을 청소할 예정이니?
▶ be going to의 부정문은 〈be동사+not going to+동사원형〉으로 쓰고, 의문문은 〈Be동사+주어+going to+동사원형 ~?〉으로 쓴다.

04 너는 내일 Amy를 만날 거니?
▶ Be동사+주어+going to+동사원형 ~?

05 민호는 영어를 잘 말하고 싶어 한다.
▶ want는 목적어로 to부정사를 취한다.

06 〈보기〉 그의 조언은 매일 운동하라는 것이었다.
① 우리 언니는 춤추는 것을 아주 좋아한다.
② 수영하는 것은 너의 건강에 좋다.
③ 대부분의 학생들은 공부를 할 계획이다.
④ 책을 읽는 것은 성장하는 것을 의미한다.
⑤ 너의 의무는 늦지 않게 너의 일을 끝마치는 것이다.
▶ 〈보기〉와 ⑤의 to부정사는 보어 역할을 한다. ①, ③은 목적어 역할, ②, ④는 주어 역할을 한다.
W·O·R·D·S advice 조언, 충고   health 건강   mean 의미하다   in time 늦지 않게, 시간 맞춰

07 ▶ 미래를 나타낼 때는 〈be going to+동사원형〉이나 〈will+동사원형〉으로 나타낸다.

08 ① 그는 내일 아침에 떠날 것이다.
② 그의 목표는 작가가 되는 것이다.
③ 우리 아빠는 빠르게 운전하는 것을 좋아하신다.
④ 너는 독서 동아리에 가입할 거니?
⑤ 우리는 엄마를 위해 파티를 열 것이다.
▶ ④ be going to의 의문문은 〈Be동사+주어+going to+동사원형 ~?〉으로 쓴다. 따라서 Do를 Are로 고쳐야 한다.
W·O·R·D·S have a party 파티를 열다

09 • 내 소망은 우주 비행사가 되는 것이다.
• Steve는 장래에 영화감독이 되고 싶어 한다.
▶ 첫 번째 문장에는 보어 역할을 하는 to부정사가, 두 번째 문장에는 목적어 역할을 하는 to부정사가 알맞다.
W·O·R·D·S hope 소망, 희망   astronaut 우주 비행사
film director 영화감독

10 A: 너는 이번 주말에 무엇을 할 거니?

B: 난 과학 박람회에 갈 거야.

▶ 이번 주말 계획을 묻고 있으므로 〈be going to+동사원형〉의 형태로 답한다.

W·O·R·D·S fair 박람회

11 ① Ted와 Susan은 연극 동아리에 가입할 것이다.

② 너는 오늘 밤에 영화를 볼 거니?

③ Kevin은 파티에 오지 않을 거야.

④ 우리는 저녁으로 스테이크를 먹을 거야.

⑤ 그들이 내일 우리를 방문할 예정이니?

▶ ① is → are

② go → going

③ doesn't → isn't

⑤ Do → Are

W·O·R·D·S drama 연극, 드라마

12 ▶ (1) 미래를 나타내는 〈be going to+동사원형〉 형태로 쓴다. '~에 가다'는 〈go to+장소〉로 나타낸다.

(2) 보어 역할을 하는 to부정사를 써서 〈주어+be동사+to부정사 ~.〉 형태로 쓴다.

W·O·R·D·S fashion 패션, 스타일   magazine 잡지

13 Scott은 다음 주에 뉴욕으로 떠날 것이다/떠나지 않을 것이다.

▶ 미래를 나타내는 next week가 있으므로 과거형 동사 left는 알맞지 않다.

14 ① 체스를 두는 것은 재미있다.

② 그는 여기에 머물고 싶어 하지 않는다.

③ 그 질문에 답하는 것은 어려웠다.

④ 내 소원은 여기서 많은 친구들을 사귀는 것이다.

⑤ Jason은 그 경기에 참가하지 않을 것이다.

▶ ⑤의 to take는 〈be going to+동사원형〉 구문의 〈to+동사원형〉이고, 나머지는 모두 to부정사의 명사적 용법으로 쓰였다.

W·O·R·D·S make friends 친구를 사귀다   take part in ~에 참가하다

15 ▶ (1) 미래의 계획을 나타내는 〈be going to+동사원형〉의 형태로 표현한다.

(2) want의 목적어로 to부정사를 쓴다.

Reading

Do It Yourself
pp. 22~23

01 adventure   02 cook(chef)   03 cousin   04 guesthouse
05 지역의, 현지의   06 투숙 절차를 밟다   07 참여하다   08 마침내, 드디어   09 forget   10 tribe   11 ride   12 activity   13 신나는
14 친절한   15 진정, 정말로   16 여행

Reading Practice
pp. 24~25

A 01 to become   02 to visit, learn   03 excited   04 in
05 went   06 many   07 cooking   08 learned   09 and
10 become, myself   11 After   12 exciting, lots of
13 hiking   14 In   15 was   16 to cook, friendly, lucky
17 forget 18 my

B 01 myself   02 to become   03 to cook   04 am going to
visit   05 In the evening   06 am very excited about
07 are going to become   08 My favorite street food
09 will never forget   10 an exciting city, lots of fun
activities

A

02 ▶ be going to 뒤에 visit과 learn이 and로 연결된 형태이다.

06 ▶ 셀 수 있는 명사의 복수형 앞에는 many가 알맞다.

10 ▶ be going to 뒤에는 동사원형이 온다. / 주어와 같은 대상을 나타내는 목적어이므로 재귀대명사 myself가 알맞다.

13 ▶ go -ing의 형태로 써서 '~하러 가다'의 의미를 나타낸다.

B

03 ▶ ~하고 싶다: want+to부정사

05 ▶ 저녁에: in the evening

06 ▶ '~에 들떠 있다'는 be excited about으로 쓴다.

영역별 Review
pp. 26~33

01 ①   02 ④   03 ⑤   04 ⑤   05 ①   06 checked in   07 ②
08 local   09 ②   10 How can I get to   11 turn right
12 What are you going to do there?   13 ④   14 ⑤   15 ①
16 (C) - (B) - (A)   17 ④   18 ③   19 ⑤   20 How
21 (1) Ann is going to study Korean.   (2) The bakery is next to the bookstore.   22 ④   23 ⑤   24 ②   25 ④
26 ⑤   27 ③   28 ④   29 We're not going to go camping this Saturday.   30 ②   31 ③, ⑤   32 ②   33 ①   34 We need to study hard.   35 Brad is going to have dinner with my family.   36 ③   37 ④   38 ③   39 ④   40 당신은 현지 음식을 먹고 여러 고산족들을 방문할 수 있어요.   41 ⓐ to become ⓑ to visit   42 ③   43 interested   44 ①   45 (d) - (a) - (b) - (c)
46 요리사가 글쓴이가 만든 요리를 칭찬했기 때문에   47 ④   48 ②
49 It rains a lot.   50 I am going to visit Sokcho Beach
51 It is going to be a lot of fun.   52 ③   53 ③   54 ③
55 ④

01 같은 : 다른 = 먼 : 가까운

▶ 반의어 관계이므로 빈칸에는 '먼'의 반대말인 '가까운(close)'이 들어가는 것이 알맞다.

② 인기 있는 ③ 유명한 ④ 신나는 ⑤ 곧장, 똑바로

02 ① 은행 ② 도서관 ③ 극장 ④ 건물 ⑤ 병원
▶ '은행, 도서관, 극장, 병원'을 대표하는 단어는 '건물'이다.

03 ① 더운 ② 시원한 ③ 비가 많이 오는 ④ 화창한 ⑤ 날씨
▶ '더운, 시원한, 비가 많이 오는, 화창한'을 대표하는 단어는 '날씨'이다.

04 올해 여름, 우리 가족과 나는 세계 일주를 할 예정이다.
▶ travel around the world: 세계 일주를 하다

05 우리 숙모는 식당의 요리사이시다.
▶ chef는 '요리사'의 의미로 유의어는 ① 'cook(요리사)'이다.
② 부족, 종족 ③ 방문객 ④ 사촌 ⑤ 여행객

06 '투숙(탑승) 절차를 밟다, 체크인하다'의 의미는 check in으로 나타낼 수 있다. 과거시제 문장이므로 checked in이 알맞다.

07 ▶ ② cousin은 '삼촌 또는 숙모의 자식(the child of one's uncle or aunt)', 즉 '사촌'이란 뜻의 단어이다. '형제자매의 아들'은 '조카(nephew)'이다.
① 구역, 블록: 도로에 둘러싸인 땅의 구역
③ 여행: 특히 즐거움을 위해, 한 장소에서 다른 곳으로의 방문
④ 가이드: 관광객들에게 장소를 둘러보도록 안내해 주는 사람
⑤ 사찰, 절: 신을 숭배하는 데 사용되는 건물
W·O·R·D·S area 지역 surrounded by ~에 둘러싸인 pleasure 즐거움 tourist 관광객 worship 숭배, 존경

08 태국에서 너는 현지 식당에서 팟타이와 쏨탐과 같은 현지 음식을 먹을 수 있다.
▶ 현지의, 지역의: local

09 너는 오늘 밤에 / 방과 후에 / 다음 주말에 / 이번 여름에 무엇을 할 거니?
▶ be going to는 미래의 일을 나타내므로 과거를 나타내는 말인 ② 'yesterday(어제)'는 들어갈 수 없다.

10 A: 스타 극장에 어떻게 갈 수 있나요?
B: 두 블록 직진하세요. 병원 옆에 있어요.
▶ 길을 물을 때는 How can I get to ~?로 표현한다.

11 A: 실례합니다만, LK몰이 어디에 있나요?
B: 끝까지 계속 간 다음 오른쪽으로 도세요.
▶ 오른쪽으로 도세요, 우회전하세요: turn right

12 A: 나는 이번 여름에 부산을 방문할 거야.
B: 너는 거기에서 무엇을 할 예정이니?
A: 나는 바다에서 수영을 할 거야.
B: 재미있겠다.
▶ 상대의 계획을 물을 때는 What are you going to do ~?로 '너는 무엇을 할 예정이니?'의 의미를 나타낼 수 있다. '거기에서'는 there로 나타낸다.

13 ① 영화관이 어디에 있나요?
② 영화관에 어떻게 갈 수 있나요?
③ 저는 영화관을 찾고 있어요.
④ 너는 얼마나 자주 영화관에 가니?
⑤ 영화관에 어떻게 가는지 말해 줄 수 있나요?
▶ ④는 영화관의 방문 횟수를 묻는 말이고, 나머지는 모두 영화관에 가는 길을 묻는 말이다.

14 A: 너는 내일 놀이공원에 갈 거니?
B: 아니, 매우 피곤해. 집에 있으면서 쉴 거야.
▶ 내일 놀이공원에 가는지 묻는 질문에 아니라고 답했으므로 놀이공원을 대신하는 다른 계획으로 답하는 것이 알맞다.
① 나는 언젠가 거기에 방문하고 싶어.
② 나는 롤러코스터를 탈 거야.
③ 내 친구들과 함께 거기에 방문할 거야.
④ 우리는 오전 10시에 만날 거야.
W·O·R·D·S amusement park 놀이공원 someday 언젠가, 훗날 relax 긴장을 풀다, 쉬다

15 ① A: 너는 이번 주말에 무엇을 할 거니?
B: 난 지금 야구 경기를 보고 있어.
② A: 근처에 미술관이 있나요?
B: 네, 도서관 근처에 하나 있어요.
③ A: 오늘 밤에 무슨 계획이라도 있니?
B: 특별한 건 없어.
④ A: 우리는 하와이를 방문할 거야.
B: 왜! 좋겠다!
⑤ A: 실례합니다. 버스 정류장이 어디에 있나요?
B: 공원 건너편에 있어요.
▶ ① 미래의 계획을 묻는 질문에 현재 하고 있는 일로 답하는 것은 어색하다.
W·O·R·D·S gallery 미술관, 화랑 nearby 가까이에, 근처에 across from ~의 건너편에, 맞은편에

16 A: 나는 다음 달에 안동에 갈 거야.
(C) 오, 정말? 거기에서 무엇을 할 거니?
(B) 탈춤 축제에 갈 계획이야.
(A) 와! 재미있겠다.
▶ 다음 달 계획을 말하는 A에게 구체적인 할 일을 묻고 답한 후, 그에 대한 소감을 말하는 대화의 흐름이 자연스럽다.

17 나는 우리 언니와 쇼핑하러 갈 거야.
▶ 계획을 말할 때는 〈be going to+동사원형〉을 쓰는데, 〈be planning to+동사원형〉으로도 쓸 수 있다.

18 A: 실례합니다만, 이 근처에 은행이 있나요?
B: 네. _____
A: 고맙습니다.
▶ 은행을 찾고 있는 A에게 길을 안내해 주는 응답이 알맞으므로 길을 묻고 있는 ③ '저는 병원을 찾고 있어요.'는 알맞지 않다.
① 모퉁이에서 왼쪽으로 도세요.
② 두 블록을 직진하세요.
④ 백화점 건너편에 있어요.
⑤ 이 길 끝까지 가세요.
W·O·R·D·S department store 백화점

[19~20]
A: 실례합니다. 이 근처에 극장이 있나요?
B: 네, 있어요.
A: 거기에 어떻게 갈 수 있나요?
B: 두 블록을 직진한 다음 오른쪽으로 도세요. 왼편에 있을 거예요.
A: 고맙습니다.
B: 천만에요.

19 ▶ 두 블록 직진한 다음 우회전하면 왼편에 있다고 했으므로 '극장'이 알맞다.
① 공원 ② 은행 ③ 병원 ④ 도서관

20 ▶ 길을 묻는 표현으로 '어떻게' 가고자 하는 장소에 갈 수 있는지 묻고 있으므로 의문사 How가 알맞다.

21 ▶ (1) '~할 것이다, ~할 계획이다'는 ⟨be going to+동사원형⟩으로 쓴다.
(2) '~ 옆에 있다'는 ⟨be동사+next to+장소⟩로 쓸 수 있다.

22 나는 장래에 조종사가 되고 싶어.
▶ want의 목적어 역할을 하는 to부정사가 알맞다.
W·O·R·D·S pilot 조종사, 파일럿

23 ① 너희 아빠는 오늘 밤에 돌아오시니?
② 나는 내일 Mark를 만날 것이다.
③ 너는 그 수업에 참석할 거니?
④ Bob은 그 회사에 입사하지 않을 것이다.
⑤ 아이들은 숨바꼭질을 할 것이다.
▶ ⑤ 미래를 나타내는 be going to에서 be동사는 주어의 인칭과 수에 일치시킨다. 주어가 복수(The children)이므로 is를 are로 고쳐야 한다.
W·O·R·D·S company 회사   hide-and-seek 숨바꼭질, 술래잡기

24 A: 방과 후에 너와 Steve는 무엇을 할 거니?
B: 우리는 배드민턴을 칠 거야.
A: James는?
B: 그도 우리와 같이할 거야.
▶ ② 방과 후 계획을 묻고 있으므로 be going to의 의문문으로 표현한다. 의문사가 있을 경우에는 ⟨의문사+be동사+주어+going to+동사원형 ~?⟩으로 쓴다. 따라서 doing을 to do로 고쳐야 한다.

25 • 수호는 대학에서 역사를 공부하기로 결정했다.
• 의사가 되는 것은 매우 어렵다.
▶ 첫 번째 문장의 decide는 목적어로 to부정사를 취하는 동사이고, 두 번째 문장에는 문장의 주어 역할을 할 수 있는 to부정사가 알맞다.
W·O·R·D·S at college 대학에서

26 ① Kevin은 우리를 방문할 것이다.
② 오늘 밤에 비가 오지 않을 것이다.
③ 그녀는 10살이 될 것이다.
④ 엄마는 우리를 위해 케이크를 만드실 것이다.
⑤ 우리 누나와 형이 나를 도와줄 것이다.

▶ ⑤ 주어가 복수(My sister and brother)이므로 are가 들어가고, 나머지는 모두 3인칭 단수 주어이므로 is가 들어간다.

27 ⟨보기⟩ 그녀는 자신의 여동생에 대해 말하는 것을 싫어한다.
① 내 소망은 유럽으로 여행 가는 것이다.
② 다른 사람들을 돕는 것은 쉽지 않다.
③ 그 아기는 큰 소리로 울기 시작했다.
④ 시간을 아끼는 것은 중요하다.
⑤ 그녀의 직업은 꽃을 파는 것이다.
▶ ⟨보기⟩의 밑줄 친 부분과 ③은 목적어 역할을 하는 to부정사로 쓰였다. ①, ⑤는 보어, ②, ④는 주어 역할을 하는 to부정사로 쓰였다.
W·O·R·D·S loudly 큰 소리로   save 절약하다

28 ▶ 주어 역할과 보어 역할을 하는 to부정사를 각각 포함하는 것이 알맞다.
W·O·R·D·S love 사랑하다   trust 믿다, 신뢰하다   each other 서로

29 우리는 이번 토요일에 캠핑하러 갈 것이다.
→ 우리는 이번 토요일에 캠핑하러 가지 않을 것이다.
▶ ⟨be going to+동사원형⟩의 부정은 be동사 뒤에 not을 써서 나타낸다.

30 Judy는 수학여행을 가지 않을 것이다.
▶ be동사+not going to+동사원형
W·O·R·D·S field trip 견학 여행, 현장학습

31 Daniel과 나는 / 우리 부모님은 졸업식에 참석할 것이다.
▶ be going to의 be동사가 복수동사 are이므로 복수형인 주어가 알맞다.
① Jane ② 교장 ④ Pitt 씨
W·O·R·D·S graduation 졸업   ceremony 의식, 의례

32 Eric은 새 휴대전화를 살 거니?
▶ ⟨be going to+동사원형⟩의 의문문은 be동사를 주어 앞에 써서 나타낸다.
W·O·R·D·S cell phone 휴대전화

33 ① 너는 그 스카프를 살 거니?
② 컴퓨터 게임을 하는 것은 재미있다.
③ Jake의 취미는 사진을 찍는 것이다.
④ 그는 박물관을 방문하고 싶어 하니?
⑤ 너는 점심으로 무엇을 먹고 싶니?
▶ ①의 to buy는 ⟨be going to+동사원형⟩ 구문의 ⟨to+동사원형⟩이고, 나머지는 모두 to부정사의 명사적 용법으로 쓰였다.

34 ▶ need의 목적어로 to부정사를 써서 표현한다.

35 ▶ ⟨be going to+동사원형⟩을 써서 미래의 계획을 표현한다. '저녁을 먹다'는 have dinner로 쓴다.

36 (a) 그녀는 체중을 감량하기로 결심했다.
(b) 내 목표는 영어를 향상시키는 것이다.
(c) Jake는 케이팝을 듣는 것을 좋아한다.
(d) 밤에 너무 많이 먹는 것은 건강에 좋지 않다.
▶ (a) decide는 to부정사를 목적어로 취하므로 losing을 to lose로 고쳐야 한다.

(d) 주어 역할을 할 수 있는 to부정사나 동명사 형태가 알맞으므로 Eat을 To eat 또는 Eating으로 써야 한다.

W·O·R·D·S lose one's weight 체중을 줄이다, 살을 빼다   improve 향상시키다   too much 너무 많이   be bad for ~에 좋지 않다, 나쁘다

37 이번 가을의 내 계획은 프랑스어를 배우는 것이다. 나는 언젠가 파리를 방문하고 싶다.
▶ 첫 번째 빈칸에는 보어 역할을 하는 to부정사가, 두 번째 빈칸에는 hope의 목적어 역할을 하는 to부정사가 알맞다.

[38~40]
태국의 신나는 도시를 방문하고 싶으신가요? (B) 그렇다면 치앙마이로 오세요. (C) 이곳에는 세 가지 계절이 있어요. (A) 서늘한 계절, 더운 계절, 그리고 비가 오는 계절이에요. (D) 당신은 현지 음식을 먹고 여러 고산족들을 방문할 수 있어요.

W·O·R·D·S Thailand 태국   cool 시원한, 서늘한   season 계절

38 ▶ (C)의 It은 (B)의 Chiang Mai를 가리키므로 (B)가 (C) 앞에 오고, (A)의 They는 (C)의 three seasons를 가리키므로 (C) 뒤에 온다.

39 ① 나는 스페인으로 여행을 가고 싶다.
② 그의 직업은 반려견을 훈련시키는 것이다.
③ 갑자기, 비가 내리기 시작했다.
④ 너는 Amy를 파티에 초대할 거니?
⑤ 물 없이 산다는 것은 불가능하다.
▶ 밑줄 친 ⓐ는 목적어 역할을 하는 to부정사의 명사적 용법으로 쓰였다. 나머지는 모두 to부정사의 명사적 용법으로 쓰였지만 ④는 〈be going to+동사원형〉 구문에서의 〈to+동사원형〉이다.

W·O·R·D·S take a trip 여행을 가다   impossible 불가능한

40 ▶ '~할 수 있다'란 뜻의 조동사 can이 동사 eat과 visit에 연결되어 있다.

[41~42]
나의 꿈은 요리사가 되는 것이다. 내일, 나는 사촌과 함께 태국을 방문해서 태국의 음식에 대해서 배울 것이다. 나는 이번 여행에 매우 들떠 있다.

41 ▶ ⓐ 주어 My dream을 부연 설명하는 주격보어로 쓰였으므로 명사적 용법의 to부정사가 알맞다.
ⓑ 〈be going to+동사원형〉 구문이므로 to visit이 알맞다.

42 ▶ 첫 번째 문장에 자신의 꿈이 요리사가 되는 것이라고 언급하고 있다.

43 우리 모둠은 예술에 관심이 있어서, 프랑스의 파리를 방문하고 싶어요. 우리는 미술관들을 방문하고 몽마르트르에서 거리 예술가들을 구경할 거예요.
▶ be interested in: ~에 관심이〔흥미가〕 있다

[44~46]
드디어, 우리는 방콕에 도착했다. 우리는 먼저 카오산 로드에 있는 게스트하우스에서 투숙 절차를 밟고 대궁전(Grand Palace)에 갔다. 그 궁전은 많은 화려한 건물들이 있는 매우 아름다운 곳이었다.

다음날, 나는 여행자들을 위한 태국 요리 교실에 참여했다. 먼저, 우리는 현지 시장에 가서 태국의 과일과 채소에 대해 배웠다. 나는 수업에서 쏨탐, 스프링 롤, 그리고 그린 카레를 만들었다. 요리사는 나에게 말했다. "잘했어요! 당신은 훌륭한 요리사가 될 거예요!" 나는 내 자신이 매우 자랑스러웠다.

44 ▶ arrive in: ~에 도착하다
check in: 투숙 절차를 밟다, 체크인하다

45 ▶ 방콕에 도착해서 가장 먼저 한 일은 (d) '게스트하우스 체크인'이고, 이어서 (a) '대궁전 관람'을 했다. 그리고 다음날 (b) '현지 시장 방문' 후에 요리 수업에서 (c) '쏨탐, 스프링 롤, 그린 카레 만들기'를 했다.

46 ▶ 글쓴이가 자신을 매우 자랑스럽게 생각한 이유는 요리사가 글쓴이가 만든 태국 음식을 잘 만들었다고 말한 데서 비롯되었다.

[47~49]
태국의 신나는 도시를 방문하고 싶으신가요? 그렇다면 파타야로 오세요. 이곳은 날씨가 대개 더워요. 7월과 10월 사이에 비가 많이 내려요. 오셔서 해변에서 즐거운 시간을 보내세요.

W·O·R·D·S October 10월

47 ▶ want는 목적어로 to부정사를 취한다.

48 ▶ ② 다양한 부족이 산다는 언급은 없다.

49 Q: 파타야의 8월 날씨는 어떤가요?
▶ 7월에서 10월 사이에 비가 많이 온다고 했으므로 8월에도 비가 많이 올 것이다.

[50~52]
민하에게,
안녕, 나는 속초에 있어. 오늘 나는 설악산을 방문했어. 나는 등산을 즐겼지. 내일 나는 속초 해변을 방문할 거야. 아주 재미있을 거야. 네가 보고 싶어!
민호가

50 ▶ 〈be going to+동사원형〉의 형태로 배열한다.

51 ▶ 미래의 일을 나타낼 때는 〈will+동사원형〉 또는 〈be going to+동사원형〉으로 쓴다.

52 ① 누가 이 편지를 썼는가?
② 누가 이 편지를 받을 것인가?
③ 민하는 오늘 무엇을 했는가?
④ 민호는 지금 어디에 있는가?
⑤ 내일 민호는 무엇을 할 것인가?
▶ ③ 민하가 오늘 한 일에 대한 언급은 없다.

[53~55]
치앙마이는 많은 재미있는 활동들을 할 수 있는 신나는 도시이다. 낮 동안에 우리는 등산하러 갔고 고산족들을 방문했다. 저녁에 우리는 다양한 길거리 음식을 맛보았다. 내가 가장 좋아한 길거리 음식은 팟타이였다. 나는 그것을 요리하고 싶었는데, 한 친절한 길거리 음식 요리사가 나에게 가르쳐 주었다. 나는 정말 운이 좋았다!
나는 태국에서의 시간을 결코 잊지 못할 것이다. 그것은 진정 나의 꿈의 여행이었다.

53 ▶ 자신이 가장 좋아하는 길거리 음식인 팟타이를 만들어 보고 싶었는데 친절한 길거리 음식 요리사가 가르쳐 줬으므로 ③ '운이 좋은'이란 뜻의 lucky가 들어가는 것이 알맞다.
① 슬픈 ② 피곤한 ④ 배고픈 ⑤ 지루한

54 ▶ want의 목적어로 to부정사가 와야 하므로 ⓒ는 to cook이 되어야 알맞다.

55 ▶ 요리 교실에서 배운 것이 아니라 길거리 음식을 만드는 요리사가 가르쳐 준 것이므로 ④는 글의 내용과 일치하지 않는다.

단원Test

pp. 34~38

01 ① 02 ③ 03 ④ 04 is going to visit 05 (C)-(A)-(D)-(B)-(E) 06 ⑤ 07 ① 08 ④ 09 ③ 10 ③ → to visit 11 ⑤ 12 We're interested in history 13 ③ 14 ④ 15 ⑤ 16 ② 17 ② 18 ③ 19 ③ 20 You are going to become a great cook! 21 ④ 22 ⑤ 23 ④ 24 ③ 25 파리, 에펠탑

01 A: Ann, 너희 아버지는 무슨 일을 하시니?
B: 이탈리아 식당의 요리사이셔.
▶ chef: 요리사, 주방장
W·O·R·D·S Italian 이탈리아의

02 ▶ '좌회전' 표지판이므로 ③ 'TURN LEFT'가 알맞다.
① 직진 ② 주차 금지 ④ 진입 금지 ⑤ 일방통행
W·O·R·D·S parking 주차 enter 들어가다. 진입하다 one-way 일방통행의

[03~04]
A: 미나야, 너는 이번 주말에 뭘 할 거니?
B: 나는 해운대를 방문할 거야.
A: 신나겠는데!
B: Mike, 너는 무슨 계획이 있니?
A: 나는 친구들과 영화를 볼 거야.

03 ▶ 빈칸 뒤에 자신의 계획을 말하는 응답이 나오므로 빈칸에는 계획을 묻는 말이 들어가는 것이 알맞다.
① 너는 바다를 좋아하니
② 너는 무엇을 먹고 싶니
③ 해변이 어디에 있니
⑤ 이 근처에 영화관이 있니

04 미나는 이번 주말에 해운대를 방문할 것이다.
▶ 주어가 3인칭 단수인 Mina이므로 be동사는 is가 알맞다.

05 (C) 안녕, Ryan. 너는 오늘 오후에 뭘 할 거니?
(A) 나는 친구들과 농구를 할 거야.
(D) 와! 재미있겠다!
(B) 너도 우리와 같이하는 게 어때?
(E) 좋지. 그러고 싶어.

▶ 친구에게 인사를 하며 오늘 오후 계획을 묻는 (C)가 가장 먼저 오고, 계획을 말하는 응답인 (A)가 온 다음, 계획에 대한 반응인 (D), 같이하자는 제안인 (B), 제안에 대해 수락하는 (E)가 이어지는 것이 자연스럽다.

[06~07]
A: 실례합니다. _____
B: 미술관이요?
A: 네, 저는 미술관에서 피카소의 그림을 볼 거예요.
B: 아, 그곳은 무척 가까워요. 한 블록을 직진한 다음 왼쪽으로 도세요. 오른편에 있을 거예요.
A: 알겠습니다. 정말 고맙습니다.

06 ▶ 대화의 흐름상 길을 묻는 말이 들어가는 것이 알맞다. ⑤ '당신은 미술관에서 무엇을 할 건가요?'는 상대방의 계획을 묻는 말이다.
① 미술관이 어디에 있나요?
② 이 근처에 미술관이 있나요?
③ 저는 미술관을 찾고 있어요.
④ 미술관에 어떻게 갈 수 있나요?

07 ▶ 한 블록 직진한 다음 왼쪽으로 돌면 오른편에 있다고 했으므로 ①이 미술관의 위치로 알맞다.

08 • 나는 곧 그를 보길 바란다.
• 너는 내일 Amy를 만날 거니?
▶ 첫 번째 문장은 hope의 목적어로 to부정사가 들어가는 것이 알맞고, 두 번째 문장은 be going to의 의문문이므로 빈칸에는 going이 알맞다.

09 ① 보는 것이 믿는 것이다.
② 그는 피자를 먹을 것이다.
③ Dorothy는 중국어를 배울 계획이다.
④ 탄산음료를 많이 마시는 것은 치아에 좋지 않다.
⑤ 너는 내일 뭘 할 거니?
▶ ① believe → to believe
② eating → eat
④ Drink → To drink(Drinking)
⑤ do → are
W·O·R·D·S soda 소다수, 탄산수 teeth 이, 치아(tooth)의 복수형

[10~11]
Amy에게,
안녕, 나는 부산에 있어. 오늘 나는 송도 해변을 방문했어. 나는 수영을 신나게 했지. 내일 나는 BIFF 거리에 갈 예정이야. 나는 다양한 길거리 음식을 맛보고 싶어. 그건 아주 재미있을 거야. 네가 보고 싶어!
지수가

10 ▶ ③ 미래의 계획을 말하는 것이므로 〈be going to+동사원형〉으로 쓴다.

11 ▶ ⑤ 길거리 음식을 맛보겠다는 언급은 있지만 지수가 좋아하는 음식에 대한 언급은 없다.

12 우리는 역사에 관심이 있어서 중국의 만리장성에 방문하고 싶어요. 만리장성을 따라 걸으며 그것의 역사에 대해 배울 예정이에요.
  ▶ ~에 관심이(흥미가) 있다: be interested in
  W·O·R·D·S Great Wall of China (중국의) 만리장성

[13~15]
태국의 신나는 도시를 방문하고 싶으신가요? 그렇다면 치앙마이로 오세요. 이곳에는 세 가지 계절이 있어요. 서늘한 계절, 더운 계절, 그리고 비가 오는 계절이에요. 당신은 현지 음식을 먹고 여러 고산족들을 방문할 수 있어요.

13 ▶ 세 개의 계절에 대한 구체적인 설명을 하고 있는 문장 앞인 ③에 오는 것이 알맞다. 또한 주어진 문장의 It은 ③ 앞의 Chiang Mai를 가리킨다.

14 ① 그는 우리에게 올 것이다.
  ② 우리는 오늘 밤에 영화를 보러 갈 것이다.
  ③ 나는 어젯밤에 일찍 잠자리에 들었다.
  ④ 우리 형은 온라인 게임을 하는 것을 좋아한다.
  ⑤ 그녀는 자신의 조부모님 댁을 방문할 것이다.
  ▶ 밑줄 친 to visit은 목적어 역할을 하는 to부정사의 명사적 용법이다. ①, ③은 대상, 장소 앞에 쓰인 전치사 to이고, ②는 '~하러 가다'의 의미를 나타내고, ⑤는 〈be going to+동사원형〉으로 미래의 일을 나타낸다.
  W·O·R·D·S grandparents 조부모

15 ▶ ⑤ 치앙마이는 태국의 도시이며 서늘하고, 덥고, 비가 오는 3개의 계절이 있고, 눈이 오는 겨울은 없다. 또한 해산물 요리가 유명하다는 언급은 없다.

16 ① Michael은 농구를 하는 것을 아주 좋아한다.
  ② 그들은 지난달에 뉴욕에 갔다.
  ③ 다른 사람들의 말을 주의 깊게 듣는 것은 중요하다.
  ④ 내 소망은 내 방을 갖는 것이다.
  ⑤ 어린 여자아이가 갑자기 울기 시작했다.
  ▶ ②의 to는 장소를 나타내는 말 앞에 쓰인 전치사 to로 '~로, ~에'의 의미를 나타내지만, 나머지는 모두 명사적 용법으로 쓰인 to부정사의 to다.
  W·O·R·D·S carefully 주의 깊게, 신중하게   own 자기 자신의 suddenly 갑자기

17 ▶ 미래의 일을 나타내는 be going to에서 be동사는 주어의 인칭과 수에 일치시키므로 are가 알맞고, to 뒤에는 동사원형을 쓴다.

18 (a) 내일은 날씨가 맑을 것이다.
  (b) 나는 영어를 마스터하고 싶다.
  (c) 너는 그 동아리에 가입할 거니?
  (d) Tiffany는 저녁 식사 후에 설거지하는 것을 끝냈다.
  (e) Andy와 Dave는 PC방에 갈 것이다.
  ▶ (b) want는 to부정사를 목적어로 취하는 동사이므로 mastering을 to master로 고쳐야 한다.
  (e) 주어가 복수(Andy and Dave)이므로 is를 are로 써야 한다.
  W·O·R·D·S master 통달하다, 마스터하다   wash the dishes 설거지하다

[19~21]
(B) 나의 꿈은 요리사가 되는 것이다. 내일, 나는 사촌과 함께 태국을 방문해서 태국의 음식에 대해서 배울 것이다. 나는 이번 여행에 매우 들떠 있다.
(A) 드디어, 우리는 방콕에 도착했다. 우리는 먼저 카오산 로드에 있는 게스트하우스에서 투숙 절차를 밟고 대궁전(Grand Palace)에 갔다. 그 궁전은 많은 화려한 건물들이 있는 매우 아름다운 곳이었다.
(C) 다음날, 나는 여행자들을 위한 태국 요리 교실에 참여했다. 먼저, 우리는 현지 시장에 가서 태국의 과일과 채소에 대해 배웠다. 나는 수업에서 쏨 탐, 스프링 롤, 그리고 그린 카레를 만들었다. 요리사는 나에게 말했다. "잘했어요! 당신은 훌륭한 요리사가 될 거예요!" 나는 내 자신이 매우 자랑스러웠다.

19 ▶ 시간의 순서대로 배열할 수 있다. 즉, 아직 태국 여행을 가기 전인 (B), 방콕에 도착한 날인 (A), 방콕에 도착한 다음날인 (C)의 순서가 글의 흐름상 자연스럽다.

20 ▶ 미래의 일은 〈be going to+동사원형〉으로 나타낸다. '요리사가 되다'는 become a cook으로 쓸 수 있다.

21 ▶ ④ 여행자들을 위한 요리 교실에 참여했다고 했지만, 요리 경연 대회에 참가했다는 언급은 없다.

22 태국의 신나는 도시를 방문하고 싶으신가요? 그렇다면 파타야로 오세요. 이곳은 날씨가 대개 더워요. 7월과 10월 사이에 비가 많이 내려요. 오셔서 해변에서 즐거운 시간을 보내세요.
  ▶ 태국의 파타야를 소개하는 ⑤ '여행 안내서'이다.
  ① 편지 ② 일기 ③ 서평 ④ 기행문
  W·O·R·D·S essay 작문, 수필

[23~24]
방콕에서부터 오랜 시간 버스를 탄 후에, 우리는 치앙마이에 도착했다. 치앙마이는 많은 재미있는 활동들을 할 수 있는 신나는 도시이다. 낮 동안에 우리는 등산하러 갔고 고산족들을 방문했다. 저녁에 우리는 다양한 길거리 음식을 맛보았다. 내가 가장 좋아한 길거리 음식은 팟타이였다. 나는 그것을 요리하고 싶었는데, 한 친절한 길거리 음식 요리사가 나에게 가르쳐 주었다. 나는 정말 운이 좋았다!
나는 태국에서의 시간을 결코 잊지 못할 것이다. 그것은 진정 나의 꿈의 여행이었다.

23 ▶ ④ chef는 '요리사, 주방장'의 의미인데, 주어진 영영풀이는 '호텔 또는 식당의 고객'이란 뜻으로 '손님(guest)'에 대한 설명이다.
  ① 도착하다: 어떤 장소에 도달하다
  ② 신나는: 기쁜 감정을 유발하는
  ③ 다른, 다양한: 다양한, 몇몇의
  ⑤ 여행: 목적이 있는 여정
  W·O·R·D·S reach 도달하다, 도착하다   delight 기쁨, 즐거움

24 ▶ 저녁에 길거리 음식을 맛보았으므로 ③ '오전에, '우리'는 다양한 종류의 길거리 음식을 맛보았다.'는 글의 내용과 일치하지 않는다.
  ① '우리'는 버스로 치앙마이에 갔다.
  ② 치앙마이에서 고산족들을 볼 수 있다.

④ '나'는 팟타이를 무척 좋아했다.
⑤ '나'는 팟타이를 만드는 법을 배웠다.

25 나는 지금 파리에 있다. 오늘 나는 에펠탑을 방문했다. 나는 멋진 파리 경치를 보았다. 정말 아름다웠다! 내일 나는 오르세 미술관을 방문할 예정이다. 나는 거기서 아름다운 그림들을 많이 보고 싶다. 아주 재미있을 것이다.
 ▶ 글쓴이는 지금 '파리(Paris)'에 있고, 오늘은 '에펠탑(Eiffel Tower)'을 방문했고, 내일은 '오르세 미술관(Orsay Museum)'을 방문할 예정이다.
 W·O·R·D·S view 경치, 광경

 **서술형 평가**

Basic
p. 39
A (1) to grow (2) are (3) to be (4) to tell (5) To eat
B (1) in front of
 (2) across from
 (3) next to
C (1) Is the boy band going to be popular next year?
 (2) I am not going to apologize to Donna.

A (1) 할머니의 취미는 꽃을 기르는 것이다.
 (2) 지호와 나는 방과 후에 배드민턴을 칠 것이다.
 (3) 나는 콘서트에 늦고 싶지 않다.
 (4) 너는 언제 그 소식을 나에게 알려 줄 거니?
 (5) 소금을 너무 많이 먹는 것은 건강에 좋지 않다.
 ▶ (1) 보어 역할을 하는 명사적 용법의 to부정사가 알맞다.
 (2) 주어가 복수이므로 are가 알맞다.
 (3) want의 목적어로 to부정사가 알맞다.
 (4) 〈be going to+동사원형〉 구문이다.
 (5) 주어 역할을 하는 명사적 용법의 to부정사가 알맞다.
 W·O·R·D·S news 소식, 뉴스   salt 소금

B (1) 버스 정류장은 빵집 앞에 있다.
 (2) 병원은 극장 건너편에 있다.
 (3) 도서관은 병원 옆에 있다.
 ▶ (1) in front of: ~ 앞에
 (2) across from: ~의 건너편에, 맞은편에
 (3) next to: ~ 옆에

C (1) 그 보이 밴드는 내년에 인기를 끌 것이다.
  → 그 보이 밴드는 내년에 인기를 끌까?
 (2) 나는 Donna에게 사과할 것이다.
  → 나는 Donna에게 사과하지 않을 것이다.
 ▶ (1) be going to의 의문문: Be동사+주어+going to+동사원형 ~?
 (2) be going to의 부정문: be동사+not going to+동사원형
 W·O·R·D·S apologize 사과하다

Intermediate
p. 40
A (1) chef(cook)
 (2) basketball, be a basketball player
 (3) play the violin, is to be
B two blocks, turn left, right
C [예시답] I am going to visit Hong Kong and see the night view.

A (1) Kate는 요리하는 것을 아주 좋아한다. 그녀의 꿈은 요리사가 되는 것이다.
 (2) 민호는 농구를 하는 것을 아주 좋아한다. 그의 꿈은 농구 선수가 되는 것이다.
 (3) Edward는 바이올린을 연주하는 것을 아주 좋아한다. 그의 꿈은 바이올리니스트가 되는 것이다.
 ▶ 동사 love의 목적어 역할을 하는 to부정사와 be동사 뒤에서 보어 역할을 하는 to부정사를 써서 문장을 완성한다.
 W·O·R·D·S violinist 바이올리니스트, 바이올린 연주자

B A: 실례합니다만, 자전거 가게에 어떻게 갈 수 있나요?
 B: 두 블록 직진한 다음 왼쪽으로 도세요. 오른편에 있을 거예요.
 ▶ 자전거 가게는 두 블록 직진한 후 좌회전하면 오른편에 있다.

C ▶ 미래의 계획을 나타내는 〈be going to+동사원형〉 구문을 이용하여 방문하는 여행지와 할 일을 and로 연결해 한 문장으로 완성한다. '(어떤 장소를) 방문하다, (어떤 장소에) 가다'는 visit이나 go to로 쓸 수 있다.

Advanced
p. 41
A [예시답] to become a movie director, to make interesting movies
B Go straight two blocks, and then turn right. It'll be on your left.
C (1) is in Busan
 (2) She visited Songdo Beach.
 (3) She is going to visit BIFF Street.

A ▶ My dream is 뒤에는 My dream을 부연 설명하는 보어 역할의 to부정사나 동명사를 써서 장래 희망을 표현한다. '~이 되다'는 동사 become이나 be동사로 쓸 수 있다. 자신이 원하는 것이나 바람을 표현할 때 쓰는 I want 뒤에는 목적어 역할을 하는 to부정사를 쓴다.

B A: 실례합니다만, 극장에 어떻게 갈 수 있나요?
 B: 두 블록 직진한 다음 오른쪽으로 도세요. 왼편에 있을 거예요.
 ▶ 극장은 두 블록 직진한 후 우회전하면 왼편에 있다.

C Amy에게,
 안녕, 나는 부산에 있어. 오늘 나는 송도 해변을 방문했어. 나는 수영을 신나게 했지. 내일 나는 BIFF 거리에 갈 예정이야. 나는 다양한 길거리

음식을 맛보고 싶어. 그건 아주 재미있을 거야. 네가 보고 싶어!

지수가

(1) 지수는 어디에 있습니까?

(2) 지수는 오늘 무엇을 했습니까?

(3) 지수는 내일 무엇을 할 예정입니까?

▶ (1) 지수는 부산에 있다. '~에 있다'는 be in으로 쓴다.

(2) 지수는 오늘 송도 해변을 방문했다고 했다. 오늘 한 일은 과거시제를 써서 나타낸다.

(3) 지수는 내일 BIFF 거리에 갈 예정이라고 했다. 내일 할 일은 〈be going to+동사원형〉으로 나타낸다.

교과서 본문 손으로 기억하기
pp. 42~43

01 My dream is to become a cook.

02 Tomorrow, I am going to visit Thailand with my cousin and learn about Thai food.

03 I am very excited about this trip.

04 At last, we arrived in Bangkok.

05 We first checked in at a guesthouse on Khaosan Road and went to the Grand Palace.

06 The palace was very beautiful with many colorful buildings.

07 The next day, I attended a Thai cooking class for travelers.

08 First, we went to a local market and learned about Thai fruits and vegetables.

09 I made som tam, spring rolls, and green curry in class.

10 The chef said to me.

11 Good job!

12 You are going to become a great cook!

13 I was very proud of myself.

14 After a long bus ride from Bangkok, we arrived in Chiang Mai.

15 Chiang Mai is an exciting city with lots of fun activities.

16 During the day, we went hiking and visited hill tribes.

17 In the evening, we tried different street foods.

18 My favorite street food was pad Thai.

19 I wanted to cook it, and a friendly street food chef taught me.

20 I was so lucky!

21 I will never forget my time in Thailand.

22 It truly was my dream trip.

Vocabulary

🏛 Vocabulary Check
p. 47

A 01 운, 행운 02 만지다 03 특별히, 특히 04 대양, 바다 05 순간 06 일반적으로 07 가져오다, 데려오다 08 해군 09 화장실 10 특별한 11 기쁨, 즐거움 12 장소, 곳, (개인의) 집 13 숙제 14 이미, 벌써 15 믿다, 생각하다 16 나라, 국가 17 가장 좋아하는, 마음에 드는 18 ~에서 내리다 19 돌아오다 20 즐겁게 지내다

B 01 rat 02 battleship 03 president 04 pet 05 dangerous 06 feed 07 headache 08 lonely 09 helpful 10 sailor 11 leave 12 adventure 13 secret 14 koala 15 cute 16 spend 17 famous 18 say hello to 19 turn off 20 take a picture

Pop Quiz ◀
p. 48

1 dangerous 2 wait 3 (1) voyage (2) feed

🏛 Vocabulary Practice
p. 49

A (1) sailor (2) president (3) navy (4) lonely (5) adventure

B (1) brought (2) touch (3) protect (4) spends

C ④ D ⑤

A ▶ (1) sailor: 선원 (2) president: 대통령
(3) navy: 해군 (4) lonely: 외로운
(5) adventure: 모험

B (1) 그때, 그녀는 우리에게 맛있는 음식을 좀 가지고 왔다.
(2) 손을 자주 씻고 얼굴을 만지지 마라.
(3) 우리는 일본으로부터 독도를 지켜야 한다.
(4) 그는 주말에 보통 자기 가족과 시간을 보낸다.
▶ (1) bring: 가져오다 (-brought-brought)
(2) touch: 만지다
(3) protect A from B: B로부터 A를 지키다, 보호하다
(4) spend: (시간을) 보내다

C ① 바다 ② 특별한 ③ 항해 ④ 실망한 : 만족한 ⑤ 화장실
▶ ④는 반의어 관계인 반면에 나머지는 모두 유의어 관계이다.

D 매우 짧은 시간 동안
▶ '순간'이란 뜻의 moment의 영영풀이이다.
① 쥐 ② 비밀 ③ 장소 ④ 전투함

Pop Quiz ◀   p. 50

1 May   2 to going → to go

Expressions Practice   p. 51

A (1) May I bring my friend home? (2) I can't wait to open
  (3) Do you mind if I borrow
B (1) May (2) to watch
C ④   D ①

A ▶ (1) '~해도 될까요?'라는 뜻으로 허락을 요청하는 질문은 May I ~?로 나타낸다.
(2) '나는 빨리 ~하고 싶다.'의 의미로 기대를 표현할 때는 〈I can't wait to+동사원형 ~.〉으로 나타낸다.
(3) Do you mind if I ~?의 표현으로 허락을 요청하는 의미를 나타낼 수 있다.

B (1) A: 이 컴퓨터를 잠깐만 사용해도 될까요?
    B: 그럼요, 사용하세요.
(2) A: 우리 그의 새 영화를 보는 게 어때?
    B: 좋아. 빨리 그걸 보고 싶다.
▶ (1) 허락을 요청할 때는 조동사 may나 can을 이용하여 묻는다.
(2) 기대를 표현할 때는 〈I can't wait to+동사원형〉으로 말한다.

C (C) 네 과학책이 어디에 있니, Katie?
(A) 도서관에 두고 온 것 같아요. 돌아가서 가져와도 될까요?
(B) 응, 그럼. 서두르지 그러니?
▶ 과학책이 어디에 있냐고 묻는 질문이 먼저 오고, 이에 대한 대답과 가지러 다녀와도 되겠냐고 허락을 구하는 질문이 이어진 후, 이에 대한 허락의 순으로 대화를 배열한다.

D A: Eric, 너는 이번 주말에 무엇을 할 예정이니?
B: 내 사촌이 캐나다에서 나를 보러 와. 우리는 경복궁에 갈 거야.
A: 그가 한국에 얼마나 있을 예정이니?
B: 열흘. _____
▶ 한국에 오는 사촌을 만날 것에 대한 기대를 나타내는 응답이 자연스러운데 ① '그걸 들으니 유감이야.'는 알맞지 않다.
② 나는 그에게 많은 곳을 보여 주고 싶어.
③ 나는 경복궁에 가는 걸 기대하고 있어.
④ 나는 그의 방문이 정말로 설레.
⑤ 나는 빨리 그를 구경시켜 주고 싶어.

교과서 대화문 빈칸 채우기   pp. 54~55

① go back ② Why don't you ③ bring ④ Why not ⑤ already
⑥ adventures ⑦ read it ⑧ this weekend ⑨ How old
⑩ really cute ⑪ finish your homework ⑫ say hello to
⑬ have a bad headache ⑭ How long ⑮ my baby cousin

Pop Quiz ◀   pp. 56~57

1 (1) ② (2) ②
2 (1) 그는 뉴스를 보기 위해서 TV를 켰다.
  (2) 그녀는 시험에 떨어져서 실망했다.
3 (1) cookies (2) to

Grammar Practice   pp. 58~59

01 (1) to (2) to meet (3) that (4) for   02 (1) I can't believe that I can't see him anymore. (2) I know that you ate the sandwiches. (3) Do you think that dogs and cats can be friends?   03 (1) for his girlfriend (2) some pocket money to me (3) a personal question of you   04 ⑤   05 ②   06 ⑤   07 ②, ④   08 to   09 of   10 ③   11 ①   12 (1) to buy new shoes   13 know that he didn't take the exam   14 ⑤   15 ④

01 (1) Olivia는 그녀의 할머니께 편지를 보냈다.
(2) 그는 자신의 친구를 만나기 위해 외출했다.
(3) 너는 그 소문이 사실이라고 믿니?
(4) 나는 우리 아빠께 목도리를 만들어 드릴 거야.
▶ (1) send는 간접목적어 앞에 전치사 to를 쓴다.
(2) '~하기 위해서'의 의미로 목적을 나타내는 to부정사의 부사적 용법이 알맞다.
(3) 명사절을 이끄는 접속사 that이 알맞다.
(4) make는 간접목적어 앞에 전치사 for를 쓴다.
W·O·R·D·S letter 편지   rumor 소문   muffler 목도리

02 〈보기〉 나는 Ann이 실수를 했다고 생각하지 않는다.
(1) 나는 더 이상 그를 볼 수 없다는 걸 믿을 수 없다.
(2) 나는 네가 그 샌드위치를 먹었다는 것을 알고 있다.
(3) 너는 개와 고양이가 친구가 될 수 있다고 생각하니?
▶ 동사의 목적어로 쓰인 명사절을 이끄는 접속사 that을 이용하여 한 문장으로 연결한다.

03 〈보기〉 David는 내게 아름다운 꽃을 주었다.
(1) James는 그의 여자친구에게 반지를 사 주었다.
(2) 우리 부모님께서 내게 용돈을 좀 주셨다.
(3) 너에게 개인적인 질문을 해도 될까?
▶ 〈수여동사+간접목적어+직접목적어〉는 〈수여동사+직접목적어+전치사+간접목적어〉로 바꿔 쓸 수 있다. buy는 간접목적어 앞에 전치사 for를, give는 to를, ask는 of를 쓴다.
W·O·R·D·S girlfriend 여자친구   pocket money 용돈   personal 개인적인

04 그는 책을 좀 대출하기 위해서 도서관에 갔다.
▶ '~하기 위해서'의 의미를 나타내는 부사적 용법의 to부정사가 알맞다.
W·O·R·D·S check out (도서관의 책을) 대출하다

05 나는 Dave가 금메달을 땄다는 것을 알지 못했다.
▶ 목적어 역할을 하는 명사절을 이끄는 접속사 that은 생략할 수 있다.
W·O·R·D·S gold medal 금메달

06 〈보기〉 Emily는 버스를 잡기 위해서 빨리 달렸다.
① 그는 회의에 참석하기로 결정했다.
② 일찍 일어나는 것은 나에게 쉽지 않다.
③ 나는 일요일에는 정말 공부하고 싶지 않다.
④ Wang의 직업은 웨딩드레스를 디자인하는 것이다.
⑤ Alice는 재킷을 사기 위해서 인터넷을 검색했다.
▶ 〈보기〉와 ⑤는 '~하기 위해서'라는 목적을 나타내는 to부정사의 부사적 용법으로 쓰였고 나머지는 모두 주어, 목적어, 보어 역할을 하는 to부정사의 명사적 용법으로 쓰였다.
W·O·R·D·S fast 빨리   meeting 회의   get up 일어나다

07 ▶ '~에게 …을 (해) 주다'는 〈수여동사＋간접목적어＋직접목적어〉 또는 〈수여동사＋직접목적어＋전치사＋간접목적어〉의 어순으로 쓴다. 수여동사 show는 간접목적어 앞에 전치사 to를 쓴다.

08 나는 오늘 오후에 너에게 문자메시지를 보낼 것이다.
▶ 수여동사 send는 간접목적어 앞에 전치사 to를 쓴다.

09 수학 선생님은 우리에게 어려운 문제를 물어보셨다.
▶ 수여동사 ask는 간접목적어 앞에 전치사 of를 쓴다.

10 A: 너는 어제 뭘 했니?
B: 나는 그녀에게 편지 한 통을 썼어.
▶ write는 수여동사로 〈간접목적어＋직접목적어〉나 〈직접목적어＋to＋간접목적어〉의 어순이 이어진다. 이때 she는 목적격 her로 써야 한다.

11 ① 그는 자신의 아들에게 로봇을 사 주었다.
② 나는 너에게 돈을 좀 빌려줄 것이다.
③ 할머니께서 내게 이 드레스를 만들어 주셨다.
④ 나는 그들에게 진실을 말할 것이다.
⑤ Daniel이 그녀에게 몇 가지 질문을 했다.
▶ ① 수여동사 buy가 쓰인 문장에서 간접목적어와 직접목적어의 순서를 바꿀 때, 간접목적어 앞에 전치사 for를 쓴다.
W·O·R·D·S lend 빌려주다   truth 진실

12 ▶ '~하기 위해서'라는 목적의 의미를 나타내는 〈to＋동사원형〉의 to부정사로 나타낸다.

13 ▶ 동사 know의 목적어로 접속사 that이 이끄는 명사절을 쓴다.
W·O·R·D·S take an exam 시험을 치다

14 ① 너는 저기 있는 저 탑이 보이니?
② 저 여자분이 나의 영어 선생님이시다.
③ 나는 저 노란 우산을 사고 싶다.
④ 너는 Jack 옆에 있는 저 여자아이를 아니?
⑤ 나는 그들이 사귀고 있다는 걸 믿을 수 없어.

▶ ⑤는 명사절을 이끄는 접속사 that으로 쓰였으나 나머지는 모두 '저'의 의미로 뒤따르는 명사를 꾸미는 지시형용사이다.
W·O·R·D·S tower 탑   next to ~의 옆에   date 사귀다, 데이트하다

15 ① 그녀는 표지판을 읽기 위해 안경을 썼다.
② Miranda는 무용수가 되기 위해 열심히 연습했다.
③ 그들은 개를 산책시키기 위해서 공원에 갔다.
④ 우리는 미래에 화성으로 우주선을 보내기를 바란다.
⑤ 그는 이메일을 보내기 위해서 컴퓨터를 켰다.
▶ ④는 hope의 목적어 역할을 하는 명사적 용법의 to부정사인 반면에 나머지는 모두 목적을 나타내는 to부정사의 부사적 용법으로 쓰였다.
W·O·R·D·S glasses 안경   sign 표지판   practice 연습하다   spaceship 우주선   Mars 화성   turn on ~을 켜다

Reading

Do It Yourself
pp. 60~61

01 sailor   02 voyage   03 lonely   04 weather   05 (시간을) 보내다   06 일반적으로   07 특히, 특별히   08 쥐   09 place   10 famous   11 battleship   12 president   13 비밀의, 비밀스러운   14 순간   15 ~에서 내리다   16 해군

Reading Practice
pp. 62~63

A 01 a special   02 generally, a lot of   03 especially   04 so   05 from   06 that   07 from   08 famous   09 In   10 on   11 to meet   12 to stop   13 Someone   14 Blackie a new name, Churchill
B 01 a lot of   02 kept, away from   03 felt lonely   04 for sailors   05 took a picture   06 believed that   07 became famous   08 gave Blackie a new name, Churchill   09 protect their ship from   10 tried to get off the ship, to stop him

A
04 ▶ 결과의 접속사 so가 알맞다.

05 ▶ keep A away from B: B로부터 A를 쫓아내다

06 ▶ believed의 목적어 역할을 하는 명사절을 이끄는 접속사 that이 알맞다.

07 ▶ protect A from B: B로부터 A를 보호하다

08 ▶ become＋형용사: ~해지다

12 ▶ '~하기 위해서'의 의미를 나타내는 to부정사의 부사적 용법이 알맞다.

14 ▶ 〈수여동사(gave)＋간접목적어(Blackie)＋직접목적어(a new name, Churchill)〉의 형태가 알맞다.

B

01 ▶ 많은: a lot of

05 ▶ 사진을 찍다: take a picture

07 ▶ 유명해지다: become famous

09 ▶ B로부터 A를 보호하다: protect A from B

10 ▶ '~하기 위해 애쓰다'는 〈try+to부정사〉로 나타낸다. '~에서 내리다'의 의미는 get off로 표현한다. / '~하기 위해서'는 부사적 용법의 to부정사로 나타낸다.

01 ③ **02** ④ **03** ② **04** ⑤ **05** ② **06** say hello to **07** from **08** ④ **09** ⑤ **10** ① **11** I can't wait to go camping. **12** Why not? **13** (C)-(A)-(D)-(B) **14** ① **15** ④ **16** ④ **17** ② **18** ③ **19** ⑤ **20** say hello to Suho's mom for me **21** ① **22** (1) Do you mind if I turn off the TV? (2) I can't wait to get back home. **23** ③ **24** ④ **25** ⑤ **26** ② **27** ③ **28** ③ **29** ① **30** that **31** ③ **32** Dad cooked dinner for us last night. **33** May I ask a favor of you? **34** ④ **35** the girl a paper doll 또는 a paper doll for the girl **36** Anna to say sorry **37** ① **38** ③ **39** 고양이들은 일반적으로 물을 좋아하지 않는데, Blackie는 바다에서 많은 시간을 보냈기 때문에 **40** ④ **41** kept rats away from the ship **42** that **43** ⑤ **44** ③ **45** ① **46** ④ **47** ④ **48** Churchill이 배에서 내리려는 Blackie를 멈추게 하기 위해 그의 머리를 만진 순간 **49** ④ **50** ② **51** to us **52** ⑤ **53** I think that it's really cute. **54** ③ **55** helpful

01 항해 : 항해, 여행 = 바다 : 바다, 대양
▶ 유의어 관계가 되어야 하므로 ③ 'ocean(바다, 대양)'이 알맞다.
① 장소 ② 비밀 ④ 나라 ⑤ 전투함

02 • 전 지금 자려고 해요. 전등을 좀 꺼 주시겠어요?
• 우리는 내릴 정류장을 지나쳤어. 지금 당장 버스에서 내리자.
▶ turn off: ~을 끄다 / get off: ~에서 내리다
W·O·R·D·S stop 정류장

03 ▶ feed: 먹이를 주다
① (시간·돈을) 쓰다 ③ 물을 주다; 물
④ 가지고 오다 ⑤ 끝내다

04 ▶ disappointed: 실망한, 낙담한
① 외로운 ② 기쁜 ③ 깜짝 놀란 ④ 관심 있어 하는

05 실례합니다. 화장실이 어디에 있나요?
▶ washroom은 '화장실'을 뜻하는 단어로 restroom 또한 같은 의미의 단어이다.
① 침실 ③ 거실 ④ 교실 ⑤ 식당

06 ▶ say hello to: ~에게 안부를 전하다

07 • 너는 네 가방을 불 가까이에 두면 안 된다.
• 이 스카프가 나를 찬 바람으로부터 보호해 준다.
▶ keep A away from B: B로부터 A를 쫓아내다
protect A from B: B로부터 A를 보호하다

08 ① 행운 : 행운의 ② 도움 : 도움이 되는
③ 기쁨 : 기쁜 ④ 일반적인 : 일반적으로
⑤ 위험 : 위험한
▶ ④는 '형용사 : 부사'의 관계인 반면에, 나머지는 모두 '명사 : 형용사'의 관계이다.

09 A: 엄마, 지금 영화 보러 가도 되나요?
B: 아니, 안 된다. 너무 늦었어.
▶ 빈칸 뒤의 말로 보아 허락을 요청하는 말에 거절하는 응답이 알맞다. ①, ②, ③, ④는 모두 긍정적인 응답이다.
W·O·R·D·S go to the movies 영화를 보러 가다

10 제가 여기에 앉아도 될까요?
▶ 허락을 요청하는 말을 할 때는 May(Can) I ~?나 Do you mind if I ~?의 표현을 쓴다.
② 멈추다 ③ 동의하다 ④ 즐기다 ⑤ 부정하다

11 A: 이번 주말에 캠핑을 가는 게 어때?
B: 좋은 생각이야. 빨리 캠핑을 가고 싶어.
▶ '빨리 ~하고 싶다.'는 기대를 표현하는 말을 할 때는 〈I can't wait to+동사원형 ~.〉을 쓴다.
W·O·R·D·S go camping 캠핑을 가다 weekend 주말

12 A: 엄마, 제가 이 가방을 사도 될까요?
B: 그건 좋은 생각인 것 같지 않구나.
A: 왜 안 되나요? 저는 그게 정말 마음에 들어요.
B: 너는 이미 그것과 같은 것을 하나 가지고 있잖니.
▶ '왜 안 되나요?'의 의미는 Why not?으로 나타낸다.

13 (C) Andy, 이번 주말에 무엇을 할 예정이니?
(A) 나는 사촌 아기를 보기 위해 삼촌 댁을 방문할 거야.
(D) 너의 사촌은 몇 살이야?
(B) 두 살이야. 나는 그 아이의 미소를 빨리 다시 보고 싶어.
▶ 주말에 무엇을 할지 물은 후, 사촌 아기를 보러 간다는 대답이 이어지고 사촌이 몇 살인지 물은 후, 이에 대답하는 흐름이 자연스럽다.
W·O·R·D·S visit 방문하다 cousin 사촌

14 잠시 이 헤드폰을 사용해도 될까요?
▶ 허락을 요청할 때는 조동사 may나 can을 써서 표현한다.
W·O·R·D·S headset (마이크가 달린) 헤드폰 for a while 잠시 동안

15 ① A: 한 번 더 시도해 보는 게 어때?
B: 알겠어, 그럴게.
② A: 쿠키를 좀 먹어도 될까요?
B: 물론이죠.
③ A: 오늘 밤에 무엇을 할 예정인가요?
B: 나는 TV를 볼 거예요.

④ A: LT 타워에 가는 게 어때?

　　B: 유감이지만 갈 수 없어. 빨리 거기에 가고 싶어.

⑤ A: 너는 언제 파리를 방문할 거니?

　　B: 다음 주에. 나는 그것 때문에 정말로 설레.

▶ ④ I can't wait to는 '빨리 ~하고 싶다'라는 뜻으로, 앞으로 할 일에 대한 기대를 나타내는 표현인데 '유감이지만 갈 수 없다.'라는 거절의 말과 함께 쓰이면 어색하다.

W·O·R·D·S cookie 쿠키, 과자　next week 다음 주

16 ▶ ④는 '콜라를 좀 마시는 게 어때?'란 의미로 제안하는 표현이지만, 나머지는 모두 '콜라를 좀 마셔도 될까요?'의 뜻으로 허락을 요청하는 표현이다.

W·O·R·D·S coke 콜라

17 A: 동물들의 사진을 찍어도 될까요?

　　B: _____

▶ 허락을 요청하는 말이므로 수락하거나 거절하는 응답이 와야 하는데 ② '잘했어요.'는 행동에 대해 칭찬하는 말이므로 알맞지 않다.

①, ③, ④ 그럼요.

⑤ 유감이지만 불가능해요.

18 A: 엄마, 이번 주말에 Sara와 함께 콘서트에 가도 될까요?

　　B: 물론이지. 누구를 볼 건데?

　　A: 우리는 EXO를 보러 갈 거예요. _____

▶ 내용상 기대를 표현하는 말이 들어가는 것이 자연스러운데 ③은 콘서트를 보기 전에 가수에게 실망스럽다는 내용이므로 빈칸에 알맞지 않다.

① 저는 그들을 정말 보고 싶어요.

② 그들을 빨리 보고 싶을 뿐이에요.

③ 저는 그들이 실망스러워요.

④ 저는 그들을 보는 걸 기대하고 있어요.

⑤ 저는 그들을 보는 것 때문에 정말로 설레요.

W·O·R·D·S concert 콘서트

[19~20]

A: 엄마, 수호네 강아지와 놀러 수호네 집에 가도 돼요?

B: 물론이지, 하지만 저녁 식사 때까지는 돌아오렴.

A: 네, 엄마.

B: 재미있게 놀고, 수호 어머니께 엄마 대신 안부 전해 드리렴.

W·O·R·D·S place 장소, 집　be back 돌아오다

19 ▶ May I ~?는 '~해도 되나요?'의 의미로 허락을 요청하는 표현이다.

20 ▶ say hello to A for B: B를 대신해(위해) A에게 안부를 전하다

21 A: Eric, 너 괜찮니? 오늘 안 좋아 보이는구나.

　　B: 머리가 너무 아파요. 집에 가도 될까요?

　　A: 응, 그러렴. 내가 너희 어머니께 전화드릴게.

　　B: 감사합니다.

▶ 머리가 너무 아프다는 B가 한 말에 A가 허락하고 어머니에게 전화를 해 주겠다고 했으므로 빈칸에 가장 알맞은 질문은 ① '집에 가도 될까요?'이다.

② 선생님 전화를 사용해도 될까요?

③ 선생님은 무엇을 하실 건가요?

④ 좀 쉬는 게 어때요?

⑤ 창문을 열어도 될까요?

W·O·R·D·S look well (안색이) 좋아 보이다　headache 두통

22 ▶ (1) '~해도 될까요?'라는 허락을 요청하는 Do you mind if I ~?를 사용하여 문장을 완성한다.

(2) '빨리 ~하고 싶다'는 기대를 나타내는 표현 〈I can't wait to+동사원형〉을 사용한다.

W·O·R·D·S turn off ~을 끄다　get back 돌아가다

23 나는 네가 우리와 함께할 거라고 믿는다.

▶ believe의 목적어 역할을 하는 절을 이끄는 접속사 that이 알맞다.

24 그는 음악을 공부하기 위해 오스트리아에 갔다.

▶ '~하기 위해서'의 의미를 나타내는 부사적 용법의 to부정사가 알맞다.

W·O·R·D·S Austria 오스트리아　music 음악　study 공부하다

25 ① Sally는 나에게 그녀의 지우개를 빌려줬다.

② 그는 자신의 아들에게 의자를 만들어 주었다.

③ 나는 엄마에게 스카프를 사 드릴 것이다.

④ 누군가 나에게 선물을 보냈다.

⑤ 나에게 소금을 건네주겠니?

▶ ⑤ 수여동사 뒤에는 〈간접목적어+직접목적어〉의 어순이나 〈직접목적어+전치사+간접목적어〉의 어순이 온다. 따라서 Will you pass me the salt? 또는 Will you pass the salt to me?가 되어야 알맞다.

W·O·R·D·S eraser 지우개　chair 의자　salt 소금

26 • 네 사고 소식에 대해 듣게 되어 유감이다.

• 그녀는 자신의 부모님께 편지를 쓸 것이다.

▶ 첫 번째 문장은 감정의 원인을 나타내는 부사적 용법의 to부정사가 알맞고, 두 번째 문장은 간접목적어 앞에 전치사 to가 필요하므로 공통으로 알맞은 말은 to이다.

W·O·R·D·S accident 사고

27 ① Andy가 나에게 장미 한 송이를 주었다.

② White 선생님은 우리에게 체육을 가르치신다.

③ 엄마가 우리에게 스파게티를 요리해 주셨다.

④ 나에게 그 사진을 보여 줄 수 있니?

⑤ 그는 그 아이에게 재미있는 이야기를 말해 주었다.

▶ 동사 cook은 간접목적어 앞에 전치사 for를 쓰지만, 나머지는 모두 간접목적어 앞에 전치사 to를 쓴다.

W·O·R·D·S rose 장미　funny 재미있는, 웃긴

28 〈보기〉 나는 새 자전거를 사기 위해서 돈을 좀 모았다.

① 그녀는 그를 다시 만나기 위해 이탈리아에 갈 것이다.

② Jason은 의사가 되기 위해 열심히 공부한다.

③ 나는 야구 경기를 보는 것을 좋아한다.

④ 나는 내 목표를 이루기 위해 최선을 다했다.

⑤ 우리는 그를 축하하기 위해 파티를 열 것이다.

▶ 〈보기〉와 ①, ②, ④, ⑤의 밑줄 친 부분은 '~하기 위해서'란 의미의 부사적 용법으로 쓰인 to부정사이다. 반면에 ③은 like의 목적어 역할을 하는 명사적 용법으로 쓰인 to부정사이다.

W·O·R·D·S bike 자전거   doctor 의사   baseball 야구   reach 도달하다   goal 목표   throw a party 파티를 열다

29 ▶ 〈hand+간접목적어+직접목적어〉 또는 〈hand+직접목적어+to+간접목적어〉의 형태로 써야 한다.

30 너는 우리 선생님이 아기를 낳으신 것을 알고 있니?
▶ 동사의 목적어 역할을 하는 명사절을 이끄는 접속사 that은 생략할 수 있다.
W·O·R·D·S have a baby 아기를 낳다

31 사람들은 눈을 보호하기 위해서 선글라스를 쓴다.
▶ '~하기 위해서'라는 목적의 의미는 to부정사의 부사적 용법으로 나타낼 수 있다. 〈to+동사원형〉의 형태로 쓴다.
W·O·R·D·S wear (안경 등을) 쓰다   sunglasses 선글라스

[32~33]
〈보기〉 그는 나에게 꽃을 좀 주었다.

32 아빠가 어젯밤에 우리에게 저녁을 요리해 주셨다.
▶ 〈cook+직접목적어+for+간접목적어〉의 어순으로 쓴다.

33 너에게 부탁을 하나 해도 될까?
▶ 〈ask+직접목적어+of+간접목적어〉의 어순으로 쓴다.

34 ① 저 차가 그녀를 거의 칠 뻔했다.
② 나를 위해 그것을 해 주겠니?
③ 그것에 무슨 문제가 있나요?
④ 나는 그가 영리하다고 생각하지 않는다.
⑤ 너는 그때 무엇을 했니?
▶ 목적어 역할을 하는 명사절을 이끄는 접속사 that은 생략할 수 있다. ①, ⑤는 뒤의 명사를 수식하는 지시형용사로 쓰였고, ②, ③은 지시대명사로 쓰여 생략할 수 없다.
W·O·R·D·S hit 치다   wrong 잘못된   clever 영리한

35 ▶ 〈make+간접목적어(the girl)+직접목적어(a paper doll)〉 또는 〈make+직접목적어(a paper doll)+for+간접목적어(the girl)〉의 어순으로 쓴다.

36 ▶ '~하기 위해서'의 의미를 나타내는 부사적 용법의 to부정사를 이용하여 문장을 완성한다.

37 ① Ann은 우리에게 그녀의 옛날 사진을 보여 주었다.
② 그는 버스를 잡기 위해 빨리 달렸다.
③ 나는 Jake에게 크리스마스 카드를 보냈다.
④ 그는 자라서 유명한 배우가 되었다.
⑤ 너는 그들이 전부 로봇이라는 것을 믿을 수 있니?
▶ ① 간접목적어가 직접목적어 뒤로 가면 간접목적어 앞에 전치사를 써야 하므로 us를 to us로 바꿔야 한다.
W·O·R·D·S catch 잡다   actor (남자) 배우

38 펭귄은 날기 위해서 그들의 날개를 사용하는 게 아니라, 헤엄치기 위해서 날개를 사용한다.
▶ 두 개의 빈칸에 모두 '~하기 위해서'의 의미를 나타내는 부사적 용법의 to부정사 형태가 알맞다.
W·O·R·D·S wing 날개   swim 수영하다

[39~40]
Blackie는 특별한 고양이였다. 그는 뱃고양이였다. 고양이들은 일반적으로 물을 좋아하지 않지만, Blackie는 바다에서 많은 시간을 보냈다. 뱃고양이는 특히 긴 항해를 하는 선원들을 위해 좋은 일을 많이 했다.
W·O·R·D·S special 특별한   sailor 선원   voyage 항해

39 ▶ 세 번째 문장에서, 일반적으로 물을 좋아하지 않는 다른 고양이들과 달리 Blackie는 바다에서 많은 시간을 보냈다고 그 이유를 설명하고 있다.

40 ▶ ⓑ generally는 '일반적으로, 보통'이란 뜻으로 비슷한 뜻의 usually와 바꿔 쓸 수 있다.
ⓒ '많은'이란 뜻의 a lot of는 lots of나 much, many로 바꿔 쓸 수 있는데 여기서 time은 셀 수 없는 명사이므로 much나 lots of가 알맞다.

[41~43]
선원들은 종종 긴 항해를 하는 동안 외로움을 느꼈고, 그래서 그들은 뱃고양이를 환영했다. 뱃고양이는 또한 배에서 쥐들을 쫓기도 했다. 일부 선원들은 뱃고양이가 행운을 가져다준다고 믿었다. 그들은 또한 뱃고양이가 험한 날씨로부터 배를 보호해 줄 수 있을 것이라고 믿었다. 몇몇 뱃고양이들은 유명해졌는데, Blackie가 그들 중 하나였다.
W·O·R·D·S during ~ 동안   bring 가져오다(-brought-brought)

41 ▶ 'B로부터 A를 쫓아내다'란 의미의 keep A away from B를 사용하여 문장을 완성한다.

42 ▶ believed의 목적어 역할을 하는 명사절을 이끄는 접속사 that이 들어가야 한다.

43 ▶ ⑤ 몇몇 뱃고양이들이 유명해졌다고는 했지만 뱃고양이가 배를 유명하게 만들어 준다고 선원들이 생각한다는 언급은 없다.

[44~46]
1941년에, Blackie는 영국 총리인 Winston Churchill을 만났다. Blackie는 영국 해군 전함의 뱃고양이였다. Churchill이 그 배에 타고 있었다. 그는 미국 대통령인 Franklin D. Roosevelt를 만나기 위해 비밀 장소로 가는 중이었다.
W·O·R·D·S the Prime Minister 총리, 수상   navy 해군   battleship 전투함

44 ▶ ⓐ에는 '~의'의 의미를 나타내는 of가, ⓑ에는 '~에 탑승한'의 의미를 나타내는 on이 알맞다.

45 ① 그는 축구 경기를 보기 위해 영국을 방문했다.
② 나는 이번 주말에 하이킹을 하러 갈 계획이다.
③ Olivia는 웹 디자이너가 되기를 원한다.
④ 그녀의 취미는 종이꽃을 만드는 것이다.
⑤ 바다에서 수영하는 것은 매우 어렵다.

▶ to meet은 '만나기 위해서'의 의미로 목적을 나타내는 to부정사의 부사적 용법으로 쓰였다. 이와 같이 목적을 나타내는 부사적 용법으로 쓰인 것은 ①이며, ③, ④, ⑤는 목적어, 보어, 주어 역할을 하는 명사적 용법으로 쓰였다. ②의 〈be planning to+동사원형〉은 '~할 계획이다'라는 뜻이다.

46 ① Blackie가 언제 Winston Churchill을 만났는가?
② Blackie는 어디에서 Winston Churchill을 만났는가?
③ 1941년에 미국 대통령은 누구였는가?
④ Churchill은 왜 Franklin D. Roosevelt를 만났는가?
⑤ 1941년에 영국의 총리는 누구였는가?
▶ Churchill이 Roosevelt를 만나는 이유는 언급되지 않았다.

[47~49]
(C) Blackie가 Churchill과 함께 배에서 내리려고 했지만, Churchill은 그를 멈추게 하기 위해 그의 머리를 만졌다. (A) 어떤 사람이 그 순간을 사진으로 찍었다. (B) 그 사진이 유명해졌고, 사람들은 Blackie에게 Churchill이라는 새로운 이름을 지어 주었다.
W·O·R·D·S moment 순간 famous 유명한 get off ~에서 내리다

47 ▶ Churchill이 Blackie의 머리를 만진 순간에 대한 설명이 먼저 나온 후, 이 장면을 사진으로 찍었다는 내용과 이 사진으로 인해 Blackie가 새로운 이름을 얻게 되었다는 순서로 배열하는 것이 자연스럽다.

48 ▶ that moment는 앞 문장인 (C)의 내용을 의미한다.

49 ① 사진: 순간의 예술
② 항해 중에 좋은 사진 찍기
③ Blackie: Churchill이 가장 좋아하는 뱃고양이
④ 뱃고양이 Blackie의 새 이름
⑤ 뱃고양이의 불행한 생활
▶ 뱃고양이 Blackie가 어떻게 새로운 이름인 Churchill을 갖게 되었는지에 대한 내용이므로 이 글의 제목으로는 ④가 알맞다.

[50~52]
Blackie에게,
너는 우리를 돕기 위해 항상 여기에 있구나. 우리가 긴 항해를 하는 동안 너는 우리에게 기쁨을 줘. 우리는 네가 우리의 배를 위험<u>으로부터</u> 보호해 준다고 믿어. 고마워, Blackie.
영국 해군 전함의 선원들
W·O·R·D·S joy 기쁨 voyage 항해 danger 위험

50 ▶ 항해에 도움을 준 뱃고양이 Blackie에게 선원들이 보내는 감사 편지이다.

51 ▶ 〈give+간접목적어+직접목적어〉는 〈give+직접목적어+to+간접목적어〉로 바꿔 쓸 수 있다.

52 ▶ protect A from B: B로부터 A를 보호하다

[53~54]
이것은 코알라야. 호주에서 인기 있는 동물이야. 그것은 작은 곰처럼 보여. 나는 코알라가 정말 귀엽다고 생각해. 나는 진짜 코알라를 빨리 보고 싶어!
W·O·R·D·S cute 귀여운 real 진짜의

53 ▶ think의 목적어인 명사절을 이끄는 접속사 that이 생략되었으므로 think 뒤에 that을 써서 문장을 완성한다.

54 ▶ 〈can't wait to+동사원형〉은 '빨리 ~하고 싶다'의 의미로 기대를 나타낸다.

55 우리 모둠은 사람들에게 <u>도움을 주는</u> 동물들에 대해 질문했어. 6명의 학생들이 개가 도움을 준다고 생각해. 개는 우리에게 즐거움을 줄 수 있어. 개는 우리를 위해 많은 좋은 일들을 할 수 있어.
▶ 개는 우리에게 즐거움을 주고, 많은 좋은 일들을 할 수 있다고 했으므로 빈칸에는 '도움이 되는'이란 뜻의 형용사 helpful이 알맞다.
W·O·R·D·S group 무리, 모둠 animal 동물

단원 Test
pp. 72~76

01 ③ 02 ④ 03 ⑤ 04 playing with Suho's dog 05 (D)-(A)-(C)-(B) 06 ③ 07 ④ 08 visit his uncle's place to see his baby cousin 09 ① 10 ⑤ 11 ③ 12 ③ → that 13 ② 14 You give love to me. 15 ② 16 ② 17 ④ 18 ① 19 ② 20 ② 21 ② 22 Churchill touched his head to stop him 23 Churchill이 배에서 내리려는 Blackie를 멈추게 하기 위해 머리를 만진 순간을 찍은 사진이 유명해져서 24 ② 25 Dogs can give us happiness.

01 ① 배 ② 바다, 대양 ③ 도서관 ④ 선원 ⑤ 여정, 항해
▶ ③ '도서관'을 제외하고 전부 바다와 연관이 있는 단어들이다.

02 ① ~에서 내리다
② 즐겁게 지내다
③ 돌아오다
④ (전등을) 끄다
⑤ 멀리하다
▶ 전등을 끄는 모습이므로 turn off가 알맞다.

[03~04]
Jaden: 엄마, 수호네 강아지를 보셨어요?
엄마: 응, 봤어. 정말 귀엽더라.
Jaden: 강아지랑 놀러 수호네 집에 가도 돼요?
엄마: 물론이지, 근데 숙제는 끝냈니?
Jaden: 네, 끝냈어요. 제 방도 치웠어요.
엄마: 잘했어, Jaden. 저녁 식사 때까지는 돌아오렴.
Jaden: 네, 엄마. 빨리 수호네 강아지랑 놀고 싶어요.
엄마: 재미있게 놀고, 수호 어머니께 엄마 대신 안부 전해 드리렴.
W·O·R·D·S really 정말로 finish 끝내다 clean 청소하다

03 ▶ 이어지는 엄마의 말에서 허락하며 저녁 식사 때까지는 돌아오라고 말하고 있으므로 수호네 집에 가도 되는지 허락을 요청하는 표현이 알맞다.
① 가장 좋아하는 애완동물이 뭔가요?
② 집에 그 강아지를 데려와도 되나요?
③ 수호네 집에 어떻게 갈 수 있나요?

④ 우리 수호네 집에 가는 게 어때요?

04 Jaden은 수호네 강아지와 놀기를 기대하고 있다.
  ▶ Jaden은 수호네 강아지와 빨리 놀고 싶어 하고 있으므로 기대를 표현하는 말인 〈look forward to+-ing〉의 표현을 이용하여 나타낼 수 있다.

05 (D) '판다의 세계'라는 새로운 책을 읽어 봤니?
  (A) 아니, 안 읽어 봤어. 무엇에 대한 내용이야?
  (C) 판다 한 마리와 그의 모험에 대한 내용이야.
  (B) 오, 나는 모험 이야기를 아주 좋아해. 나는 그것을 빨리 읽고 싶어!
  ▶ 책의 제목을 언급하며 읽어 봤냐고 묻는 질문에 대해 대답한 후 무슨 내용인지 구체적으로 묻는 내용이 이어지고, 이에 대한 응답과 반응이 차례로 오는 것이 자연스럽다.
  W·O·R·D·S adventure 모험 panda 판다

[06~07]
A: 엄마, 제가 길에서 고양이 한 마리를 보았어요. 그것을 집으로 데려와도 될까요?
B: 좋은 생각인 것 같지 않구나, David.
A: 왜 아니죠? 고양이를 좋아하지 않으세요?
B: 좋아하지만, 우리는 이미 개를 다섯 마리 기르고 있어.
W·O·R·D·S street 길, 도로 already 이미

06 ▶ 고양이를 집에 데리고 와도 되는지 허락을 요청하는 표현이 알맞다. ③은 '엄마가 그것을 집에 데려오셨어요?'라는 의미로 과거에 한 일을 묻는 표현이다.
  ①, ②, ④, ⑤ 그것을 집으로 데려와도 될까요?

07 ▶ David의 엄마도 고양이를 좋아하지만 집에 이미 다섯 마리의 개가 있어서 David의 요청을 거절하고 있다.

[08~09]
A: Andy, 이번 주말에 무엇을 할 예정이니?
B: 나는 사촌 아기를 보기 위해 삼촌 댁을 방문할 거야.
A: 너의 사촌은 몇 살이야?
B: 두 살이야. 나는 그 아이의 미소를 빨리 다시 보고 싶어.
W·O·R·D·S weekend 주말 uncle 삼촌 smile 미소

08 Q: Andy는 이번 주말에 무엇을 할 예정인가?
  A: 그는 그의 사촌 아기를 보기 위해 삼촌 댁을 방문할 것이다.
  ▶ '~하기 위해서'의 의미를 나타내는 부사적 용법의 to부정사를 이용하여 답한다.

09 ① 나는 그녀의 미소를 다시 보고 싶어.
  ② 나는 그녀의 미소를 다시 보기 위해 기다릴 거야.
  ③ 나는 그녀의 미소를 다시 보고 싶지 않아.
  ④ 나는 그녀의 미소를 다시는 볼 수 없을 것 같아.
  ⑤ 나는 그녀의 미소를 다시 보게 되어서 기뻐.
  ▶ I can't wait to는 '빨리 ~하고 싶다'의 의미로 기대를 표현한다. 이는 〈I hope to+동사원형〉으로도 나타낼 수 있다.

10 ① Emily는 나에게 이 엽서를 보냈다.
  ② 너는 Ann에게 네 교과서를 빌려줬니?
  ③ 우리 삼촌이 나에게 드론을 사 주었다.

④ Dave가 그녀에게 개인적인 질문을 했다.
  ⑤ 그녀는 학생들에게 수학을 가르칠 것이다.
  ▶ ⑤ 수여동사 teach는 간접목적어 앞에 전치사 to를 쓴다. 따라서 of the students를 to the students로 바꿔야 한다.
  W·O·R·D·S drone 드론, 무인 비행기 personal 개인적인

11 ① 조종사가 되는 것이 나의 꿈이다.
  ② 그녀의 계획은 진짜 사자를 보는 것이다.
  ③ 나는 책을 읽기 위해서 전등을 켰다.
  ④ 그 어린 남자아이는 나무에 오르려고 애썼다.
  ⑤ 그녀는 규칙적으로 운동하기로 결심했다.
  ▶ ③의 to부정사는 '~하기 위하여'라는 목적을 나타내는 부사적 용법으로 쓰였고, 나머지는 모두 주어, 보어, 목적어 역할을 하는 명사적 용법으로 쓰였다.
  W·O·R·D·S pilot 조종사 climb 오르다 regularly 규칙적으로

12 이것은 판다야. 중국에서 인기 있는 동물이야. 나는 판다가 정말 귀엽다고 생각해. 중국은 2016년에 우리에게 판다 두 마리를 주었어. 나는 그들이 빨리 보고 싶어!
  ▶ ③ 주절인 I think와 think의 목적어 역할을 하는 절 it's really cute를 연결하는 접속사 that이 필요하다.

13 ⓐ 할머니는 종종 우리에게 사과 파이를 만들어 주셨다.
  ⓑ Sandra는 나에게 그녀가 행복하다고 말했다.
  ⓒ 그는 더러운 머리를 감추기 위해 모자를 쓰고 있다.
  ⓓ 그녀는 감자를 좀 사기 위해서 시장에 갔다.
  ▶ ⓐ made an apple pie us → made us an apple pie / made an apple pie for us
  ⓓ buy → to buy
  W·O·R·D·S wear (모자를) 쓰다 hide 숨기다 dirty 더러운 potato 감자

[14~15]
사랑하는 엄마께,
엄마는 항상 저를 이해해 주세요. 저에게 사랑도 주시고요. 저는 엄마 때문에 우리가 행복한 가족이라고 믿어요. 고마워요, 엄마!
사랑을 담아,
엄마의 아들 올림

14 ▶ 〈give+직접목적어+to+간접목적어〉의 어순으로 쓴다.

15 ① 나는 네가 틀리다고 말하고 있는 게 아니야.
  ② 너는 저 문 옆에 있는 여자아이를 아니?
  ③ 그들은 수학 시험이 어려웠다고 생각한다.
  ④ 나는 오늘이 이곳에서의 나의 마지막 날이라는 것을 믿을 수 없다.
  ⑤ 우리는 세상이 멋진 곳이 되기를 희망한다.
  ▶ ⓑ는 명사절을 이끄는 접속사 that이다. ②는 '저'의 뜻으로 뒤의 명사를 꾸미는 지시형용사로 쓰인 반면, 나머지는 모두 접속사 that으로 쓰였다.

[16~17]
Blackie는 특별한 고양이였다. 그는 뱃고양이였다. 고양이들은 일반적으로 물을 좋아하지 않지만, Blackie는 바다에서 많은 시간을 보냈다. 뱃고양이는 특히 긴 항해를 하는 선원들을 위해 좋은 일을 많이 했다.
W·O·R·D·S ship 배 spend 보내다 voyage 항해

16 ▶ Blackie가 일반적인 고양이들과 달리 바다에서 많은 시간을 보냈다고 했으므로 보통의 고양이들이 물을 '좋아하지' 않는다는 말이 되도록 like가 들어가는 것이 알맞다.
① 기다리다 ③ 느끼다 ④ 싫어하다 ⑤ 마시다

17 ▶ 세 번째 문장에 일반적인 고양이와 달리 Blackie가 물에서 많은 시간을 보낸다는 언급이 있는데, 그것이 Blackie가 특별한 이유이다.

[18~20]
선원들은 종종 긴 항해를 하는 동안 외로움을 느꼈고, 그래서 그들은 뱃고양이를 환영했다. 뱃고양이는 또한 배에서 쥐들을 쫓기도 했다. 일부 선원들은 뱃고양이가 행운을 가져다준다고 믿었다. 그들은 또한 뱃고양이가 험한 날씨로부터 배를 보호해 줄 수 있을 것이라고 믿었다. 몇몇 뱃고양이들은 유명해졌는데, Blackie가 그들 중 하나였다.
W·O·R·D·S lonely 외로운 welcome 환영하다 dangerous 위험한

18 ▶ ⓐ during: ~ 동안 / ⓑ of: ~ 중의

19 ▶ (A)는 '선원들'을, (B)는 '뱃고양이'를 가리킨다.

20 ▶ 선원들이 뱃고양이를 환영한 이유와 뱃고양이의 이로운 점 등에 대해 이야기하고 있으므로 이 글의 제목으로 가장 알맞은 것은 ② '뱃고양이들: 선원들에게 도움이 되는 친구들'이다.
① 배에서 쥐를 쫓기
③ 날씨에 대한 선원들의 특별한 믿음
④ 뱃고양이의 탄생
⑤ 유명한 뱃고양이, Blackie

[21~23]
1941년에, Blackie는 영국 총리인 Winston Churchill을 만났다. Blackie는 영국 해군 전함의 뱃고양이였다. Churchill이 그 배에 타고 있었다. 그는 미국 대통령인 Franklin D. Roosevelt를 만나기 위해 비밀 장소로 가는 중이었다.
Blackie가 Churchill과 함께 배에서 내리려고 했지만, Churchill은 그를 멈추게 하기 위해 그의 머리를 만졌다. 어떤 사람이 그 순간을 사진으로 찍었다. 그 사진이 유명해졌고, 사람들은 Blackie에게 Churchill이라는 새로운 이름을 지어 주었다.
W·O·R·D·S get off ~에서 내리다 take a picture of ~의 사진을 찍다

21 ① 배: 큰 보트
② 비밀의: 모두에게 공개된
③ 대통령: 국가의 우두머리
④ 애쓰다: 무언가를 하기 위해 열심히 일하다
⑤ 순간: 매우 짧은 기간 동안
▶ ② secret은 '비밀의'란 뜻으로 'not open or public(알려지거나 공적이지 않은)'으로 풀이할 수 있다.
W·O·R·D·S head 우두머리, 수장 period 기간, 동안

22 ▶ '~하기 위해서'의 의미를 나타내는 부사적 용법의 to부정사를 이용한다.

23 Blackie는 어떻게 새 이름을 얻게 되었는가?
▶ 두 번째 문단의 people gave ~ Churchill 앞의 내용을 통해 알 수 있다.

[24~25]
우리 모둠의 주제는 '가장 좋아하는 애완동물'이다. 7명의 학생들이 개가 그들이 가장 좋아하는 애완동물이라고 말했다. 개는 우리에게 행복을 줄 수 있다. 4명의 학생들은 고양이가 그들이 가장 좋아하는 애완동물이라고 말했다. 그들은 고양이가 매우 귀엽다고 생각한다.

24 ▶ 동사 said의 목적어 역할을 하는 명사절을 이끄는 접속사 that이 알맞다.

25 ▶ 〈주어+give+간접목적어+직접목적어〉의 순서로 배열한다.

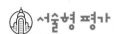 서술형 평가

Basic   p. 77
A (1) I didn't know that the singer was popular.
(2) I hope that you will succeed.
B (1) David gave me some beautiful flowers.
(2) I can't wait to listen to your song.
C (1) the bakery to buy a cake (2) grew up to be
(3) sad to hear the news
D (1) Will you show your ticket to me?
(2) The science teacher asked a question of him.
(3) Sarah cooked ramen for us.

A (1) 나는 그 가수가 인기 있다는 것을 알지 못했다.
(2) 나는 네가 성공하기를 바란다.
▶ 명사절을 이끄는 접속사 that을 이용하여, 〈주어+동사+that+주어'+동사〉의 어순으로 쓴다.
W·O·R·D·S singer 가수 popular 인기 있는 succeed 성공하다

B (1) David는 나에게 아름다운 꽃을 몇 송이 주었다.
(2) 나는 너의 노래를 빨리 듣고 싶다.
▶ (1) 간접목적어가 먼저 나올 때는 앞에 전치사를 쓰지 않는다.
(2) can't wait to 다음에는 동사원형이 온다.
W·O·R·D·S beautiful 아름다운 listen to ~을 듣다

C ▶ (1) 목적을 나타내는 부사적 용법의 to부정사를 이용한다.
(2) '자라서 ~이 되었다'는 결과의 의미를 나타낼 수 있도록 grew up 이후에 to부정사를 쓴다.
(3) '~해서'라는 감정의 원인을 나타내도록 sad 이후에 to부정사를 쓴다.
W·O·R·D·S bakery 빵집 ballerina 발레리나

D (1) 당신의 표를 보여 주시겠습니까?
(2) 과학 선생님이 그에게 질문을 했다.
(3) Sarah가 우리에게 라면을 요리해 주었다.
▶ 수여동사가 쓰인 4형식 문장을 전치사를 사용하여 3형식 문장으로 전환할 때 show는 간접목적어 앞에 전치사 to를, ask는 of를, cook은 for를 쓴다.
W·O·R·D·S ticket 표, 티켓 science 과학 ramen 라면

A Jane은 버섯을 좀 사기 위해 슈퍼마켓에 갔다. 그러고 나서, 그녀는 그녀의 딸에게 버섯 수프를 만들어 주었다.

▶ (1) '~하기 위해서'의 의미를 나타내는 부사적 용법의 to부정사가 알맞다.

(2) '~에게 …을 -해 주다'는 의미의 〈수여동사 make+직접목적어+for+간접목적어〉의 순서로 쓴다.

W·O·R·D·S supermarket 슈퍼마켓   mushroom 버섯

B A: Judy, 어디에 가고 있니?

B: 삼촌 댁에 가고 있어.

A: 왜?

B: 사촌 아기를 보고 싶거든.

A: 사촌이 몇 살인데?

B: 두 살이야. 그녀는 정말 귀여워. 나는 그녀의 미소를 빨리 보고 싶어. Judy는 그녀의 사촌 아기를 보기 위해 삼촌 댁에 가는 중이다. 그녀는 사촌 아기가 정말 귀엽다고 생각한다. 그녀는 그녀의 미소를 보는 것을 기대하고 있다.

▶ 목적을 나타내는 〈to+동사원형〉과 명사절을 이끄는 접속사 that을 이용해 요약하는 글을 완성한다. look forward to -ing는 '~하기를 기대하다'라는 뜻으로 기대를 표현하는 말이다.

C (1), (2) 산타클로스가 Kevin에게 테디베어를 주었다.

▶ 〈gave+간접목적어(Kevin)+직접목적어(a teddy bear)〉와 〈gave+직접목적어(a teddy bear)+to+간접목적어(Kevin)〉의 어순으로 쓴다.

A 〈보기〉 Peter는 의사가 되기 위해서 열심히 공부한다.

▶ '~가 되기 위해서'란 의미를 나타낼 수 있는 부사적 용법의 to부정사 to be를 써서 공부를 열심히 하는 이유를 자유롭게 나타낸다.

B (1) 우리 엄마가 나에게 (생일) 케이크를 만들어 주셨다.

(2) 우리 아빠가 나에게 머리핀을 사 주셨다.

(3) 우리 언니 Julia가 나에게 (생일) 카드를 써 주었다.

▶ 〈수여동사+간접목적어+직접목적어〉 또는 〈수여동사+직접목적어+전치사+간접목적어〉의 어순으로 쓴다. write는 간접목적어 앞에 전치사 to를, make와 buy는 for를 쓴다.

C A: 너는 이번 주말에 무엇을 할 거니?

B: 나는 이번 주말에 축구 경기를 하러 월드컵 경기장에 갈 거야. 축구는 내게 기쁨과 행복을 줘. 나는 빨리 거기에 가고 싶어.

▶ (1) '~에 가다'는 〈go to+장소〉로 나타내고, '~하기 위해서'란 의미의 to부정사를 사용하여 목적을 나타낸다.

(2) 수여동사 give 뒤에는 〈간접목적어+직접목적어〉 또는 〈직접목적어+to+간접목적어〉의 어순이 온다.

(3) 기대를 나타내는 can't wait to 뒤에는 동사원형이 온다.

W·O·R·D·S stadium 경기장   joy 기쁨   happiness 행복

교과서 본문 손으로 기억하기

pp. 80~81

01 Blackie was a special cat.

02 He was a ship's cat.

03 Cats generally do not like water, but Blackie spent a lot of time at sea.

04 A ship's cat did many good things for sailors, especially on a long voyage.

05 Sailors often felt lonely during long voyages.

06 So they welcomed a ship's cat.

07 It also kept rats away from the ship.

08 Some sailors believed that a ship's cat brought good luck.

09 They also believed that it could protect their ship from dangerous weather.

10 Some ship's cats became famous.

11 And Blackie was one of them.

12 In 1941, Blackie met Winston Churchill, the Prime Minister of the United Kingdom.

13 Blackie was the ship's cat of a Royal Navy battleship.

14 Churchill was on that ship.

15 He was going to a secret place to meet U.S. President Franklin D. Roosevelt.

16 Blackie tried to get off the ship with Churchill.

17 But Churchill touched his head to stop him.

18 Someone took a picture of that moment.

19 The picture became famous.

20 And people gave Blackie a new name, Churchill.

LESSON **7** The World of Work

Vocabulary

Vocabulary Check
p. 85

A 01 흙, 토양　02 위험한　03 더하다　04 세게 치다, 때리다　05 다행히　06 나타나다　07 ~까지(도), ~조차(도)　08 보호하다, 지키다　09 영웅　10 모험심이 강한　11 여전히, 그래도　12 삼림 소방대원　13 화장실　14 일어나다, 발생하다　15 확신하는, 확실한　16 밖에서　17 진짜의, 현실의　18 갑자기　19 (불을) 끄다　20 최우선이다, 가장 중요하다

B 01 tool　02 wild　03 reporter　04 cross　05 go for a walk　06 tired　07 safety　08 firefighter　09 exercise　10 then　11 lightning　12 forest　13 save　14 difficult　15 spread　16 police officer　17 enough　18 learn　19 turn over　20 in the future

Pop Quiz
p. 86

1 reporter　2 (1) cut　(2) into　3 (1) firefighter　(2) lightning

Vocabulary Practice
p. 87

A (1) tool　(2) spread　(3) soil　(4) put out
B (1) ⑦　(2) ①　(3) ⑥　(4) ③
C ⑤　**D** ②

A ▶ (1) tool: 도구
　(2) spread: 퍼지다, 번지다 (spread – spread – spread)
　(3) soil: 흙, 토양
　(4) put out: (불을) 끄다

B (1) 나는 정글에서 모험적인 삶을 살고 싶다.
　(2) 우리 가족은 어젯밤에 잠을 충분히 자지 못했다.
　(3) 그는 아프리카에서 야생동물들의 사진을 찍었다.
　(4) 그 경찰관은 아이를 구했다. 그는 진정한 영웅이다.
　▶ (1) adventurous life: 모험적인 삶, 생활
　(2) get enough sleep: 잠을 충분히 자다
　(3) wild animal: 야생동물
　(4) real hero: 진정한 영웅

C 나는 그가 좋은 의사가 될 거라고 생각한다.
　▶ 동사 make는 주로 '~을 만들다'를 의미하지만, '~이 되다 (= become)'의 뜻으로도 쓰인다.
　① 더하다　② 창조하다, 만들다
　③ 나타나다　④ 일어나다, 발생하다

D 그녀는 전문적인 요리사이다. 그녀는 식당에서 일하고 사람들을 위해 음식을 준비한다.
　▶ ② 'chef(요리사, 주방장)'에 대한 설명이다.
　① 어머니　③ 농부　④ 기자　⑤ 발명가

Expressions

Pop Quiz
p. 88

1 want to　2 you should

Expressions Practice
p. 89

A (1) painter　(2) go to bed early
B (1) I want to stay at home and watch
　(2) I think you should exercise every day.
　(3) What do you want to be in the future?
C ②　**D** ④

A (1) A: 너는 작가가 되고 싶니?
　　B: 아니, 나는 화가가 되고 싶어.
　(2) A: 나는 종종 아침에 늦게 일어나. 내가 어떻게 해야 할까?
　　B: 너는 일찍 잠자리에 드는 게 좋겠어.
　▶ (1) 작가가 되고 싶은지 묻는 질문에 No라고 답했으므로, 작가가 아닌 다른 직업이 알맞다.
　(2) 늦게 일어나는 사람에게 할 충고로는 일찍 자라는 말이 알맞다. stay up late는 '늦은 시간까지 안 자고 깨어 있다'란 뜻이다.

B (1) 나는 집에 있으면서 TV를 보고 싶어.
　(2) 내 생각에 너는 매일 운동하는 게 좋겠어.
　(3) 너는 미래에 무엇이 되고 싶니?
　▶ (1) 자신이 하고 싶은 것을 말할 때는 'I want to ~.(나는 ~ 하고 싶다.)'로 나타낸다. to 뒤에 이어지는 동사인 stay와 watch는 and로 연결한다. 이후에 TV가 있으므로 watch를 뒤에 쓴다.
　(2) 'I think you should ~.(내 생각에 너는 ~하는 게 좋겠어.)' 는 상대방에게 조언하는 표현이다.
　(3) What do you want to be in the future?는 장래 희망을 묻는 표현이다.

C A: 너는 방과 후에 무엇을 하고 싶니?
　B: 나는 도서관에 가고 싶어.
　▶ 원하는 것을 물었으므로 I want to ~.를 써서 답한다. ③은 장래 희망을 말하고 있으므로, 질문과 어울리지 않는다.
　① 나는 영화를 보러 갈 수 없어.
　③ 나는 스포츠 기자가 되고 싶어.
　④ 내 생각에 너는 밖에서 노는 게 좋겠어.
　⑤ 나는 공원에 가서 책을 읽었어.

D (B) 너는 영화감독이 되고 싶니?

(C) 응. 나는 영화감독이 되고 싶어. 내가 어떻게 해야 할까?

(A) 너는 많은 영화를 보는 게 좋겠어.

▶ 먼저 되고 싶은 것에 대해 묻는 (B)가 나온 후에, 그에 대한 응답과 조언을 요구하는 (C)가 이어지고, 마지막으로 조언을 해 주는 (A)가 나오는 것이 자연스럽다.

대화문 빈칸 채우기
pp. 92~93

① too cold ② want to ③ in the future ④ interested in ⑤ a little ⑥ get enough sleep ⑦ cross ⑧ safe ⑨ wait for ⑩ comes first ⑪ What happened ⑫ saved ⑬ real hero ⑭ like ⑮ how ⑯ stay at home ⑰ worried ⑱ What should I do ⑲ review ⑳ in good health

Grammar

Pop Quiz
pp. 94~95

1 (1) had to clean (2) don't have to finish
2 (1) should (2) shouldn't
3 When(when)

Grammar Practice
pp. 96~97

01 ④ 02 ⑤ 03 (1) don't have to call (2) shouldn't (should not) talk (3) has to buy (4) should brush 04 When (when) 05 ③ 06 ② 07 (1) should (2) have to (3) had 08 ③ 09 (1) You had to study for the math exam. (2) She doesn't have to go to the bank. 10 will rain → rains 11 ④ 12 ⑤ 13 (I think) You should get(take) some rest. 14 ① 15 (1) She should not do the work. (2) had to take care of my brother

01 나는 시험을 위해 어젯밤에 열심히 공부해야 했다.
▶ 과거를 나타내는 말인 last night가 있으므로 have to의 과거형 had to를 쓰는 것이 알맞다.

02 ▶ '~할 때'라는 뜻의 시간을 나타내는 접속사 when이 알맞다.
① ~한 후에 ② 그리고
③ ~하기 때문에 ④ ~한 이후에, ~하기 때문에
W·O·R·D·S motorcycle 오토바이

03 (1) 너는 나에게 다시 전화할 필요가 없다.
(2) 그녀는 그 문제에 대해 말하지 않는 게 좋겠다.
(3) 그는 지금 이 책을 사야 한다.
(4) 너는 식사 후에 이를 닦는 게 좋겠다.

▶ (1) don't have to+동사원형: ~할 필요가 없다
(2) should not+동사원형: ~하지 않는 게 좋겠다, should not은 shouldn't로 줄여 쓸 수 있다.
(3) 주어가 He이므로 has to를 쓴다.
(4) should+동사원형: ~하는 게 좋겠다
W·O·R·D·S call 전화하다 brush one's teeth 이를 닦다 meal 식사

04 · 제주행 다음 항공편은 언제 있습니까?
· 그는 커서 비행기 조종사가 되고 싶어 한다.
▶ 첫 번째 문장은 의문사 'when(언제)'이 들어가고, 두 번째 문장은 접속사 'when(~할 때)'이 들어간다.
W·O·R·D·S flight 항공편 grow up 자라다

05 ① 너는 언제 떠나야 하니?
② 너는 우산을 가져가는 게 좋겠다.
③ 그녀는 돈을 벌 필요가 없다.
④ Jack은 오늘 집에 일찍 가야 한다.
⑤ 너는 쓰레기를 버리면 안 된다.
▶ ③ 주어가 She이므로 doesn't have to로 써야 한다.
W·O·R·D·S make money 돈을 벌다 throw away ~을 버리다 trash 쓰레기

06 A: 나는 심한 감기에 걸렸어.
B: 너는 따뜻한 꿀물을 마시는 게 좋겠어.
▶ '~하는 게 좋겠다'라는 뜻의 조언의 should이다.

07 ▶ (1) '~하는 게 좋겠다'라는 충고·조언의 의미로 should를 쓴다.
(2) '~할 필요가 없다'라는 불필요의 의미로 don't have to를 쓴다.
(3) 뒤에 better가 있으므로 had를 써서 '~하는 게 좋겠다'라는 충고·조언의 had better로 나타낸다.
W·O·R·D·S by tomorrow 내일까지 medicine 약

08 · 나는 시간이 날 때, 산책을 한다.
· 너는 내일 우리를 방문할 필요가 없다.
▶ 첫 번째 문장은 '~할 때'라는 뜻의 접속사 when이 알맞고, 두 번째 문장은 '~할 필요가 없다'라는 뜻의 don't have to를 쓸 수 있는데, 주어가 You이고, tomorrow 때문에 과거시제는 쓸 수 없으므로 don't가 알맞다.
W·O·R·D·S take a walk 산책하다

09 (1) 너는 수학 시험에 대비해 공부해야 한다.
→ 너는 수학 시험에 대비해 공부해야 했다.
(2) 그녀는 은행에 가야 한다.
→ 그녀는 은행에 갈 필요가 없다.
▶ (1) have to의 과거형은 had to이다.
(2) has to의 부정형은 doesn't have to이다.
W·O·R·D·S math 수학 exam 시험

10 비가 오면, 나는 소풍을 가지 않을 것이다.
▶ 시간 부사절에서는 현재시제가 미래를 대신하므로 will rain을 주어인 it에 맞게 rains로 고쳐야 한다.
W·O·R·D·S go on a picnic 소풍을 가다

11 너는 늦었어. 너는 택시를 타는 게 좋겠다.

▶ had better는 '~하는 게 좋겠다'라는 뜻이므로 조동사 should로 대신할 수 있다.

12 ▶ '~할 필요가 없다'는 〈don't have to+동사원형〉으로 나타낸다.

W·O·R·D·S see a doctor (의사의) 진료를 받다

13 ▶ '~하는 게 좋겠다'라고 충고를 할 때는 〈You should+동사원형 ~.〉을 써서 표현한다. 앞에 I think를 붙여 쓸 수도 있다. '휴식을 취하다'는 get(take) some rest로 쓸 수 있다.

14 ① 나는 일찍 일어나야 한다.
② 너는 조심하는 게 좋겠다.
③ 우리는 거기에 가지 않는 게 좋겠다.
④ 그는 그 도구를 쓸 필요가 없었다.
⑤ 내 여동생과 나는 이모 댁을 방문해야 했다.

▶ ① 주어가 I이므로 have to를 써야 한다.

W·O·R·D·S careful 조심하는, 주의 깊은   tool 도구

15 (1) 그녀는 그 일을 하지 않는 게 좋겠다.
(2) 나는 내 남동생을 돌봐야 했다.

▶ (1) 충고나 조언을 하는 표현: 주어+should (not)+동사원형 ~.
(2) 의무를 나타내는 표현의 과거시제: 주어+had to+동사원형 ~.

W·O·R·D·S take care of ~을 돌보다

교과서 Reading

Do It Yourself
pp. 98~99

01 나타나다   02 도구, 수단   03 삼림 소방대원   04 ~에 도착하다   05 lightning   06 spread   07 suddenly   08 put out   09 모험심이 강한   10 흙, 토양   11 ~까지(도), ~조차(도)   12 (나무를) 베다   13 wild   14 protect   15 dangerous   16 fire line

Reading Practice
pp. 100~101

A 01 struck, in   02 had   03 so   04 it   05 were   06 a few   07 how   08 When, them   09 to make   10 have, for   11 to be   12 Being   13 be   14 dangerous   15 even, of

B 01 dangerous job   02 put out   03 When, cut down   04 There were, could not get to   05 spread, had to   06 be adventurous   07 human lives   08 jump into, only a few   09 turn the soil over and over   10 takes a long time, have to stay

A

01 ▶ 지난주에 일어난 일이므로 strike의 과거형 struck이 알맞다. / 도시나 주 이름 앞에는 전치사 in을 쓴다.

02 ▶ 바로 앞의 spread가 과거형으로 쓰였으므로 and 뒤의 동사 역시 have to의 과거형 had to로 써야 한다.

03 ▶ 원인+so+결과

04 ▶ 앞에 나온 an airplane을 나타내므로 it이 알맞다.

06 ▶ tools는 셀 수 있는 명사이므로 a few로 수식해야 한다.

08 ▶ '~할 때'라는 뜻의 접속사 when이 알맞다. / 앞에 나온 trees를 가리키므로 them이 알맞다.

09 ▶ '~하기 위해서'라는 뜻의 목적을 나타내는 to부정사의 부사적 용법이다.

10 ▶ 일반적인 사실을 나타내므로 현재형 have to로 쓴다. / for+구체적인 시간

12 ▶ 주어 역할을 하는 동명사가 되어야 한다.

B

01 ▶ 위험한 일: dangerous job

02 ▶ (불을) 끄다: put out

03 ▶ ~할 때: when / (나무를) 베다: cut down

07 ▶ 사람의 생명: human lives

08 ▶ ~로 뛰어들다: jump into / 단지 몇 안 되는: only a few

10 ▶ 시간이 오래 걸리다: take a long time / ~해야 한다: have to, 머무르다: stay

영역별 Review
pp. 102~109

01 ⑤   02 ②   03 tool   04 ③   05 ④   06 (1) dangerous (2) first (3) struck   07 ②   08 was proud of   09 ④   10 ①   11 ③   12 ④   13 ②   14 ③   15 What should I do?   16 [예시답] I want to be a movie director.   17 want to   18 ②   19 (D) - (A) - (C) - (B)   20 (1) She wants to read storybooks in English.   (2) You should take the subway not to be late.   21 What happened to the girl?   22 ③   23 ②   24 ②   25 ④   26 ④   27 ②   28 ③   29 ④   30 ②   31 You should water   32 ⑤   33 ④   34 ⑤   35 have to   36 ①   37 I didn't have to clean my room.   38 ③   39 ②   40 ③   41 ②   42 firefighter, mountain forest   43 ⑤   44 ②   45 Put Out   46 job   47 ①   48 ④   49 ⑤   50 하는 일: 삼림, 야생동물, 사람의 생명을 지킨다. / 요건: 모험심이 강하고, 건강 상태가 좋아야 한다.   51 ③   52 You should show your parents your talents.   53 ④   54 bike fishers have to fish them out   55 ③

01 ① 비행기 조종사 ② 농부 ③ 화가 ④ 변호사 ⑤ 요리기구

▶ ①~④는 직업을 나타내는 말이고, ⑤는 '요리기구'라는 뜻이다. 요리사는 cook 또는 chef로 쓴다.

02 그것은 땅의 최상층이다. 식물들이 거기서 자란다.

▶ ② 'soil(흙, 토양)'에 대한 설명이다.

① 돌 ③ 농장 ④ 사막 ⑤ 숲

W·O·R·D·S layer 층   plant 식물

03 직업 : 소방대원 = 도구 : 망치

▶ 오른쪽 단어가 왼쪽 단어에 포함되는 관계이다. 망치는 '도구'에 포함된다.

W·O·R·D·S hammer 망치

04 ① 그는 장작으로 쓰기 위해 나무를 베었다.

② 그녀는 생선을 조심스럽게 뒤집었다.

③ 아이조차도 그 산에 오를 수 있다.

④ 불을 끄기 위해 소화기를 사용하라.

⑤ 나는 미래에 해외에서 공부하고 싶다.

▶ ③의 even은 '~조차(도)'라는 뜻이고, '충분한'이라는 뜻은 enough로 나타낸다.

W·O·R·D·S firewood 장작   carefully 조심스럽게   climb 오르다
extinguisher 소화기   abroad 해외에서

05 나는 버스를 놓쳐서 제시간에 공항에 도착할 수 없었다.

▶ get to+장소: ~에 도착하다(= arrive at)

① ~으로 돌아오다 ② ~에 머무르다
③ ~을 기다리다 ⑤ ~으로 뛰어들다

W·O·R·D·S miss 놓치다   in time 제시간에, 늦지 않게

06 (1) 스트레스는 건강에 위험할 수 있다.

(2) 내 생각에 안전이 항상 최우선이다.

(3) 번개가 나무를 쳤다.

▶ (1) dangerous: 위험한 (safe: 안전한)

(2) come first: 최우선이다, 가장 중요하다 (last: 마지막으로)

(3) struck: 'strike(세게 치다, 때리다)'의 과거형
(spread: 'spread(번지다, 퍼지다)'의 과거형)

07 • 나는 많은 친구들을 사귀고 싶다.

• 내 생각에 너는 좋은 무용수가 될 것이다.

▶ 동사 make는 주로 '~을 만들다'를 의미하지만, '~이 되다(= become)'의 뜻으로도 쓰인다. make friends는 '친구를 사귀다'란 뜻이다.

① 건너다 ③ 배우다 ④ 나타나다 ⑤ ~이 되다

08 ▶ be proud of: ~을 자랑스러워하다

09 A: Judy는 방과 후에 뭘 하고 싶어 하니?

B: 그녀는 _____(하)고 싶어 해.

▶ do를 써서 방과 후에 하고 싶은 것을 묻고 있으므로 일반동사를 써서 답한다. ④ '교사가 되다'는 be동사를 써서 되고 싶은 것을 말하고 있다.

① 게임을 하다

② 영어를 공부하다

③ 음악을 듣다

⑤ 도서관에 가다

10 ① 너는 규칙적으로 운동할 수 있어.

② 규칙적으로 운동하는 게 어때?

③ 너는 규칙적으로 운동하는 게 좋겠어.

④ 너는 규칙적으로 운동하는 게 어때?

⑤ 내 생각에 너는 규칙적으로 운동하는 게 좋겠어.

▶ ①에 쓰인 can은 '~할 수 있다'라는 뜻으로 능력을 나타내고, ②~⑤는 모두 상대방에게 조언을 하는 표현이다.

W·O·R·D·S regularly 규칙적으로

11 너는 오늘 밤에 뭘 하고 싶니?

▶ 상대방에게 하고 싶은 것을 묻고 있으므로 I want to ~ 또는 I would like to ~를 써서 대답한다. 따라서 ③ '나는 영화 보러 가고 싶어.'가 알맞다.

① 나는 우리 집을 청소해야 했다.

② 나는 경찰관이 되고 싶어.

④ 그는 집에서 쉬고 싶어 해.

⑤ 나는 지훈이가 숙제하는 것을 도울 수 있어.

W·O·R·D·S go to the movies 영화 보러 가다   take a rest 쉬다

12 A: 길을 건너자.

B: 안 돼, 빨간불이야. 안전하지 않아. 우리는 파란불을 기다리는 게 좋겠어.

▶ should는 '~하는 게 좋겠다' 또는 '~해야 한다'라는 뜻으로 충고나 조언을 할 때 쓴다. 따라서 ought to를 쓴 ④ '우리는 파란불을 기다려야 해.'와 바꿔 쓸 수 있다.

① 우리는 파란불을 기다렸어.

② 우리는 파란불을 기다릴 거야.

③ 우리는 파란불을 기다리고 싶어.

⑤ 우리는 파란불을 기다릴 필요가 없어.

W·O·R·D·S cross 건너다

13 A: 너는 화가가 되고 싶니?

B: 응, 나는 화가가 되고 싶은데, 방법을 모르겠어.

A: 너는 미술관을 자주 방문하는 게 좋겠어.

▶ 미술관을 자주 방문하라는 조언을 하고 있으므로 A가 '화가'가 되기 위한 방법을 고민하고 있음을 알 수 있다.

① 요리사 ③ 비행기 조종사 ④ 기자 ⑤ 경찰관

14 A: 저는 어젯밤에 잠을 충분히 못 잤어요. 추리소설을 읽고 있었거든요.

B: 너는 일찍 자는 게 좋겠다.

▶ 잠을 충분히 자지 못한 사람에게는 일찍 자라는 조언을 하는 것이 알맞다.

① 너는 나에게 말하는 게 좋겠다.

② 너는 네 자신의 이야기를 쓰는 게 좋겠다.

④ 너는 책을 더 많이 읽는 게 좋겠다.

⑤ 너는 수업에 집중하는 게 좋겠다.

W·O·R·D·S get enough sleep 잠을 충분히 자다   detective novel 탐정소설, 추리소설   focus on ~에 집중하다

15 A: 나는 축구를 잘하지 못해. 내가 어떻게 해야 할까?

B: 너는 매일 달리는 게 좋겠어.

▶ What should I do?는 '내가 어떻게 해야 할까?'라는 뜻으로 조언을 구하는 표현이다.

W·O·R·D·S run 달리다

16 나는 수의사가 되고 싶어. 나는 동물들을 돕고 싶거든. 너는 미래에 무엇이 되고 싶니?
▶ 자신의 장래 희망은 I want to be ~를 이용하여 쓴다.

17 나는 주말에 산에 오르고 싶어.
▶ '~하고 싶다'라는 뜻의 would like to는 want to로 바꿔 쓸 수 있다.
W·O·R·D·S on the weekend 주말에

18 나는 내 친구와 싸웠고, 그녀는 더 이상 나와 말을 하지 않아.
▶ 친구와 싸운 사람에게 해 줄 조언으로는 ② '네가 먼저 그녀에게 사과하는 게 좋겠어.'가 가장 알맞다.
① 그녀와 함께 매일 공부해라.
③ 너는 다시 그녀와 말하지 않는 게 좋겠어.
④ 너는 그녀에게 화를 내는 게 좋겠어.
⑤ 내 생각에 너는 다른 친구들을 사귀는 게 좋겠어.
W·O·R·D·S fight with ~와 싸우다   say sorry 사과하다   get angry with ~에게 화를 내다

19 (D) 산책하러 가자. 날씨가 좋아.
(A) 밖이 너무 춥다고 생각하지 않니?
(C) 정말? 그럼 넌 뭘 하고 싶은데?
(B) 나는 집에 있으면서 책을 읽고 싶어.
▶ 현재 날씨에 대해 말한 후에, 그와 관련해 하고 싶은 것을 묻고 답하는 대화로 완성한다.

20 ▶ (1) 주어＋want to＋동사원형 ~.: 바람이나 소원을 나타내는 표현
(2) You should＋동사원형 ~.: 상대방에게 조언을 하는 표현

[21~23]
Jaden: 너 뉴스 봤어? 쇼핑몰에 불이 났는데, 한 여자아이가 여전히 건물에 있었어.
유리: 정말? 그 여자아이는 어떻게 됐어?
Jaden: 다행히, 한 소방관이 화장실에서 그녀를 발견해서 구해냈어.
유리: 와, 잘됐어! 그 소방관은 진짜 영웅이네.
Jaden: 그러게 말이야! 난 그처럼 되고 싶어.
유리: 오, 너는 소방관이 되고 싶니?
Jaden: 아니, 난 경찰관이 되고 싶은데, 방법을 모르겠어. 내가 어떻게 해야 할까?
유리: 내 생각에 너는 매일 운동하고 태권도를 배우는 게 좋겠어.
Jaden: 그거 좋은 생각이다.

21 ▶ What happened to ~?는 직역하면 '~에게 무슨 일이 일어났니?'라는 뜻으로 '~은 어떻게 되었니?'라는 의미를 나타낸다.

22 ▶ 주어진 문장은 '난 그처럼 되고 싶어.'라는 뜻으로, 여자아이를 건물의 화장실에서 구해낸 소방관에 대한 내용이 나오고 그 소방관을 진정한 영웅으로 언급한 후인 ③에 들어가는 것이 알맞다.

23 ▶ I think you should ~.는 상대방에게 조언을 하는 표현이다.

24 • 너는 자전거를 탈 때 헬멧을 써야 한다.
• 그들은 이 강에서 수영할 것이다.

▶ 의무를 나타내는 have to는 must, should 등과 바꿔 쓸 수 있고, 미래를 나타내는 be going to는 will과 바꿔 쓸 수 있다.

25 ▶ '~할 때'라는 의미는 접속사 when으로 나타낸다.
① ~하기 전에 ② ~한 후에
③ ~한 이후에, ~하기 때문에 ⑤ ~하기 때문에

26 Suzy는 피아노를 잘 치기를 원한다.
▶ want는 to부정사를 목적어로 취하는 동사이다.

27 날씨가 좋으면, 나는 공원에서 산책할 것이다.
▶ 시간을 나타내는 부사절에서는 현재시제가 미래를 대신한다. 따라서 현재형 동사 is가 알맞다.

28 • 우리 가족은 10년 동안 런던에서 살았다.
• 그들은 종종 숲에서 머물러야 한다.
▶ 도시, 나라 이름 앞이나 비교적 넓은 장소 앞에서는 전치사 in을 쓴다.

29 삼림 소방대원은 몇 개의 도구를 가지고 숲으로 뛰어든다.
▶ a few는 '몇 개의, 약간의'라는 뜻으로 some의 의미와 같다. 단, 셀 수 있는 복수형 명사 앞에서만 쓰인다. few는 '거의 없는'이라는 부정의 뜻이다. little은 '거의 없는'이란 뜻으로 셀 수 없는 명사 앞에서 쓰인다.

30 _____해 주겠니?
▶ 동사와 부사로 이루어진 구동사의 목적어가 대명사인 경우 동사와 부사 사이에 온다. 목적어가 명사인 경우에는 동사와 부사 사이 또는 부사 뒤에 올 수 있다. 따라서 ②는 turn them off가 되어야 한다.
① 그것을 켜다
② 그것들을 끄다
③ 나무를 베다
④ 전등을 끄다
⑤ 음량을 줄이다
W·O·R·D·S turn on(off) (불을) 켜다(끄다)   turn down (소리를) 줄이다

31 A: 내가 어떻게 해야 할까?
B: 너는 화초에 물을 주는 게 좋겠어.
▶ 그림의 식물이 시들어가고 있으므로 물을 주라는 조언을 한다. 조동사 should로 조언이나 마땅히 해야 하는 의무를 나타낼 수 있다. '화초에 물을 주다'는 water the plant로 쓸 수 있다.
W·O·R·D·S plant 식물, 화초

32 ① 우리 아빠가 그것들을 치웠다.
② 그는 야구를 하고 싶어 한다.
③ 소방대원들이 곧 거기에 도착했다.
④ 나는 서울에서 새 아파트에 산다.
⑤ 그들은 며칠 동안 일하지 않는 게 좋겠다.
▶ ① 대명사 목적어는 동사와 부사 사이에 온다.
moved away them → moved them away
② want는 to부정사를 목적어로 취한다.
wants to playing → wants to play

③ to는 전치사로 뒤에 부사 there가 올 수 없다.
got to there → got there
④ 도시 이름 앞에는 전치사 in을 쓴다. / at Seoul → in Seoul
W·O·R·D·S move away ~을 치우다　for a few days 며칠 동안

33 A: 박물관 안에서 사진을 찍어도 되나요?
B: 아니요, 안 됩니다.
▶ No라고 했으므로 부정어를 넣어 No, you may not.이 알맞은 대답이지만, '박물관 안에서 사진을 찍어서는 안 된다'라는 강한 금지의 의미이므로 must not도 가능하다.
W·O·R·D·S take a picture 사진을 찍다　inside 안에서

34 ① 패스트푸드를 먹지 마라.
② 패스트푸드를 절대로 먹지 마라.
③ 패스트푸드를 먹어서는 안 된다.
④ 패스트푸드를 먹지 말아야 한다.
⑤ 패스트푸드를 먹을 필요가 없다.
▶ ①~④는 모두 '하지 말라'는 금지의 의미를 나타내지만, ⑤는 '~할 필요가 없다'는 불필요의 의미를 나타낸다.

35 너는 8시까지 집에 돌아와야 한다.
▶ 조동사 'must(~해야 한다)'는 have to로 대신할 수 있다.
W·O·R·D·S by ~까지

36 ① 민호는 진료를 받아야 한다.
② 사람들은 빨간불에 멈춰야 한다.
③ 너는 컴퓨터 게임을 하지 않는 게 좋겠다.
④ 나는 우유를 좀 사기 위해 시장에 갈 것이다.
⑤ 비가 내리고 있어서, 나는 우산을 가지고 갈 것이다.
▶ ① 주어가 3인칭 단수일 때는 has to를 쓴다.

37 나는 내 방을 청소해야 한다.
→ 나는 내 방을 청소할 필요가 없었다.
▶ have to의 부정은 don't have to이고, 과거형은 didn't have to를 쓴다.

38 〈보기〉 한가할 때, 나는 여러 곳을 여행한다.
① 그가 오면, 나는 그에게 말할 것이다.
② 어렸을 때, 나는 고양이를 길렀다.
③ 첫 번째 지하철은 언제 출발합니까?
④ 아플 때, 나는 잠을 많이 잔다.
⑤ 감기에 걸리면 나는 물을 많이 마신다.
▶ 〈보기〉는 접속사로 쓰인 when이다. ①, ②, ④, ⑤의 when은 접속사이고, ③의 when은 '언제'라는 뜻의 의문사이다.
W·O·R·D·S free time 한가한 시간　catch a cold 감기에 걸리다

39 나는 너의 문제를 이해해. 너는 그래도 매일 운동하고 연습하는 게 좋겠어. 네가 연습할 때, 너의 슛을 개선하는 데 집중하는 것이 좋겠어. 네가 훌륭한 농구 선수가 되기를 바라.
▶ ② because는 '~하기 때문에'라는 뜻의 이유를 나타내는 접속사이고, 주절에는 결과에 해당하는 내용이 나온다. 여기서는 '~할 때'라는 뜻의 시간을 나타내는 접속사 when이 알맞다.
W·O·R·D·S practice 연습하다　focus on ~에 집중하다　improve 개선하다　shot 슛

[40~42]
지난주, 나무에 번개가 쳐서 캘리포니아에 있는 산림에 화재가 시작되었다. 불은 빠르게 번졌고, 소방대원들은 그곳에 빨리 도착해야 했다. 하지만, 숲에는 도로가 없어서, 소방차들이 화재 현장에 도달할 수 없었다! 갑자기 비행기 한 대가 나타났고, 한 무리의 소방대원들이 비행기에서 뛰어내리기 시작했다. 그들은 삼림 소방대원들이었다.

40 ▶ ⓒ 지난주에 있었던 일에 관한 글로 시제가 과거이므로 have to의 과거형인 had to가 알맞다.

41 ▶ 소방차들이 화재 현장에 갈 수 없었던 이유는 숲에 ② '도로'가 없기 때문이었다.
① 나무　③ 자동차　④ 물　⑤ 사람들

42 삼림 소방대원은 일종의 소방대원이다. 산림에 화재가 났을 때, 그는 불을 진화한다.
▶ 삼림 소방대원은 산림의 화재를 진화하는 소방대원이다.
W·O·R·D·S a kind of 일종의

[43~45]
삼림 소방대원들은 도구 몇 개만 가지고 숲으로 뛰어내리고, 마시는 물만 들고 다닌다. 그러면, 그들은 숲에서 어떻게 화재를 진화하는가? (C) 그들은 지상에 있을 때, 나무들을 베어내고 치운다. (A) 그들은 또한 방화선을 만들기 위해 흙을 계속 갈아엎는다. (B) 그 작업은 시간이 오래 걸려서, 그들은 종종 며칠 동안 숲에 머물러야 한다.

43 ▶ 화재를 진화하는 방법을 순서대로 배열한다.
(C) 나무 베어내고 치우기 → (A) 흙을 갈아엎어 방화선 만들기 → (B) 며칠 동안 숲에 머물며 작업하기

44 ① 나는 1등상을 받기 위해 열심히 연습했다.
② 나는 그녀를 위해 장미를 좀 사고 싶다.
③ 그들은 집을 사기 위해 돈을 저축했다.
④ 그는 삼촌을 만나기 위해 캐나다에 갔다.
⑤ 우리는 게임을 하기 위해 스마트폰을 사용한다.
▶ to make와 ①, ③, ④, ⑤는 목적을 나타내는 부사적 용법의 to부정사이고, ②는 want의 목적어 역할을 하는 명사적 용법의 to부정사이다.
W·O·R·D·S win first prize 1등상을 받다　save money 돈을 저축하다

45 숲에서 화재를 진화하는 방법
▶ Then, how do they put out a fire in the forest?에서 제목을 추측할 수 있다. / put out: (불을) 끄다
W·O·R·D·S how to ~하는 방법

[46~47]
여러분은 삼림 소방대원이 되고 싶은가? 삼림 소방대원이 되는 것은 매우 위험한 일이다. 여러분은 모험심이 있어야 하고 건강 상태가 좋아야 한다. "저는 제 일이 위험한 것을 알고 있지만, 제 일이 좋습니다."라고 캘리포니아의 삼림 소방대원인 Thomas McCarthy는 말한다. 그는 덧붙인다. "저는 삼림과 야생동물, 그리고 사람의 생명까지 지킵니다. 저는 제 직업이 정말 자랑스럽습니다!"

46 ▶ 이 글에서 smokejumper를 위험한 '일, 직업'으로 설명하고 있다.

47 ▶ ⓐ는 일반인을 가리키고, ⓑ~ⓔ는 Thomas McCarthy를 가리킨다.

48 그들은 사람들을 위험으로부터 보호해 준다. 그들은 어려운 사건들을 해결할 때 신이 난다. 그들과 같은 사람이 되기 위해서는 매일 운동을 하는 것이 좋겠다.
　▶ 사람들을 위험에서 보호하고, 어려운 사건들을 해결하는 사람은 ④ '경찰관'이다.
　① 의사　② 변호사　③ 발명가　⑤ 기자
　W·O·R·D·S　excited 신이 난, 흥분한　solve 해결하다　case 사건

[49~50]
기자: 　당신은 왜 당신의 일을 자랑스러워합니까?
McCarthy: 저는 삼림, 야생동물, 그리고 사람의 생명까지 지킵니다.
기자: 　삼림 소방대원이 되려면 어떻게 해야 하죠?
McCarthy: 제 일은 매우 위험하므로 모험심이 강해야 합니다. 또한 건강 상태가 좋아야 합니다.

49 ▶ 빈칸 뒤에서 삼림 소방대원이 되기 위한 요건을 말하고 있으므로 ⑤ '삼림 소방대원이 되려면 어떻게 해야 하죠?'가 질문으로 알맞다.
　① 당신은 어떻게 불을 진화합니까?
　② 당신은 숲에서 무엇을 합니까?
　③ 당신의 일에 대해 어떻게 생각합니까?
　④ 숲을 보호하는 것이 왜 중요합니까?

50 ▶ McCarthy의 첫 번째 말에서 삼림 소방대원이 하는 일을 알 수 있고, 두 번째 말에서 삼림 소방대원이 되기 위한 요건을 알 수 있다.

[51~52]
지훈이에게,
나는 너의 문제를 이해해. 너는 네 부모님께 너의 재능을 보여 드리는 게 좋겠어. 네가 그분들과 이야기할 때, 랩 음악에 대한 너의 애정에 대해 말씀드려야 해. 네 부모님께서 너를 이해해 주시기를 바라.
Andrew가
W·O·R·D·S　understand 이해하다

51 ▶ 랩 음악에 대한 애정에 대해 부모님께 말씀드리라는 조언을 하고 있으므로, 지훈이의 고민으로는 ③ '나는 래퍼가 되고 싶지만, 우리 부모님은 그 생각을 좋아하지 않으셔.'가 알맞다.
　① 나는 꿈이 없어.
　② 나는 농구 선수가 되고 싶지만, 나는 키가 충분히 크지 않아.
　④ 나는 가수가 되고 싶지만, 좋은 목소리를 가지지 못했어.
　⑤ 나는 애완견을 키우고 싶지만, 우리 부모님은 그 생각을 좋아하지 않으셔.

52 ▶ You should ~.를 이용하여 상대방에게 조언을 할 수 있다.
　show+간접목적어+직접목적어 = show+직접목적어+to+ 간접목적어

[53~55]
자전거 낚시꾼
여러분은 네덜란드에 있을 때, 자전거 낚시꾼을 만날 수 있다. 물속에 낡은 자전거가 많이 있으므로, 자전거 낚시꾼들은 그것들을 꺼내야 한다.
코끼리 의상 담당자
여러분은 스리랑카에 있을 때, 특별한 코끼리들을 많이 볼 수 있다. 스리랑카에서는 코끼리 의상 담당자들이 코끼리들을 위해 아름다운 옷을 만든다. 코끼리들은 몸집이 커서, 그들은 코끼리 옷을 아주 크게 만들어야 한다.

53 ▶ '~할 때'라는 뜻의 접속사 When이 알맞다.
　① 어떻게　② 왜　③ 무엇　⑤ 어디

54 ▶ 〈fish+대명사 목적어+out〉의 어순이 알맞다.

55 ▶ ③ 스리랑카에서 코끼리를 숭배하는지는 글의 내용으로 알 수 없다.

단원 Test　pp. 110~114

> 01 ②　02 ④　03 ③　04 Suddenly　05 ⑤　06 ②　07 ②
> 08 ⓐ fire ⓑ saved　09 ②　10 When it rains, you should stay at home. / You should stay at home when it rains.
> 11 ③　12 (1) When he listens　(2) You should study　13 ④
> 14 ④, ⑤　15 (1) becoming → to become　(2) exercises → exercise　16 ③　17 ④　18 ①　19 (1) 나무들을 베어내고 치운다.
> (2) 방화선을 만들기 위해 흙을 계속 갈아엎는다.　20 forest　21 ④
> 22 ⑤　23 ④　24 ②　25 ⓐ old bikes ⓑ elephant dressers

01 〈보기〉 안전한 : 안전
　① 진짜의, 현실의 : 사실, 현실
　② 행운 : 다행히
　③ 야생의 : 야생
　④ 위험한 : 위험
　⑤ 모험심이 강한 : 모험
　▶ ①, ③, ④, ⑤는 〈보기〉와 같이 '형용사 : 명사'의 관계이고, ②는 '명사 : 부사'의 관계이다.

02 ▶ protect A from B: A를 B로부터 보호하다
　spread: 번지다, 퍼지다(-spread -spread)
　W·O·R·D·S　quickly 빠르게

03 ① A: 너는 농부가 되고 싶니?
　　B: 아니, 그렇지 않아. 나는 요리사가 되고 싶어.
　② A: 넌 오늘 뭘 하고 싶어?
　　B: 나는 집에 있으면서 책을 읽고 싶어.
　③ A: 네가 내 수업 시간에 피곤해 보이더구나.
　　B: 저는 어젯밤에 잠을 충분히 잤어요.
　④ A: 너는 미래에 무엇이 되고 싶니?
　　B: 나는 변호사가 되고 싶어. 나는 어려움에 처한 사람들을 돕고 싶어.
　⑤ A: 나는 시험 준비가 안 되었어. 내가 어떻게 해야 할까?
　　B: 너는 먼저 네가 필기한 것을 복습하는 게 좋겠어.

▶ ③ 피곤해 보인다는 말에 잠을 충분히 잤다고 응답하는 것은 대화의 흐름상 어색하다.

W·O·R·D·S in need 어려움에 처한   be ready for ~에 대한 준비가 되다   review 복습하다

04 갑자기, 날씨가 몹시 추워졌다.
▶ all of a sudden: 갑자기(= suddenly)

05 (C) 길을 건너자. 우리 학교에 늦겠어.
(B) 안 돼, 빨간불이야. 안전하지 않아.
(A) 차가 없잖아. 그리고 나는 학교에 늦기 싫어.
(D) 우리는 그래도 파란불을 기다리는 게 좋겠어. 안전이 항상 최우선이야.
▶ 길을 건너자는 말에 빨간불임을 알려 주고, 다시 차가 없고 학교에 늦기 싫다는 말이 나온 후에 그럼에도 파란불을 기다리자고 말하는 순서로 완성하는 것이 자연스럽다.
W·O·R·D·S be late for ~에 늦다   come first 최우선이다

06 A: 너는 미래에 무엇이 되고 싶니?
B: 잘 모르겠어. 그건 어려운 질문이야. 너는 어때?
A: 나는 스포츠 기자가 되고 싶어. 나는 스포츠에 관심이 있어.
▶ 장래 희망을 되묻는 말에 스포츠에 관심이 있다고 했으므로 스포츠 기자가 되고 싶다는 말이 빈칸에 알맞다.
① 나는 야구 선수야.
③ 나는 많은 종류의 스포츠를 하고 싶어.
④ 나는 운동이 매우 중요하다고 생각해.
⑤ 나는 그가 미래에 축구 선수가 되고 싶어 한다고 생각해.

[07~08]
Jaden: 너 뉴스 봤니? 쇼핑몰에 불이 났는데, 한 여자아이가 여전히 건물에 있었어.
유리: 정말? 그 여자아이는 어떻게 됐어?
Jaden: 다행히, 한 소방관이 화장실에서 그녀를 발견해서 구해냈어.
유리: 와, 잘됐다! 그 소방관은 진짜 영웅이네.
Jaden: 그러게 말이야! 난 그처럼 되고 싶어.
유리: 오, 너는 소방관이 되고 싶니?
Jaden: 아니, 난 경찰관이 되고 싶은데, 방법을 모르겠어. 내가 어떻게 해야 할까?
유리: 내 생각에 너는 매일 운동하고 태권도를 배우는 게 좋겠어.
Jaden: 그거 좋은 생각이다.

07 ▶ 빈칸 뒤에 이어진 상대방의 대답에서 경찰관이 되기 위한 조언을 하고 있으므로, 빈칸에는 조언을 구하는 표현인 What should I do?가 알맞다.
① 그는 무엇을 했니?
③ 너는 무엇을 할 거니?
④ 그는 매일 무엇을 하니?
⑤ 너는 소방대원에 대해 어떻게 생각하니?

08 쇼핑몰에서 화재가 있었는데, 한 소방관이 화장실 안에 있는 한 여자아이를 구했다.
▶ 기사는 사건 내용에 대한 사실로 구성한다. 화재 사건에 대한 내용은 대화의 앞부분 Jaden의 말에서 알 수 있다.

09 ① 아기들은 비누를 가지고 놀아서는 안 된다.
② 나는 오늘 설거지를 해야 한다.
③ 너는 고양이 꼬리를 잡아당기지 말아야 한다.
④ 그녀는 내일 일찍 일어나야 한다.
⑤ 그는 그 약을 먹어야 하니?
▶ ② have to는 '~해야 한다'라는 뜻의 조동사로 뒤에 동사원형이 온다. 따라서 have to do로 고쳐야 한다.
W·O·R·D·S soap 비누   do the dishes 설거지를 하다   pull 당기다   tail 꼬리   medicine 약

10 ▶ 두 개의 절(주어+동사 ~)을 연결할 때에는 접속사가 필요한데, '~할 때'라는 의미이므로 부사절을 이끄는 접속사 when을 사용한다. when이 이끄는 시간 부사절은 문장의 앞과 뒤에 모두 올 수 있는데, 앞에 올 때는 부사절의 끝에 콤마를 찍는다.
W·O·R·D·S stay at home 집에 머물다

11 ▶ '~해야 한다'라는 의무의 의미로 조동사 must, should, have to를 쓸 수 있다. 조동사 뒤에는 반드시 동사원형이 와야 한다. be동사인 경우 원형인 be를 쓴다.
W·O·R·D·S quiet 조용한

12 ▶ (1) '~할 때'는 접속사 when으로 나타낸다. 주어가 he이므로 동사 listen에 s를 붙인다.
(2) '~하는 게 좋겠다'는 조동사 should로 나타낸다. 조동사 뒤에는 동사원형을 쓴다.
W·O·R·D·S fall asleep 잠이 들다   get a good grade 좋은 성적을 받다

13 ▶ '~할 때'라는 의미의 접속사 when이 알맞다.
① ~한 후에 ② ~한 이후에
③ ~하기 때문에 ⑤ 비록 ~일지라도
W·O·R·D·S both 양쪽의

14 내 생각에 너는 그녀와 이야기하는 게 좋겠어.
▶ should는 '~하는 게 좋겠다'라는 뜻으로 충고나 조언, 마땅히 해야 하는 의무 등을 나타낸다. 의미상 ought to 또는 had better와 바꿔 쓸 수 있다.

15 지수는 소방관이 되고 싶어 한다. 그녀는 소방관들이 진짜 영웅들이라고 생각한다. 소방관이 되기 위해서, 그녀는 매일 운동해서 좋은 건강 상태를 유지해야 한다.
▶ (1) want는 to부정사를 목적어로 취한다.
(2) 조동사 should 뒤에는 동사원형이 온다.

[16~17]
지난주, 나무에 번개가 쳐서 캘리포니아에 있는 산림에 화재가 시작되었다. 불은 빠르게 번졌고, 소방대원들은 그곳에 빨리 도착해야 했다. 하지만, 숲에는 도로가 없었다. 그래서 소방차들이 화재 현장에 도달할 수 없었다! 갑자기 비행기 한 대가 나타났고, 한 무리의 소방대원들이 비행기에서 뛰어내리기 시작했다. 그들은 삼림 소방대원들이었다.

16 ▶ 주어진 문장은 '그래서 소방차들이 화재 현장에 도달할 수 없었다!'라는 뜻으로, 앞에 그 이유에 대한 내용이 나와야 한다. 따라서 숲에 도로가 없었다는 내용이 나온 다음인 ③에 들어가는 것이 알맞다.

17 ① 언제 화재가 시작되었습니까?
② 번개가 무엇을 내리쳤습니까?
③ 화재는 어디에서 발생했습니까?
④ 왜 화재가 빠르게 번졌습니까?
⑤ 누가 비행기에서 뛰어내렸습니까?
▶ ① 지난주에
② 나무
③ 캘리포니아에 있는 산림에서
④ 알 수 없음
⑤ 삼림 소방대원들

[18~19]
삼림 소방대원들은 도구 몇 개만 가지고 숲으로 뛰어내리고, 마시는 물만 들고 다닌다. 그러면, 그들은 숲에서 어떻게 화재를 진화하는가? 그들은 지상에 있을 때, 나무들을 베어내고 치운다. 그들은 또한 방화선을 만들기 위해 흙을 계속 갈아엎는다. 그 작업은 시간이 오래 걸려서, 그들은 종종 며칠 동안 숲에 머물러야 한다.

18 ▶ ① jump into: ~(안)으로 뛰어들다 / jump out of: ~(밖)으로 뛰어내리다, 뛰쳐나가다

19 ▶ Then, how do they put out a fire in the forest? 뒤에 삼림 소방대원들이 산불을 진화하기 위해 하는 일이 나와 있다.

[20~22]
여러분은 삼림 소방대원이 되고 싶은가? 삼림 소방대원이 되는 것은 매우 위험한 일이다. 여러분은 모험심이 있어야 하고 건강 상태가 좋아야 한다. "저는 제 일이 위험한 것을 알고 있지만, 제 일이 좋습니다."라고 캘리포니아의 삼림 소방대원인 Thomas McCarthy는 말한다. 그는 덧붙인다. "저는 삼림과 야생동물, 그리고 사람의 생명까지 지킵니다. 저는 제 직업이 정말 자랑스럽습니다!"

20 그것은 넓은 땅이다. 그것은 많은 나무와 관목으로 덮여 있다.
▶ 'forest(숲, 삼림)'에 대한 설명이다.
W·O·R·D·S be covered with ~으로 덮여 있다 bush 관목

21 ▶ (A) 주어에 해당하므로 동명사 Being이 알맞다.
(B) 앞의 should be와 and로 연결되어 있으므로 be가 알맞다.
(C) 명사 'life(삶, 생명)'의 복수형은 lives이다.

22 기자: 당신은 왜 당신의 일을 자랑스러워합니까?
McCarthy: 저는 삼림, 야생동물, 그리고 사람의 생명까지 지킵니다.
기자: 삼림 소방대원이 되려면 어떻게 해야 하죠?
McCarthy: 제 일은 매우 위험하므로 모험심이 강해야 합니다. 또한 건강 상태가 좋아야 합니다.
▶ be동사 다음에 나와 상태를 나타내는 말로 쓰였으므로 모두 형용사형이 알맞다.
ⓐ be proud of: ~을 자랑스러워하다
(be afraid of: ~을 두려워하다)
ⓑ dangerous: 위험한 (danger: 위험)
ⓒ adventurous: 모험심이 강한 (adventure: 모험)
W·O·R·D·S be in good health 건강 상태가 좋다

23 나는 래퍼가 되고 싶지만, 우리 부모님은 그 생각을 좋아하지 않으셔.
— 지훈

지훈이에게,
나는 너의 문제를 이해해. 너는 네 부모께 너의 재능을 보여 드리는 게 좋겠어. 네가 그분들과 이야기할 때, 랩 음악에 대한 너의 애정에 대해 말씀드려야 해. 네 부모님께서 너를 이해해 주시기를 바라.
Andrew가
▶ ④ Andrew는 지훈이의 고민에 대해 조언해 주고 있다.

24 경찰관들은 사람들을 위험으로부터 보호해 준다. 그들은 어려운 사건들을 해결할 때 신이 난다. 경찰관이 되기 위해서는 매일 운동을 하는 것이 좋겠다.
Q. 경찰관은 무슨 일을 합니까?
▶ 경찰관이 하는 일을 묻고 있으므로, 문맥상 ② '그들은 사람들을 위험에서 구한다.'가 대답으로 가장 알맞다.
① 그들은 아프고 나이 든 사람들을 돕는다.
③ 그들은 자신의 직업을 정말로 자랑스러워한다.
④ 그들은 어려운 수학 문제를 푼다.
⑤ 그들은 좋은 건강 상태를 유지하기 위해 매일 운동한다.

25 자전거 낚시꾼
여러분은 네덜란드에 있을 때, 자전거 낚시꾼을 만날 수 있다. 물속에 낡은 자전거가 많이 있으므로, 자전거 낚시꾼들은 그것들을 꺼내야 한다.
코끼리 의상 담당자
여러분은 스리랑카에 있을 때, 특별한 코끼리들을 많이 볼 수 있다. 스리랑카에서는 코끼리 의상 담당자들이 코끼리들을 위해 아름다운 옷을 만든다. 코끼리들은 몸집이 커서, 그들은 코끼리 옷을 아주 크게 만들어야 한다.
▶ ⓐ 자전거 낚시꾼이 물속에서 꺼내는 것은 old bikes이다.
ⓑ 앞 문장의 주어인 elephant dressers를 가리킨다.

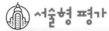 **서술형 평가**

Basic   p. 115
A (1) Suddenly (2) spread (3) adventurous
B (1) wants to go (2) should be back (3) goes
C (1) has to finish (2) should not tell
D (1) have to turn (2) should not swim (3) must not take

A (1) 갑자기 개가 뛰어올라 할머니를 물었다.
(2) 어젯밤, 화재가 도시 전역으로 빠르게 번졌다.
(3) 그는 정글에서 모험적인 삶을 살았다.
▶ (1) 문장 전체를 수식하는 부사 suddenly가 알맞다.
(2) 과거시제이므로 spread의 과거형인 spread가 알맞다.
(3) 명사 life를 수식하는 형용사 adventurous가 알맞다.
W·O·R·D·S bite 물다(-bit-bitten) jungle 정글, 밀림

B (1) 그녀는 항상 디자인을 공부하기 위해 이탈리아에 가고 싶어 한다.
(2) 너는 4시까지 사무실로 돌아와야 한다.
(3) Mike는 대학에 가면, 스포츠카를 살 것이다.
▶ (1) want는 동사가 목적어로 오면 to부정사 형태로 쓴다. 주어가 3인칭 단수이므로 wants to go가 알맞다.

(2) 조동사 should 뒤에는 동사원형을 쓰는데, 문장에 동사가 없다. 따라서 back 앞에 동사원형 be를 넣어야 한다.

(3) 시간 접속사가 나오는 부사절에서는 현재시제로 미래시제를 대신하므로 goes가 알맞다.

W·O·R·D·S be back 돌아오다 office 사무실

C (1) James는 5시까지 이 일을 끝내야 한다.

(2) 너는 친구들에게 거짓말을 하지 말아야 한다.

▶ (1) must는 have to로 바꿔 쓸 수 있는데, 주어가 3인칭 단수이므로 has to로 쓴다.

(2) ought to는 should로 바꿔 쓸 수 있다. ought to의 부정형은 ought not to이고, should의 부정형은 should not이다.

W·O·R·D·S tell a lie 거짓말하다

D (1) 너는 우회전해야 한다.

(2) 너는 이 강에서 수영하지 말아야 한다.

(3) 너는 화랑에서 사진을 찍어서는 안 된다.

▶ 의무를 나타내는 조동사로 have to, should, must가 있다. should와 must는 부정어 not을 뒤에 써서 금지의 의미를 나타낼 수 있다.

(1) have to+동사원형

(2) should not+동사원형

(3) must not+동사원형

W·O·R·D·S gallery 화랑, 미술관

Intermediate
p. 116

A (1) Doing(To do) yoga is good for your health.

(2) It was very cold yesterday so I stayed at home and read.

B (1) when I was in elementary school

(2) He doesn't have to finish the report

(3) You should not break the school rules.

C (1) Ann passed the exam, she was very happy

(2) my brother comes back home, I will play with him

(3) I won first prize in the contest, I was very excited

A (1) 요가를 하는 것은 너의 건강에 좋다.

(2) 어제 너무 추워서 나는 집에 있으면서 책을 읽었다.

▶ (1) 문장의 주어 역할을 해야 하므로 Do를 Doing 또는 To do로 바꿔 써야 한다.

(2) 원인+so+결과 / 결과+because+원인

W·O·R·D·S be good for ~에 좋다

B ▶ (1) when+주어+동사+부사구

(2) 3인칭 단수 주어+doesn't have to+동사원형 ~

(3) 주어+should not+동사원형 ~

W·O·R·D·S break the rule 규칙을 어기다

C (1) Ann은 시험에 합격했을 때, 매우 행복했다.

(2) 내 남동생이 집에 돌아오면, 나는 그와 놀 것이다.

(3) 나는 경연 대회에서 1등상을 받았을 때, 매우 신이 났다.

▶ 시간 접속사 when이 이끄는 부사절과 주절의 내용을 구분하여 문장으로 완성한다.

W·O·R·D·S pass 합격하다 contest 경연 대회 excited 신이 난

Advanced
p. 117

A (1) clean your room

(2) You should not eat too much fast food.

(3) You should go to bed early.

(4) You should feed your dog.

(5) You should not drive your car.

B (1) help sick people and stop the spread of diseases

(2) a patient gets better

(3) you should study hard and be interested in health

A 내가 어떻게 해야 할까?

(1) 너는 네 방을 청소해야 한다.

(2) 너는 패스트푸드를 너무 많이 먹지 말아야 한다.

(3) 너는 일찍 자러 가야 한다.

(4) 너는 개에게 먹이를 주어야 한다.

(5) 너는 네 차를 운전하지 말아야 한다.

▶ should는 마땅히 해야 하는 일에, should not은 하지 말아야 하는 일에 쓴다.

W·O·R·D·S feed 먹이를 주다 drive 운전하다

B 1. 의사들은 무슨 일을 하나요?

아픈 사람들을 돕고 병이 퍼지는 것을 멈추게 함

2. 왜 그들이 자신들의 일을 좋아하나요?

환자의 건강이 나아질 때 자부심을 느낌

3. 의사가 되기 위해서 어떻게 해야 하나요?

공부를 열심히 하고 건강에 관심을 가짐

의사는 아픈 사람들을 돕고 병이 퍼지는 것을 멈추게 한다. 그들은 환자의 건강이 나아질 때 자부심을 느낀다. 의사가 되기 위해서는 공부를 열심히 하고 건강에 관심을 가지는 것이 좋겠다.

▶ (1) 의사가 하는 일을 쓴다.

(2) 의사가 자신의 일에 대해 자부심을 가지는 때가 언제인지 쓴다.

(3) 의사가 되기 위해 해야 하는 일을 쓴다.

W·O·R·D·S spread 퍼짐 disease 병 proud 자부심이 있는 patient 환자

01 Last week, lightning struck a tree and started a fire in a mountain forest in California.

02 It spread quickly.

03 And firefighters had to get to it fast.

04 However, there were no roads in the forest, so fire trucks could not get to the fire!

05 Suddenly, an airplane appeared.

06 And a group of firefighters started jumping out of it.

07 They were smokejumpers.

08 Smokejumpers jump into a forest with only a few tools.

09 And they carry only drinking water.

10 Then, how do they put out a fire in the forest?

11 When they are on the ground, they cut down trees and move them away.

12 They also turn the soil over and over to make a fire line.

13 The work takes a long time, so they often have to stay in the forest for a few days.

14 Do you want to be a smokejumper?

15 Being a smokejumper is a very dangerous job.

16 You should be adventurous and be in good health.

17 "I know my job is dangerous, but I love it," says Thomas McCarthy, a smokejumper from California.

18 He adds.

19 I protect forests, wild animals, and even human lives.

20 I'm really proud of my job!

LESSON 8   Science from Curiosity

Vocabulary

Vocabulary Check   p. 123

A 01 호기심   **02** 실제로(는)   **03** 발견하다   **04** 십 대 청소년   **05** 보름달   **06** 결과   **07** 끌다, 초대하다   **08** 아직   **09** 발견   **10** 발표하다, 출판하다   **11** 똑똑한, 영리한   **12** 외치다, 소리치다   **13** 타조   **14** 밖에, 바깥에   **15** 물리학   **16** 얼다, 얼리다   **17** 언니, 누나   **18** 놀랍게도   **19** ~ 때문에   **20** 한 시간 안에

B 01 pour   **02** (the) Earth   **03** science   **04** strange   **05** freezer   **06** professor   **07** impossible   **08** place   **09** bee   **10** zebra   **11** math(mathematics)   **12** already   **13** mix   **14** special   **15** beautiful   **16** believe   **17** cool   **18** picture   **19** give up   **20** test out

Pop Quiz   p. 124

1 cold   **2** fast   **3** (1) professor (2) curiosity

Vocabulary Practice   p. 125

A (1) result (2) strange (3) teenager (4) gave up
B (1) freeze (2) mix (3) publish (4) shout
C ④   **D** ③

A ▶ (1) result: 결과
    (2) strange: 이상한
    (3) teenager: 십 대 청소년
    (4) give up: 포기하다

B (1) 온도가 영하일 때, 물은 얼 것이다.
    (2) 녹색을 만들기 위해서 파란색과 노란색을 섞을 수 있다.
    (3) 그 작가는 다음 달에 새 소설을 출판할 것이다.
    (4) 나는 소음 때문에 소리쳐야 했다.
    ▶ (1) freeze: 얼다, 얼리다 (2) mix: 섞다
    (3) publish: 출판하다 (4) shout: 외치다, 소리치다

C 나라 : 탄자니아 = 과목 : 물리학
    ▶ Tanzania가 'country(나라)'의 범위에 들어가므로, 'subject(과목)'에 포함되는 '물리학'을 뜻하는 physics가 빈칸에 알맞다.
    ① 타조 ② 발견 ③ 학교 ⑤ 교수

D 태양으로부터 세 번째 행성
    ▶ 태양계에서 수성, 금성 다음으로 세 번째 있는 행성은 ③ '지구'이다.
    ① 금성 ② 화성 ④ 목성 ⑤ 달

Pop Quiz ◄
p. 126

1 or, than   2 That's why → That's because

Pop Quiz ◄
pp. 132~133

1 (1) larger (2) much (3) or   2 (1) tallest → the tallest
(2) runner → runners (3) more → most

Expressions Practice
p. 127

A (1) the sun is brighter than the moon
(2) Why do you want to go there?
B (1) than (2) longer   C ⑤   D ④

Grammar Practice
pp. 134~135

01 (1) earlier (2) much (3) better (4) more popular   02 ②
03 (1) hottest (2) best (3) cheapest (4) most difficult
04 ⑤   05 (1) bigger (2) the heaviest (3) more interesting
06 ④   07 ④   08 ①   09 ③   10 ②   11 better than   12 (1)
of → in (2) the more → more   13 ⑤   14 is taller than
Mina   15 (1) A blue whale is the biggest of all the
animals. (2) usually live longer than men

A ▶ (1) '~보다 더 …한/하게'라는 뜻의 〈비교급+than〉으로 나타낸다.
(2) '왜 ~하니?'로 이유를 물을 때는 Why ~?로 쓴다.

B (1) A: 한라산과 백두산 중에 어느 산이 더 높니?
　　B: 백두산이 한라산보다 더 높아.
(2) A: 왜 말이 소보다 더 빨리 달리니?
　　B: 말이 다리가 더 길기 때문이야.
▶ (1) 비교급 뒤에는 than을 쓴다.
(2) 말이 소보다 더 빨리 달리는 이유에 대한 답으로, 두 동물의 다리의 개수는 같으므로 말이 다리가 더 길기 때문이라는 답이 알맞다.

C A: 슈퍼문이 뭐니?
(C) 그것은 보름달인데, 다른 보름달보다 더 커 보여.
(B) 그것이 왜 더 커 보이니?
(A) 그것이 지구에 더 가까이 있기 때문이야.
▶ 슈퍼문이 무엇인지 묻는 말로 시작하고 있으므로, 보름달인데 다른 보름달보다 커 보인다고 응답하는 (C)가 이어지고, 그것이 다른 보름달보다 더 커 보이는 이유를 묻는 (B)와 그 이유를 답하는 (A)가 이어지는 것이 자연스럽다.

D A: 너는 왜 우산을 가져왔니?
　　B: _____
▶ 우산을 가지고 온 이유를 묻고 있는데 ④ '밖에 비가 오고 있지 않기 때문이야.'는 우산을 가지고 온 상황과 어울리지 않는다.
① 오늘 비가 올 거야.
② 오늘 오후에 비가 올 것이기 때문이야.
③ 일기예보에서 비가 올 거라고 했어.
⑤ 비가 올 거라서 새가 낮게 날고 있기 때문이야.

01 (1) 지호는 그의 남동생보다 더 일찍 일어난다.
(2) 이 나무는 집보다 훨씬 더 크다.
(3) Alice는 Amy보다 피아노를 더 잘 친다.
(4) 축구는 테니스보다 더 인기가 있다.
▶ (1) early의 비교급은 earlier이다.
(2) 비교급을 강조하는 부사는 much이다.
(3) 뒤에 than이 있으므로 비교급 better가 알맞다.
(4) popular의 비교급은 more popular이다.
W·O·R·D·S get up 일어나다　play the piano 피아노를 치다
popular 인기가 있는

02 아마존강과 나일강 중에서 어느 강이 더 길까?
▶ 'A와 B 중에서 어느 것이 더 ~한가?'의 비교하는 질문은 〈Which ~ 비교급, A or B?〉로 나타낸다.
W·O·R·D·S the Amazon 아마존강　the Nile 나일강

03 〈보기〉 빠른 – 가장 빠른
(1) 더운 – 가장 더운
(2) 잘 – 가장 (좋게)
(3) 값이 싼 – 가장 값이 싼
(4) 어려운 – 가장 어려운
▶ (1) 〈단모음+단자음〉으로 끝나는 단어의 최상급은 끝에 자음을 하나 더 쓰고 -est를 붙인다.
(2) well의 최상급은 best이다.
(3) cheap의 최상급은 cheapest이다.
(4) 3음절 이상 단어의 최상급은 앞에 most를 붙여 나타낸다.

04 ① 그는 모든 노동자 중에서 가장 부지런하다.
② 그것은 세상에서 가장 쉬운 퀴즈이다.
③ 제주도는 한국에서 가장 큰 섬이다.
④ 오늘은 일 년 중에 가장 추운 날이다.
⑤ 스테이크가 이 식당에서 가장 맛있다.
▶ ⑤ 최상급 앞에는 the를 써야 한다.
W·O·R·D·S diligent 부지런한　island 섬　delicious 맛있는

교과서 대화문 빈칸 채우기
pp. 130~131

① younger sister ② taller than ③ or ④ on animals
⑤ Why ⑥ fly low ⑦ can I ⑧ in an hour ⑨ by then
⑩ Nothing special ⑪ full moon ⑫ look bigger ⑬ That's
because ⑭ which animals ⑮ read ⑯ want to ⑰ turn off
⑱ closer to

05 ▶ (1) 뒤에 than이 있으므로 비교급을 써야 한다. big의 비교급은 bigger이다.

(2) '가장 ~하다'는 최상급으로 나타낸다. heavy의 최상급은 heaviest이고, 앞에는 the를 쓴다.

(3) 앞에 비교급을 수식하는 부사 much가 있고 뒤에 than이 있으므로 비교급을 써야 한다. interesting의 비교급은 more interesting이다.

06 A: 실례합니다. 가장 가까운 버스 정류장이 어디에 있습니까?

B: 한 블록 직진한 다음, 우회전을 하세요. 오른편에 있습니다.

▶ 올바른 최상급의 형태로 '가장 가까운'의 의미를 나타내는 the nearest가 알맞다.

W·O·R·D·S go straight 직진하다   turn right 우회전을 하다   near 가까운

07 그것은 말보다 더 빠르다. 그것은 사자보다 더 빠르다.

▶ 그림에서 말과 사자보다 더 빠른 동물은 시속 110km인 '치타'이다.

① 말 ② 사자 ③ 타조 ⑤ 캥거루

08 그는 자기 학교에서 가장 _____ 소년이다.

▶ 빈칸 앞에 most가 있으므로 'smart(똑똑한, 영리한)'는 알맞지 않다. smart의 최상급은 smartest이다.

② 유명한 ③ 훌륭한 ④ 인기 있는 ⑤ 잘생긴

09 ① 뉴욕은 미국에서 가장 큰 도시이다.

② 건강이 모든 것 중에서 가장 중요하다.

③ 그는 자신의 남동생보다 더 부지런하다.

④ 농구공이 야구공보다 훨씬 더 크다.

⑤ 분홍색 가방이 빨간색 가방보다 더 예뻐 보인다.

▶ ① 최상급 largest 앞에는 the를 써야 한다.

② important의 최상급은 the most important이다.

④ 비교급을 강조하는 부사는 much, still, even, far, a lot이다. very는 원급을 강조한다.

⑤ pretty의 비교급은 prettier이므로 more를 삭제해야 한다.

W·O·R·D·S health 건강   important 중요한   basketball 농구공   baseball 야구공

10 ① 그는 한국에서 가장 훌륭한 배우이다.

② 이 자동차가 네 대의 차들 중에서 가장 멋지다.

③ 이 빨간색 셔츠가 가게에서 가장 값이 싸다.

④ 세계에서 가장 높은 산은 무엇인가?

⑤ 그녀는 그 마을에서 가장 아름다운 소녀이다.

▶ ②는 뒤에 비교 대상이 나오므로 of가 들어가고, 나머지는 비교 범위나 장소가 나오므로 in이 들어간다.

W·O·R·D·S actor 배우   nice 멋진   cheap 값이 싼

11 John은 노래를 잘하지 못한다. 하지만 Daniel은 노래를 잘한다.

= Daniel이 John보다 노래를 더 잘한다.

▶ '~보다 더 …하다'는 〈비교급+than〉으로 나타낸다.

12 A: 제주도는 한국에서 가장 아름다운 장소야.

B: 내 생각에는 울릉도가 제주도보다 더 아름다워.

▶ (1) Korea는 비교 범위에 해당하는 장소이므로 전치사 of를 in으로 고친다.

(2) 비교급 앞에는 the를 쓰지 않으므로 the more beautiful을 more beautiful로 고쳐야 한다.

W·O·R·D·S place 장소

13 • 나는 겨울보다 여름을 훨씬 더 좋아한다.

• Kate는 반에서 가장 똑똑한 학생이다.

▶ 첫 번째 문장에는 비교급을 강조하는 부사 a lot, still, much, even이 들어갈 수 있고, 두 번째 문장에는 intelligent의 최상급 the most intelligent가 들어간다.

W·O·R·D·S intelligent 똑똑한, 지적인

14 Jane은 키가 160cm이다. 미나는 키가 148cm이다.

→ Jane은 미나보다 키가 더 크다.

▶ Jane의 키가 160cm로 148cm인 미나보다 크므로 tall의 비교급 taller than을 사용하여 비교하는 문장으로 나타낸다.

15 (1) 흰긴수염고래가 모든 동물들 중에서 가장 크다.

(2) 여자가 보통 남자보다 더 오래 산다.

▶ (1) '~ 중에서 가장 …한'을 나타내는 〈the+최상급+of+비교 대상(복수명사)〉의 형태로 배열한다.

(2) 부사 long의 비교급인 longer than이 동사 live 뒤에서 동사를 수식한다. 빈도부사 usually는 일반동사 앞에 위치한다.

W·O·R·D·S blue whale 흰긴수염고래   usually 보통

교과서 Reading

Do It Yourself   pp. 136~137

01 발견하다	02 얼다	03 호기심	04 소리치다	05 science
06 strange	07 mix	08 teenager	09 발견	10 물리학	11 발표하다
12 발견	13 result	14 professor	15 impossible
16 give up

Reading Practice   pp. 138~139

A 01 curiosity   02 ask   03 discover   04 curious   05 How, than   06 13-year-old   07 most   08 was   09 mixed   10 when   11 faster   12 told, believe   13 impossible   14 never gave up   15 was always   16 In, Mpemba's   17 about   18 tested it out   19 their   20 because of

B 01 curiosity   02 the most curious   03 when   04 was making   05 published their finding   06 gave up, finding   07 froze faster than   08 curious about, ask yourself   09 tested it out, got the same result   10 because of his curiosity

A

02 ▶ when절에 이어지는 주절이 동사원형으로 시작하는 명령문이므로 ask가 알맞다.

04 ▶ 뒤에 명사 teenager가 나오므로 형용사 curious가 알맞다.

05 ▶ 〈How+형용사!〉 형태의 감탄문이다. / 비교급 뒤에는 than이 이어진다.

06 ▶ 13은 복수나 old 뒤에 나오는 명사 boy를 수식하기 때문에 year에 s를 붙이지 않는다.

07 ▶ 〈the+최상급+명사+in+비교 범위, 장소〉의 형태이므로 최상급 most가 들어간다.

12 ▶ tell은 전치사 없이 뒤에 바로 목적어(사람)가 나와서 '~에게 말하다'의 뜻이 된다. / did not+동사원형

14 ▶ 계속 실험했다고 했으므로 '포기하지 않았다'는 것을 알 수 있다.

15 ▶ 빈도부사 always는 be동사 뒤에 위치한다.

17 ▶ his strange finding은 명사구이므로 전치사 about이 알맞다.

18 ▶ test out처럼 〈동사+부사〉로 이루어진 구동사의 목적어가 대명사이면 동사(test)와 부사(out) 사이에 쓴다.

20 ▶ because+절 / because of+명사(구)

B

02 ▶ curious의 최상급은 the most curious이다.

03 ▶ 접속사 when: ~할 때

04 ▶ 1963년에 하고 있었던 일이므로 과거진행형이 알맞다.

07 ▶ freeze – froze – frozen / 비교급+than

08 ▶ be curious about: ~에 대해 궁금하다
ask yourself: 자기 자신에게 묻다

09 ▶ test+대명사 목적어+out / same result: 같은 결과

10 ▶ because of+명사(구): ~ 때문에

영역별 Review   pp. 140~147

01 ④   02 physics   03 ③   04 out   05 ②   06 because of
07 ①   08 ⑤   09 ③   10 ②   11 ④   12 Nothing special.
13 ⑤   14 That's(It's) because   15 ④   16 (1) I think (that)
China is bigger than India.   (2) Why do you like winter
better than summer?   17 ④   18 ③   19 (C) – (B) – (A) – (D)
20 Which animals are bigger   21 ②   22 저는 빨리 그것을
보고 싶어요.   23 ⑤   24 ④   25 ②   26 ③   27 ③   28 ④
29 ②   30 ④   31 ②   32 is younger than   33 ②   34 ④
35 the most expensive   36 ⑤   37 ③   38 more pretty →
prettier   39 bigger than, the biggest   40 ⑤   41 ④   42 ⑤
43 ice cream, hot, faster   44 ③   45 discovery   46 ⑤
47 ③   48 ②   49 Hot water freezes faster than cold
water.   50 ⑤   51 (A) the Nile   (B) the Amazon
(C) the Yangtze   52 ⑤   53 ④   54 faster   55 ④

01 ① 나이 든 : 어린
② 가득 찬 : 비어 있는
③ 똑똑한 : 어리석은
④ 이상한 : 이상한
⑤ 가능한 : 불가능한
▶ ①, ②, ③, ⑤는 반의어 관계이고, ④는 유의어 관계이다.

02 그것은 과학의 한 종류다. 그것은 열, 빛, 소리 등과 같은 에너지를 연구한다.
▶ 'physics(물리학)'에 대한 영영풀이이다.
W·O·R·D·S energy 에너지, 힘   such as ~와 같은   heat 열   and so on 기타 등등

03 ▶ '~에 대해 호기심이 많다'는 be curious about으로 나타낸다.
① 똑똑한 ② 특별한 ④ 놀랄 만한 ⑤ 모험심이 강한
W·O·R·D·S surroundings (주위) 환경

04 • 우리 조는 그 이론을 시험해 보고 싶어 한다.
• 너는 어떻게 그 마술 쇼의 비밀을 알아냈니?
▶ test out: 시험해 보다
find out: 알아내다, 찾아내다
W·O·R·D·S group 무리, 조, 집단   theory 이론   secret 비밀

05 그 회사는 이달에 두 권의 책을 펴낼 계획이다.
▶ put out은 '(책을) 펴내다, 출판하다'라는 뜻이므로 '발표하다, 출판하다'의 뜻을 가진 publish와 바꿔 쓸 수 있다.
① 따르다 ③ 소리치다 ④ 믿다 ⑤ 발견하다

06 그는 아팠기 때문에 출근하지 않았다.
= 그는 그의 병 때문에 출근하지 않았다.
▶ because는 뒤에 절이 오고, because of는 뒤에 명사(구)가 온다.
W·O·R·D·S ill 아픈   illness 병

07 • 케이크를 만들기 위해 밀가루와 물을 섞어라.
• 바다는 겨울에 얼지 않는다.
▶ mix: 섞다 / freeze: 얼다
W·O·R·D·S match 연결하다   freezer 냉동고   flow 흐르다

08 〈보기〉 선풍기는 엔진을 식힌다.
① 여기는 시원하다.
② 오늘은 날씨가 시원하다.
③ 멋진 것들이 많이 있다.
④ 나는 시원한 것을 마시고 싶다.
⑤ 코끼리는 큰 귀로 몸을 식힌다.
▶ 〈보기〉의 cool은 동사로 '식히다'의 뜻이다. ①, ②, ④는 '시원한', ③은 '멋진'이라는 뜻의 형용사로 쓰였고, ⑤가 '식히다'라는 뜻의 동사로 쓰였다.
W·O·R·D·S fan 선풍기, 환풍기   engine 엔진   drink 마시다

09 A: 저 지금 Amy네 집에 가도 돼요?
B: 지금? 벌써 7시야. 너는 왜 거기에 가고 싶니?
A: 수학 숙제를 하는 데 그녀의 도움이 필요해요.

▶ ⓐ '~해도 되나요?'의 뜻으로 허락을 구하는 표현 Can〔May〕I ~?가 알맞다.

ⓑ 이유를 묻는 표현인 Why ~?가 알맞다.

10 A: 토끼와 거북이 중 어느 동물이 <u>더 빠르니</u>?

B: 토끼가 거북이보다 <u>더 빨라</u>.

▶ 토끼가 거북이보다 더 빠르므로 fast의 비교급 faster가 알맞다.

① 더 느린 ③ 더 뜨거운

④ 더 느리게 ⑤ 가장 유명한

W·O·R·D·S rabbit 토끼 turtle 거북이

11 A: 너는 왜 스페인어를 배우고 싶어 하니?

B: 온라인상에 스페인 친구들이 좀 있기 때문이야.

▶ 스페인어를 배우고 싶어 하는 이유로 가장 알맞은 것은 ④이다.

① 나는 한가한 시간이 없다

② 나는 작년에 프랑스로 여행했다

③ 나는 가족과 함께 살고 싶다

⑤ 나는 오늘 물리학에 관한 TV 프로그램을 봤다

W·O·R·D·S Spanish 스페인어 online 온라인상에

12 A: 너는 이번 주말에 뭘 할 거니?

B: 특별한 일은 없어.

A: 소풍 가자.

▶ Nothing special.은 정해진 특별한 계획이 없을 때 쓰는 표현이다.

W·O·R·D·S weekend 주말 go on a picnic 소풍 가다

13 ① A: 그는 네 남동생이니?

B: 아니. 그는 내 형인 Daniel이야.

② A: 너는 그 사실을 어떻게 아니?

B: 나는 그것에 관한 TV 프로그램을 봤어.

③ A: 꽃들은 왜 향이 좋니?

B: 그것들은 벌을 끌어들이기를 원하기 때문이야.

④ A: 방과 후에 우리 반 교실을 써도 될까요?

B: 방과 후에? 왜?

⑤ A: 에베레스트산과 K2 중 어느 산이 더 높니?

B: 나는 에베레스트산을 오르고 싶어.

▶ ⑤ 둘 중 어느 산이 더 높은지 묻고 있는데, 에베레스트산에 올라가고 싶다고 대답하는 것은 어색하다.

W·O·R·D·S invite 끌어들이다 bee 벌 climb 오르다

14 ▶ '그것은 ~이기 때문이야.'라는 뜻으로 이유를 말할 때는 That's〔It's〕because ~.를 쓴다.

W·O·R·D·S bird 새 low 낮게

15 A: 실제로는, 개가 고양이보다 더 영리해요.

B: 정말? 너는 그것을 어떻게 아니?

A: 과학 잡지에서 읽었어요.

▶ 어떻게 알았는지 방법을 묻고 있으므로 의문사 how로 시작하는 질문 중에서 고른다. ⑤는 소감을 묻는 표현이다.

① 무엇을 보았니?

② 무엇을 아니?

③ 그것은 어떻게 생겼니?

⑤ 그것은 어떠니?

W·O·R·D·S science 과학 magazine 잡지

16 ▶ (1) 비교를 나타내는 표현인 〈A ~ 비교급＋than B〉를 통해 나타낸다. 자신의 생각을 나타내기 위해 앞에 I think를 덧붙일 수 있다.

(2) 이유를 물을 때는 〈Why＋do〔be〕동사＋주어 ~?〉로 표현한다. 비교급 better 뒤에는 than이 온다.

17 A: 개들은 왜 드러눕니?

B: 그것은 개들이 주인과 놀고 싶어 하기 때문이야.

▶ That's because ~.는 '그것은 ~하기 때문이야.'의 뜻으로 이유를 말하는 표현이다.

W·O·R·D·S lie on one's back 드러눕다 owner 주인

18 A: 방을 나갈 때 불을 꺼 주겠니?

B: _____

▶ Can you ~?는 '~해 주겠니?'라는 뜻으로 요청하는 표현이므로, 수락하거나 거절하는 응답이 와야 한다. ①, ②, ④는 수락하는 응답이고, ⑤는 거절하는 응답이다. ③은 '천만에요.'라는 뜻으로 감사의 말에 대한 응답이다.

①, ②, ④ 그럼요. ⑤ 죄송하지만 그럴 수 없어요.

W·O·R·D·S turn off (전등을) 끄다 leave 떠나다

19 (C) 너는 왜 우산을 가져왔니? 밖에 비가 안 오는데.

(B) 아직은 아니지만, 오늘 비가 올 거야. 봐! 새들이 낮게 날고 있어.

(A) 오, 비가 오기 전에 새들이 낮게 나니?

(D) 응, 우리 과학 선생님께서 그것을 내게 말씀해 주셨어.

▶ 우산을 가져온 이유에 대한 질문과 답이 온 후에, 비가 올 것임을 추정하는 과학적 근거를 어떻게 알았는지 묻고 답하는 대화로 완성한다.

W·O·R·D·S outside 밖에

20 A: 코끼리와 곰 중 어느 동물이 더 크니?

B: 내 생각에 코끼리가 곰보다 더 커.

▶ B는 코끼리가 곰보다 더 크다고 비교하여 말하고 있으므로, 둘 중 어느 동물이 더 큰지를 비교하는 〈Which ~ 비교급, A or B?〉의 질문이 알맞다.

[21~23]

아빠: 너는 오늘 밤에 뭘 할 거니?

Anna: 오늘 밤이요? 특별한 계획은 없어요.

아빠: 같이 슈퍼문을 보러 가자꾸나.

Anna: 슈퍼문이 뭐예요?

아빠: 그것은 보름달인데, 다른 보름달보다 더 커 보인단다.

Anna: 그것이 왜 <u>더 커</u> 보여요?

아빠: 그것이 지구에 <u>더 가까이</u> 있기 때문이란다.

Anna: 와, 빨리 그것을 보고 싶어요.

W·O·R·D·S full moon 보름달 (the) Earth 지구

21 ▶ ⓐ 아빠가 슈퍼문이 다른 보름달보다 더 커 보인다고 했으므로 그다음에 오는 Anna의 질문은 '더 커' 보이는 이유를 묻는 것이 자연스럽다.

⑤ 슈퍼문이 더 커 보이는 것은 지구와 '더 가까이' 있기 때문이다.
① 더 큰 – 더 높은
③ 더 긴 – 더 먼
④ 더 작은 – 더 가까운
⑤ 더 밝은 – 더 먼

22 ▶ I can't wait to ~.는 기대를 나타내는 표현으로, 직역하면 '나는 ~하는 것을 기다릴 수 없다.'이지만, 보통 '나는 빨리 ~을 하고 싶다.' 정도로 해석한다.

23 ▶ 두 사람은 슈퍼문이 무엇이고, 슈퍼문이 왜 다른 보름달보다 더 커 보이는지 그 이유에 대해 주로 말하고 있으므로, 대화의 주제로는 ⑤가 가장 알맞다.

24 ▶ ④ famous는 -ous로 끝나는 2음절 단어이므로 앞에 more, most를 붙여 비교급과 최상급을 만든다.
W·O·R·D·S famous 유명한   popular 인기 있는

25 A: 너는 오늘은 기분이 더 나아졌니?
B: 아니, 그렇지 않아. 나는 어제보다 더 나빠졌어.
▶ 기분이 나아졌는지 묻는 말에 아니라고 했으므로, 빈칸에는 더 나빠졌다는 뜻이 되도록 bad의 비교급 worse가 알맞다.

26 나는 그가 항상 학교에 지각한다는 것을 안다.
▶ always와 같은 빈도부사는 일반동사 앞, be동사 뒤에 위치한다.

27 나는 너의 이상한 발견에 대해 호기심이 있다. 나는 내 학교에서 그것을 시험해 볼 것이다.
▶ test out처럼 동사와 부사로 된 구동사의 목적어로 대명사 it이 올 경우, 이는 동사(test)와 부사(out) 사이에 쓴다.

28 그는 세계에서 <u>최고의 / 최악의 / 가장 부유한 / 가장 잘생긴</u> 테니스 선수이다.
▶ 앞에 the가 있고 끝에 비교 범위를 나타내는 in the world가 있으므로, 빈칸에는 최상급이 들어가야 한다. 따라서 비교급 형태의 'stronger(더 강한)'는 빈칸에 알맞지 않다.

29 A: 누가 키가 더 작니?
B: Emily가 Susan보다 키가 더 작아.
▶ B의 대답에 than이 있으므로 비교급이 들어가는 것이 알맞다. short의 비교급은 shorter이다. 비교급 앞에는 very가 쓰이지 않는다.

30 ▶ '가장 ~하다'는 최상급으로 나타낸다. 형용사 deep의 최상급은 deepest이다. 최상급 앞에는 the를 쓰고, 비교 범위를 나타내는 in the world를 문장 끝에 쓴다.
W·O·R·D·S lake 호수   deep 깊은

31 ① 우리는 2015년에 그 소설을 출판했다.
② 그는 15살 소년이다.
③ 정말 아름답구나!
④ 그들은 결코 수영을 포기하지 않았다.
⑤ 이것은 도서관에서 가장 두꺼운 책이다.

▶ ② 15는 복수이지만 old 뒤에 나오는 명사(boy)를 수식하기 때문에 year에 s를 붙이지 않는다. 따라서 15-year-old가 되어야 한다.
W·O·R·D·S swimming 수영   thick 두꺼운

32 Oliver는 Allen보다 나이가 더 많다.
= Allen은 Oliver보다 나이가 더 어리다.
▶ Oliver가 Allen보다 나이가 많으므로 Allen은 Oliver보다 어릴 것이다. 따라서 old의 반의어인 young의 비교급을 이용한 문장으로 쓴다.

33 A: 내 생각에 진수가 민호보다 더 빨리 달려.
B: 나는 그렇게 생각하지 않아. 민호가 진수보다 훨씬 더 빨라.
▶ 비교급을 강조하는 부사로는 much, still, far, even, a lot 등이 있다. very는 원급을 강조하는 부사이다.

34 • 그는 그의 학교에서 가장 똑똑한 소년이다.
• 그 의사는 모두 중에서 가장 바쁘다.
▶ 최상급 문장에서 전치사 in 뒤에는 비교 범위(장소)가 오고, 전치사 of 뒤에는 비교 대상이 온다.

35 ▶ '비싼'이라는 뜻의 3음절 단어인 expensive는 앞에 most를 붙여 최상급을 만든다. 최상급 앞에는 the를 쓴다.
W·O·R·D·S metal 금속

36 ① 그는 자신의 반에서 가장 힘이 센 소년이다.
② 태평양은 대서양보다 더 크다.
③ 그 도시는 세계에서 가장 높은 건물을 가지고 있다.
④ 부엌이 내 방보다 더 크다.
⑤ 치타는 세계에서 가장 빠른 동물이다.
▶ ① a → the
② big → bigger
③ tallest → the tallest
④ more large → larger
W·O·R·D·S the Pacific Ocean 태평양   the Atlantic Ocean 대서양
kitchen 부엌   cheetah 치타

37 ① 나는 런던에 산다.
② 그는 아침에 조깅을 한다.
③ 나는 내 숙제 때문에 피곤하다.
④ Jane은 2010년에 멕시코로 여행했다.
⑤ 그는 자신의 반에서 가장 잘생긴 소년이다.
▶ ③을 제외한 나머지는 in이 들어간다. ③에는 of가 들어가서 '~ 때문에'라는 뜻의 because of가 된다.
W·O·R·D·S go jogging 조깅하러 가다   travel 여행하다   handsome 잘생긴

38 백설공주는 신데렐라보다 더 예쁘다. 하지만, 잠자는 숲속의 미녀가 그 두 소녀들보다 훨씬 더 예쁘다.
▶ pretty의 비교급은 prettier이다.
W·O·R·D·S Snow White 백설공주   Sleeping Beauty 잠자는 숲속의 미녀

39 탁자 위에 몇 가지 과일이 있다. 사과는 딸기보다 더 크다. 수박은 그 과일들 중에서 가장 크다.

▶ 수박 > 사과 > 딸기의 순서로 크기가 크다. 사과는 딸기보다 크므로 비교급으로 쓰고, 수박은 과일들 중에서 가장 크므로 최상급으로 쓴다.

W·O·R·D·S fruit 과일   strawberry 딸기   watermelon 수박

40 과학은 호기심에서 시작된다. 여러분이 무언가에 대해 궁금하다면, 자기 자신에게 왜 그리고 어떻게를 물어봐라. 그런 방식으로 여러분은 위대한 것들을 발견할 수 있다. 여기 아프리카에 사는 어느 호기심 많은 십 대 청소년의 흥미로운 이야기가 있다.

▶ 마지막 문장인 Here is 이후의 내용을 통해 이어질 내용을 추측할 수 있다.

W·O·R·D·S curiosity 호기심   discover 발견하다

41 "참 이상하군! 뜨거운 우유가 차가운 우유보다 더 빨리 얼다니."라고 요리 수업 시간에 한 소년이 소리쳤다. 그의 이름은 Erasto Mpemba였다. 그는 탄자니아 출신의 13세 소년이었다. 그는 자기 반에서 가장 호기심이 많은 소년이었다.

① Mpemba는 몇 살이었습니까?
② Mpemba는 호기심이 많은 소년이었습니까?
③ Mpemba는 어디 출신입니까?
④ Mpemba는 요리 수업에서 무엇을 만들고 있었습니까?
⑤ Mpemba는 요리 수업 시간에 무엇을 발견했습니까?

▶ ① 13살이다.
② 호기심이 많은 소년이었다.
③ 탄자니아 출신이다.
④ 이 글에는 언급되지 않았다.
⑤ 뜨거운 우유가 차가운 우유보다 더 빨리 언다는 것을 발견했다.

W·O·R·D·S strange 이상한   shout 소리치다   class 수업, 학급

[42~43]
1963년에 Mpemba는 요리 수업 시간에 아이스크림을 만들고 있었다. 그는 먼저 뜨거운 우유와 설탕을 섞었다. 그는 그러고 나서 우유가 아직 뜨거울 때 그것을 냉동실에 넣었다. 놀랍게도, 그의 뜨거운 우유가 반 친구들의 차가운 우유보다 더 빨리 얼었다. 그는 선생님과 반 친구들에게 자신의 발견에 대해 말했지만, 그들은 그를 믿지 않았다. 그들은 모두 "그건 불가능해!"라고 말했다. 그러나 Mpemba는 결코 포기하지 않았고, 반복해서 자신의 발견을 시험했다. 그 결과는 항상 똑같았다.

W·O·R·D·S mix 섞다   sugar 설탕   freezer 냉동고, 냉동실   impossible 불가능한

42 ▶ 뜨거운 우유가 차가운 우유보다 더 빨리 얼었다는 사실은 아이스크림을 만드는 최종 과정에서 알 수 있다. 따라서 ②의 위치에 들어가는 것이 알맞다.

43 Mpemba는 아이스크림을 만들기 위해 뜨거운 우유와 설탕을 섞었다. 그는 뜨거운 우유를 냉동실에 넣었다. 그는 자신의 뜨거운 우유가 반 친구들의 차가운 우유보다 더 빨리 언다는 것을 발견했다.

▶ Mpemba는 '아이스크림(ice cream)'을 만들기 위해 설탕을 섞은 '뜨거운(hot)' 우유를 냉동실에 넣었고, 뜨거운 우유가 차가운 우유보다 '더 빨리(faster)' 언다는 것을 발견했다.

[44~46]
1966년에 물리학 교수인 Denis Osborne 박사가 Mpemba의 학교를 방문했다. Mpemba는 그에게 자신의 이상한 발견에 대해 질문했다.

Osborne 박사는 그것을 시험해 보았고 같은 결과를 얻었다. Osborne 박사와 Mpemba는 1969년에 함께 그들의 발견을 발표했다. Mpemba는 자신의 호기심 때문에 중요한 발견을 했다!

W·O·R·D·S professor 교수   physics 물리학   discovery 발견

44 ▶ (A) 동사와 부사로 이루어진 구동사에서 목적어가 대명사인 경우 동사와 부사 사이에 온다.
(B) 연도 앞에는 전치사 in을 쓴다.
(C) 뒤에 명사구가 나오므로 because of가 알맞다. because 뒤에는 주어와 동사를 갖춘 절이 온다.

45 ▶ finding은 '발견'이라는 뜻으로 같은 뜻의 discovery와 바꿔쓸 수 있다.

46 ▶ ⑤ 호기심 때문에 중요한 발견을 한 사람은 Mpemba이다.

[47~49]
오늘, 저는 여러분에게 제 발견에 대해 말씀드리겠습니다. 저는 13살 때 요리 수업 시간에 그것에 대해 처음 발견했습니다.
제 선생님과 반 친구들은 저를 믿지 않았습니다. 저는 반복해서 제 발견을 잊었습니다(→ 시험했습니다).
저는 그 결과를 Osborne 박사님과 함께 발표했습니다. 저희는 뜨거운 물이 차가운 물보다 더 빨리 언다는 것을 보여 주었습니다.
저는 여러분에게 "과학은 호기심에서 시작된다."라고 말씀드리고 싶습니다. 감사합니다.

W·O·R·D·S cooking 요리   again and again 반복해서

47 ▶ ⓒ Mpemba는 자신의 발견을 증명하여 Osborne 박사와 함께 발표했으므로, '나의 발견을 반복해서 잊어버렸다'가 아니라 '반복해서 시험했다'고 하는 것이 문맥상 알맞다.

48 ▶ '내가 13살이었을 때'라는 뜻이 되어야 하므로 '~할 때'라는 뜻의 접속사 when이 알맞다.

49 ▶ 바로 다음 문장의 We showed that 이하에서 the result에 대해 설명하고 있다. 즉, 뜨거운 물이 차가운 물보다 더 빨리 언다는 것이다.

50 우리에게 필요한 것: 음료수 캔, 찬물, 사발
1. 사발에 캔 1개를 넣는다.
2. 사발에 찬물을 붓는다.
3. 10분 후에 음료수의 맛을 본다.

▶ 찬물을 넣은 사발에 음료수 캔을 넣어 두는 것은 음료를 시원하게 하기 위한 방법이다.

W·O·R·D·S soft drink 탄산음료, 청량음료   bowl 사발   pour A into B A를 B에 붓다   taste 맛보다

[51~52]
이 그래프는 세계에서 가장 긴 3개의 강에 관한 것이다. 아마존강은 양쯔강보다 더 길지만, 나일강은 아마존강보다 더 길다. 나일강이 셋 중에서 가장 긴 강이다.

W·O·R·D·S long (길이가) 긴   river 강

51 ▶ 나일강 > 아마존강 > 양쯔강의 순서로 길이가 길다.

52 ▶ ⑤ the three는 비교 대상을 나타내므로 전치사로 in이 아니라 of를 써야 한다.

(A) 비행기에 대한 아이디어는 "왜 우리는 새들처럼 날지 못할까?"라는 질문에서 시작되었어. 이러한 호기심 때문에, 우리는 지금 전보다 더 <u>빠르</u>게 여행할 수 있어.

(B) "라디오나 전화는 소리를 멀리 떨어진 장소로 보낼 수 있어. 그러면, 우리는 움직이는 이미지도 보낼 수 있을까?" 텔레비전에 대한 아이디어는 이러한 질문에서 시작되었어. 이 호기심 때문에, 우리는 지금 전보다 더 <u>빠르게</u> 전 세계의 뉴스를 볼 수 있어. 우리는 또한 집에서 재미있는 프로그램을 많이 볼 수 있어.

W·O·R·D·S idea 아이디어, 생각   send 보내다   faraway 멀리 떨어진
moving 움직이는

53 ▶ '왜 우리는 새들처럼 날지 못할까?'라는 의문은 '비행기'에 대한 아이디어를 생겨나게 했고, '우리가 멀리 움직이는 이미지를 보낼 수 있을까?'라는 의문은 '텔레비전'에 대한 아이디어를 생겨나게 했다.
W·O·R·D·S telescope 망원경   dishwasher 식기 세척기
refrigerator 냉장고

54 ▶ 하늘을 나는 비행기는 여행을 전보다 '더 빠르게' 할 수 있게 하고, 이미지를 보내는 텔레비전은 전 세계의 뉴스를 전보다 '더 빠르게' 볼 수 있게 한다. 뒤에 than이 나오므로 비교급 faster를 쓴다.

55 ▶ 비행기나 텔레비전은 호기심 때문에 생겨난 아이디어들이고, 그것들 덕분에 전과 달리 편리한 생활을 할 수 있게 되었다는 내용이므로, 글의 제목으로는 ④ '호기심이 세상을 바꾼다'가 가장 알맞다.
① 많은 이상한 발견
② 모든 질문은 좋다
③ 가장 유명한 발명품
⑤ 전보다 더 나은 세상

단원 Test

pp. 148~152

01 ④   02 ②   03 ⑤   04 ①   05 ④   06 (C) - (A) - (B) - (D)
07 ②   08 ④   09 ③   10 ③   11 ⑤   12 (1) is the nicest city
in Korea   (2) I think (that) the moon is more beautiful than
the sun.   13 ④   14 ③   15 why → because   16 ③   17 ②
18 ③ → told   19 ④   20 ③   21 ②   22 ③   23 ①   24 ④
25 (1) cooking class   (2) his finding   (3) published

01 ① 소리치다: 매우 큰 소리로 말하다
② 냉동고: 음식을 얼리는 기계
③ 끝내다: 어떤 일의 마지막 부분을 하다
④ 이상한: 보통이거나 평범하거나 흔한
⑤ 발견하다: 처음으로 어떤 것을 찾아내다
▶ strange는 '이상한'이라는 뜻으로, 주어진 설명과는 반대의 의미이다. 'unusual or abnormal, or uncommon(보통이 아니거나 예외적이거나 흔치 않은)'이 알맞은 풀이이다.
W·O·R·D·S loudly 큰 소리로   usual 보통의   normal 평범한   for the first time 처음으로

02 빠른 : 느린 = 같은 : 다른
▶ 반의어 관계이므로 same의 반의어인 different가 알맞다.
① 부지런한   ③ 어려운   ④ 중요한   ⑤ 불가능한

03 ① 한 시간 안에 그에게 다시 전화해 주세요.
② 우리는 보름달에 소원을 빌었다.
③ 나는 힘든 일 때문에 피곤하다.
④ 너는 너의 꿈을 포기하지 말아야 한다.
⑤ 그 과학자는 새로운 발견을 시험해 보고 싶어 한다.
▶ ⑤ test out은 '시험해 보다'라는 뜻이다.
W·O·R·D·S wish upon ~에 소원을 빌다   hard 힘든   scientist 과학자

04 A: 아마존강과 나일강 중 어느 강이 더 기니?
B: 내 생각에 _____.
▶ 둘 중 어느 강이 더 긴지 묻는 질문이므로, 비교하는 표현으로 답해야 한다.
① 나일강은 세계에서 긴 강이야
② 나일강이 아마존강보다 더 길어
③ 나일강이 아마존강보다 짧지 않아
④ 아마존강이 나일강보다 길지 않아
⑤ 아마존강이 나일강보다 더 짧아

05 ① A: 제 친구를 집에 데려와도 될까요?
   B: 그래. 하지만 네 방을 먼저 청소하는 게 좋겠다.
② A: 왜 해가 달보다 더 밝니?
   B: 그건 해가 더 많은 에너지를 만들기 때문이야.
③ A: 왜 너는 Mike네 집에 가고 싶니?
   B: 나는 과학 과제를 하는 데 Mike의 도움이 필요해.
④ A: 네 색연필을 써도 될까?
   B: 나는 색연필을 크레용보다 더 좋아해.
⑤ A: 왜 말이 긴 다리를 가지고 있니?
   B: 그들은 위험한 동물들로부터 도망쳐야 하기 때문이야.
▶ ④ 색연필을 써도 되냐고 허락을 구하는 질문에 색연필을 크레용보다 더 좋아한다는 대답은 어색하다.
W·O·R·D·S brighter 더 밝은   colored pencil 색연필   crayon 크레용   run away 도망치다

06 A: 방과 후에 우리 반 교실을 써도 될까요?
(C) 방과 후에? 왜 그곳을 쓰고 싶니?
(A) Julie와 저는 학교 축제를 위해서 춤 연습을 할 거예요.
(B) 알겠다. 갈 때 불을 꺼 주겠니?
(D) 그럼요. 정말 감사합니다, Johnson 선생님.
▶ 방과 후에 교실을 써도 되냐고 묻자 이에 대해 이유를 묻는 말과 대답이 이어진 후 교실을 사용해도 좋다는 허락과 사용 후 불을 꺼 달라는 당부, 이에 대한 대답이 오는 것이 알맞다.
W·O·R·D·S classroom 교실   practice 연습하다   festival 축제

[07~08]
아빠: 너는 오늘 밤에 뭘 할 거니?
Anna: 오늘 밤이요? 특별한 계획은 없어요.
아빠: 같이 슈퍼문을 보러 가자꾸나.
Anna: 슈퍼문이 뭐예요?

아빠: 그것은 보름달인데, 다른 보름달보다 더 커 보인단다.

Anna: 그것이 왜 더 커 보여요?

아빠: 그것이 지구에 더 가까이 있기 때문이란다.

Anna: 와, 빨리 그것을 보고 싶어요.

W·O·R·D·S special 특별한 full moon 보름달 closer 더 가까운

07 ▶ 이어지는 대답에서 슈퍼문이 다른 보름달보다 더 커 보이는 이유를 설명하고 있으므로 이를 묻는 질문이 들어가야 한다.
① 그것에 대해 어떻게 생각하세요?
③ 누가 슈퍼문을 발견했나요?
④ 슈퍼문과 초승달 중 어느 것이 더 큰가요?
⑤ 슈퍼문이 다른 보름달보다 더 큰가요?

08 ▶ ④ 슈퍼문이 다른 보름달보다 실제로 크기가 큰 것이 아니라, 지구와 가까이 있기 때문에 더 크게 보이는 것이다.

09 ① 나는 어제보다 조금 더 기분이 좋다.
② 돌고래는 원숭이보다 더 영리하다.
③ 곰은 토끼보다 더 무겁다.
④ 독수리는 참새보다 더 높이 난다.
⑤ 그는 내 남동생보다 더 잘생겼다.
▶ ③ heavy의 비교급은 heavier이다.

W·O·R·D·S feel good 기분이 좋다 monkey 원숭이 eagle 독수리 sparrow 참새

10 나는 14살이다. 내 친구 소미는 13살이다.
→ 내 친구 소미는 나보다 더 어리다.
▶ 〈비교급+than〉으로 쓴다. 소미가 나보다 나이가 더 어리므로 형용사 young의 비교급을 활용한다.

11 ① 수민이는 유진이보다 키가 훨씬 더 크다.
② 그는 세계에서 가장 부유한 사람이다.
③ 고양이와 쥐 중에서 어느 것이 더 크니?
④ Jake는 내 친구들 중에서 가장 재미있는 소년이다.
⑤ 그녀는 우리 회사에서 가장 바쁜 여성이다.
▶ ① very → much(even, far, still, a lot)
② richer → richest
③ more bigger → bigger
④ most funny → funniest

W·O·R·D·S rich 부유한 mice mouse(쥐)의 복수형 funny 재미있는, 웃기는 company 회사

12 ▶ (1) 최상급 표현으로 쓴다. nice의 최상급은 nicest이고, 비교 장소를 나타내는 in Korea는 문장 끝에 쓴다.
(2) 비교급 표현으로 쓴다. beautiful의 비교급은 more beautiful이다.

W·O·R·D·S city 도시 beautiful 아름다운

13 ① James는 Paul보다 키가 더 크다.
= Paul은 James보다 키가 더 작다.
② 엄마는 아빠보다 나이가 더 많다.
= 아빠는 엄마보다 더 어리다.
③ 비행기가 기차보다 더 빠르다.
= 기차가 비행기보다 더 느리다.

④ Kate의 가방은 Ann의 것보다 더 비싸다.
= Ann의 가방은 Kate의 가방보다 싸지 않다.
⑤ Judy의 머리가 Sally의 머리보다 더 길다.
= Sally는 Judy보다 머리가 더 짧다.
▶ ④ Kate의 가방이 더 비싸므로 Ann의 가방이 Kate의 가방보다 싸다고 해야 알맞다.

W·O·R·D·S expensive 값이 비싼 cheap 값이 싼

14 ① 미나는 소진이보다 키가 더 크다.
② 미나는 유미보다 나이가 더 많다.
③ 소진이는 유미보다 더 어리다.
④ 유미는 미나보다 키가 더 크다.
⑤ 유미가 셋 중에서 가장 키가 크다.
▶ ③ 소진이는 15살, 유미는 13살로 소진이가 유미보다 더 나이가 많다.

W·O·R·D·S height 키 age 나이

15 슈퍼문을 알고 있습니까? 슈퍼문은 보름달입니다. 그것은 다른 보름달보다 더 커 보입니다. 그것은 슈퍼문이 지구에 더 가까이 있기 때문입니다.
▶ That's why ~는 '그래서 ~하다'라는 뜻으로, 이유가 아니라 결과를 설명하는 표현이다. 내용상 슈퍼문이 다른 보름달보다 더 커 보이는 이유를 설명하는 표현이 알맞으므로 'That's because ~(그것은 ~이기 때문이다)'로 바꿔 써야 한다.

[16~17]

과학은 호기심에서 시작된다. 여러분이 무언가에 대해 궁금하다면, 자기 자신에게 왜 그리고 어떻게 물어봐라. 그런 방식으로 여러분은 위대한 것들을 발견할 수 있다. 여기 아프리카에 사는 어느 호기심 많은 십 대 청소년의 흥미로운 이야기가 있다.
"참 이상하군! 뜨거운 우유가 차가운 우유보다 더 빨리 얼다니."라고 요리 수업 시간에 한 소년이 소리쳤다. 그의 이름은 Erasto Mpemba였다. 그는 탄자니아 출신의 13세 소년이었다. 그는 자기 반에서 가장 호기심이 많은 소년이었다.

W·O·R·D·S discover 발견하다 teenager 십 대

16 ▶ ⓐ 뒤에 than이 나오므로 비교급 faster가 알맞다.
ⓑ 앞에 정관사 the가 나오고 뒤에 비교 범위에 해당하는 in his class가 나오므로 최상급 most curious가 알맞다.

17 ▶ ② 호기심이 생기면 그와 관련된 질문을 함으로써 위대한 것을 발견할 수 있다는 맥락으로, 질문을 할수록 호기심이 늘어난다는 의미가 아니다.

[18~19]

1963년에 Mpemba는 요리 수업 시간에 아이스크림을 만들고 있었다. 그는 먼저 뜨거운 우유와 설탕을 섞었다. 그는 그러고 나서 우유가 아직 뜨거울 때 그것을 냉동실에 넣었다. 놀랍게도, 그의 뜨거운 우유가 반 친구들의 차가운 우유보다 더 빨리 얼었다. 그는 선생님과 반 친구들에게 자신의 발견에 대해 말했지만, 그들은 그를 믿지 않았다. 그들은 모두 "그건 불가능해!"라고 말했다. 그러나 Mpemba는 결코 포기하지 않았고, 반복해서 자신의 발견을 시험했다. 그 결과는 항상 똑같았다.

W·O·R·D·S mix 섞다 freezer 냉동실, 냉동고 impossible 불가능한 give up 포기하다

18 ▶ ③ tell은 바로 뒤에 목적어로 사람이 와서 '~에게 말하다'의 의미로 쓴다. 따라서 전치사 to와 함께 쓰지 않는다.

19 ① Q: Mpemba는 요리 수업 시간에 무엇을 하고 있었는가?
　　A: 그는 아이스크림을 만들고 있었다.
② Q: Mpemba는 뜨거운 우유를 어디에 넣었나?
　　A: 그는 뜨거운 우유를 냉동실에 넣었다.
③ Q: 뜨거운 우유와 차가운 우유 중 어느 것이 더 빨리 얼었나?
　　A: 뜨거운 우유가 차가운 우유보다 더 빨리 얼었다.
④ Q: Mpemba의 반 친구들은 그의 발견에 대해 어떻게 생각했나?
　　A: 그들은 그것이 평범한 일이라고 생각했다.
⑤ Q: Mpemba의 시험 결과는 어땠는가?
　　A: 그 결과는 항상 같았다.
▶ ④ Mpemba의 반 친구들은 그의 발견을 믿지 않고 불가능하다고 말했다.
W·O·R·D·S usual 흔히 있는, 평범한

[20~21]
1966년에 물리학 교수인 Denis Osborne 박사가 Mpemba의 학교를 방문했다. Mpemba는 그에게 자신의 이상한 발견에 대해 질문했다. Osborne 박사는 그것을 시험해 보았고 같은 결과를 얻었다. Osborne 박사와 Mpemba는 1969년에 함께 그들의 발견을 발표했다. Mpemba는 자신의 호기심 때문에 중요한 발견을 했다!
W·O·R·D·S professor 교수　physics 물리학　test out 시험해 보다

20 ▶ ⓒ는 Osborne 박사를 가리킨다.

21 Osborne 박사는 Mpemba의 이상한 발견을 시험해 보았고 그 결과는 같았다. 그들은 그 발견을 발표했다.
▶ Osborne 박사가 Mpemba와 같은 시험 결과를 얻었고, 두 사람이 그 발견을 함께 발표했다는 내용이므로, (A)에는 'result(결과)', (B)에는 'published(발표했다)'가 들어간다.
① 결과 – 포기했다
③ 호기심 – 보여 주었다
④ 호기심 – 발견했다
⑤ 발견 – 믿었다

22 이 그래프는 세계에서 가장 높은 3개의 산에 대한 것이다. K2는 칸첸중가보다 더 높지만, 에베레스트산이 K2보다 더 높다. 에베레스트산이 세계에서 가장 높다.
▶ '가장 ~하다'라는 뜻이 되도록 〈the+최상급〉 표현을 이용한다. '세계에서'는 in the world로 나타낸다. ③과 함께 Mt. Everest is the tallest mountain in the world.로도 쓸 수 있다.

23 비행기에 대한 아이디어는 "왜 우리는 새들처럼 날지 못할까?"라는 질문에서 시작되었다. 이러한 호기심 때문에, 우리는 지금 전보다 더 빠르게 여행할 수 있어.
▶ 비행기에 대한 아이디어이므로 하늘을 나는 것과 관련된 ①의 질문이 알맞다. ②는 우주선, ③은 자동차, ④는 텔레비전, ⑤는 전화 또는 라디오에 대한 아이디어와 관련된 질문으로 볼 수 있다.
② 왜 우리는 달에서 살 수 없을까?

③ 우리가 말 없이 빨리 이동할 수 있을까?
④ 우리가 움직이는 이미지를 먼 곳으로 보낼 수 있을까?
⑤ 우리가 소리를 먼 곳으로 보낼 수 있을까?
W·O·R·D·S travel 이동하다, 여행하다　horse 말　send 보내다
faraway 먼, 아득한

[24~25]
Mpemba는 탄자니아 출신의 호기심이 많은 소년이었다. (C) 1963년에 Mpemba는 요리 수업 시간에 아이스크림을 만들고 있었다. (B) Mpemba는 뜨거운 우유가 차가운 우유보다 더 빨리 언다는 것을 발견했다. (A) Mpemba 주위의 사람들은 그의 발견을 믿지 않았지만, 그는 반복해서 그것을 시험했다. (D) 3년 후에, Mpemba는 Osborne 박사를 만나서 그에게 자신의 이상한 발견에 대해 질문했다. Osborne 박사는 Mpemba와 같은 결과를 얻었고, 그들은 1969년에 함께 그들의 발견을 발표했다.
W·O·R·D·S finding 발견　same 같은　result 결과

24 ▶ 탄자니아의 호기심 많은 소년 Mpemba가 제시된 시간 중 가장 빠른 1963년에 요리 수업 시간에 아이스크림을 만들다가 이상한 사실을 발견하고, 주위 사람들이 그의 발견을 믿지 않았음에도 반복해서 시험했다는 내용이 이어진다. 그리고 3년 후 1966년에 Osborne 박사를 만나 두 사람이 같은 결과를 얻어 그것을 1969년에 발표했다는 흐름이 자연스럽다.

25

연도	Mpemba가 …했다
1963	요리 수업 시간에 아이스크림을 만들었고 발견을 했다
1966	Osborne 박사를 만나서 그에게 자신의 발견에 대해 질문했다
1969	Osborne 박사와 함께 그 발견을 발표했다

▶ 연도별로 일어난 일을 정리하여 표를 완성한다.

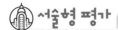 서술형 평가

Basic　　　　　　　　　　　　　　p. 153
A (1) slower than　(2) more　(3) most expensive
B (1) Which is faster, a car or a bike?
　(2) This television is much(even, far, still, a lot) cheaper in America than in Korea.
　(3) Summer is the hottest season of the year.
C (1) slower than the KTX
　(2) strongest of the three
D (1) I am the most diligent person in my family.
　(2) Today is much warmer than yesterday.

A (1) 빨간색 차가 하얀색 차보다 훨씬 더 느리다.
　(2) 수진이는 민주보다 더 많은 신발을 가지고 있다.
　(3) 우리는 이 마을에서 가장 비싼 호텔에 묵었다.
▶ (1) 빈칸 앞에 비교급을 강조하는 much가 있으므로 〈비교급+than〉으로 나타낸다.

(2) many의 비교급은 more이다.

(3) 빈칸 앞에 the가 있고, 뒤에 비교 범위를 나타내는 〈in+장소〉가 있으므로 최상급으로 나타낸다.

W·O·R·D·S shoes 신발   town 마을

B (1) 자동차와 오토바이 중에 어느 것이 더 빠르니?

(2) 이 텔레비전은 한국에서보다 미국에서 훨씬 더 싸다.

(3) 여름은 일 년 중에 가장 더운 계절이다.

▶ (1) 'A와 B 중에 어느 것이 더 ~하니?'라는 비교하는 질문은 〈Which ~ 비교급, A or B?〉로 나타낸다.

(2) 비교급을 강조하는 부사는 much, even, far, still, a lot 등이다. 여기서는 in으로 시작하는 두 개의 전치사구를 비교하는 것으로 전치사 in이 쓰였다고 해서 최상급으로 혼동하지 않도록 주의한다.

(3) hot의 최상급은 hottest이다. 일 년의 네 개의 계절 중의 하나인 여름이란 뜻이므로 '일 년 중에'는 of the year로 나타냄에 유의한다.

W·O·R·D·S bike 오토바이, 자전거   season 계절

C (1) KTX가 지하철보다 더 빠르다.

= 지하철이 KTX보다 더 느리다.

(2) Peter가 Tom보다 힘이 더 세다. Peter는 Jason보다도 힘이 더 세다.

= Peter는 셋 중에서 가장 힘이 세다.

▶ (1) faster의 반대 의미인 slower와 접속사 than을 써서 주어가 The subway인 비교하는 문장을 완성한다.

(2) Peter가 Tom, Jason 두 명보다 힘이 센 것이므로 셋 중에서 가장 힘이 세다고 할 수 있다. 따라서 최상급 strongest를 쓴다. 비교 대상이 셋이므로 of the three를 이용한다.

D ▶ (1) 〈the+최상급+in+비교 범위〉의 순으로 배열한다.

(2) 〈비교급+than〉의 순으로 배열하고, 비교급을 수식하는 부사 much는 비교급 앞에 쓴다.

W·O·R·D·S diligent 부지런한   person 사람   warm 따뜻한

Intermediate

p. 154

A (1) Why do you look so tired?

(2) Why did you open the window?

(3) Why were you late this morning?

B (1) is longer than the pencil

(2) is thinner than the white cat

(3) is heavier than John

C (1) History is more popular than math.

(2) Physics is the least popular subject (of all).

A (1) Q: 왜 그렇게 피곤해 보이니?

A: 할 일이 많기 때문이야.

(2) Q: 너는 왜 창문을 열었니?

A: 방이 더웠기 때문이야.

(3) Q: 너는 오늘 아침에 왜 늦었니?

A: 버스를 놓쳤기 때문이야.

▶ That's because ~를 써서 답했으므로 이유를 묻는 의문사 Why를 사용하여 〈Why+do(be)동사+주어 ~?〉 형태로 질문을 만든다.

W·O·R·D·S look tired 피곤해 보이다   so 그렇게   miss 놓치다

B (1) 크레용은 연필보다 더 길다.

(2) 검정고양이는 흰 고양이보다 더 말랐다.

(3) Tom은 John보다 더 무겁다.

▶ (1) 크레용이 연필보다 더 기므로 long의 비교급인 longer를 사용한다.

(2) 검정고양이가 흰 고양이보다 더 말랐으므로 thin의 비교급인 thinner를 사용한다.

(3) Tom이 앉은 쪽이 내려간 것으로 보아 Tom이 더 무거우므로 heavy의 비교급 heavier를 사용한다.

W·O·R·D·S thin 마른   heavy 무거운

C (1) A: 역사와 수학 중에서 어느 과목이 더 인기 있는가?

B: 역사가 수학보다 더 인기 있다.

(2) A: 모두 중에서 가장 인기 없는 과목은 무엇인가?

B: 물리학이 (모두 중에서) 가장 인기 없는 과목이다.

▶ (1) 역사와 수학 두 과목의 인기도를 비교하는 것이므로 〈비교급+than〉을 이용한다. 역사를 선호하는 학생은 30%, 수학은 15%로, 역사가 더 인기 있다.

(2) 가장 인기 없는 과목은 5%의 선호도를 보인 물리학이다. 최상급은 〈the+최상급〉으로 나타내고 '가장 인기 없는'은 little의 최상급인 least로 쓴다.

W·O·R·D·S popular 인기 있는   subject 과목

Advanced

p. 155

A (1) Seho is taller than Hojin.

(2) Hojin is heavier than Seho.

(3) Seho is younger than Hojin.

(4) Hojin has a higher test score than Seho.

B (1) the three tallest buildings in the world

(2) taller than Makkah Clock Royal Tower

(3) Burj Khalifa is taller than

(4) the tallest building in the world

A (1) Q: 누가 키가 더 큰가?

A: 세호가 호진이보다 키가 더 크다.

(2) Q: 누가 더 무거운가?

A: 호진이가 세호보다 더 무겁다.

(3) Q: 누가 더 어린가?

A: 세호가 호진이보다 더 어리다.

(4) Q: 누가 더 높은 시험 점수를 받았는가?

A: 호진이가 세호보다 더 높은 시험 점수를 받았다.

▶ 표를 보고 해당하는 사항을 찾아 〈비교급+than〉의 형태로 나타낸다.

W·O·R·D·S height 신장 weight 체중, 무게 age 나이 test score 시험 점수 heavy 무거운 young 어린

B (1) 이 도표는 세계에서 가장 높은 3개의 건물에 대한 것이다.
(2) 상하이 타워는 마카 클록 로얄 타워보다 더 높다.
(3) 부르즈 할리파가 상하이 타워보다 더 높다.
(4) 부르즈 할리파는 세계에서 가장 높은 건물이다.
▶ (1), (4) tall의 최상급 the tallest를 사용한 최상급 문장으로 나타낸다. 비교의 범위를 나타내는 in the world를 문장 끝에 쓴다.
(2), (3) tall의 비교급 taller than을 사용한 비교급 문장으로 나타낸다.

W·O·R·D·S chart 도표, 그림

교과서 본문 손으로 기억하기 pp. 156~157

01 Science begins with curiosity.
02 When you are curious about something, ask yourself why and how.
03 That way, you can discover great things.
04 Here is an interesting story of a curious teenager in Africa.
05 "How strange! The hot milk froze faster than the cold milk," shouted a boy in a cooking class.
06 His name was Erasto Mpemba. He was a 13-year-old boy from Tanzania.
07 He was the most curious boy in his class.
08 Mpemba was making ice cream in his cooking class in 1963.
09 He first mixed hot milk and sugar.
10 He then put the milk in the freezer when it was still hot.
11 Surprisingly, his hot milk froze faster than his classmates' cold milk.
12 He told his teacher and classmates about his finding, but they did not believe him.
13 They all said, "That's impossible!"
14 However, Mpemba never gave up, and he tested his finding again and again.
15 The result was always the same.
16 In 1966, Dr. Denis Osborne, a professor of physics, visited Mpemba's school.
17 Mpemba asked him about his strange finding.
18 Dr. Osborne tested it out, and he got the same result.
19 Dr. Osborne and Mpemba published their finding together in 1969.
20 Mpemba made an important discovery because of his curiosity!

부록 암기 워크북

LESSON 5 My Dream Trip

Vocabulary p. 162

A
01 친절한, 다정한
02 모험
03 참석하다, 출석하다
04 가까운
05 지역의, 현지의
06 카레 (요리)
07 도착하다
08 흥분한, 들뜬
09 잊다, 깜박하다
10 역사
11 구역, 블록
12 더운, 뜨거운
13 타기, 여행; 타다
14 부족, 종족
15 요리사, 주방장
16 게스트하우스
17 똑바로, 곧장
18 태국의; 태국어, 태국인
19 여행
20 방문하다

B
01 ride
02 tribe
03 block
04 friendly
05 visit
06 curry
07 arrive
08 Thai
09 hot
10 chef
11 adventure
12 excited
13 local
14 guesthouse
15 attend
16 trip
17 close
18 straight
19 forget
20 history

C
01 마침내, 드디어
02 그런데
03 투숙(탑승) 절차를 밟다
04 캠핑하러 가다
05 오른쪽으로 돌다
06 영화를 보다
07 자전거를 타다
08 많은

Dialogue pp. 163~164

❶ 1 this weekend, plans, going to see
2 play basketball, fun, I'd love to
❷ 1 near here, How can I, turn left
2 get to, Go straight, next to
❸ what are you, going to, travel guide book, Is there, Go straight, really close
❹ 1 see a movie, go on a picnic
2 bank, How can I, on your right
3 get to

Reading Text

pp. 165~169

Step 1

01 B, A
02 C, A, B
03 A, B
04 B, A
05 B, A, C
06 B, A
07 A, B
08 B, A
09 A, B
10 B, A, C
11 B, A
12 A, B
13 B, A
14 B, A
15 B, A
16 A, B
17 A, B
18 B, A

Step 2

01 dream, become, cook
02 am going, visit, with, learn
03 excited, this trip
04 we arrived, Bangkok
05 checked in, guesthouse, went to
06 beautiful, many colorful
07 next, attended, travelers
08 went, market, learned, vegetables
09 spring rolls, green
10 chef, become, cook, proud of
11 bus ride, arrived
12 exciting, fun activities
13 During, went hiking
14 evening, different, foods
15 favorite, was, Thai
16 wanted, cook, taught
17 lucky, never, time
18 truly, my, trip

Step 3

01 dream, to become, cook
02 am going, visit, with, cousin, learn
03 very excited, this trip
04 we arrived in Bangkok
05 checked in, guesthouse, Khaosan Road, went to
06 beautiful, many colorful buildings
07 next, attended, cooking, travelers
08 went, local market, learned about, vegetables
09 spring rolls, green curry
10 chef said, become, cook, proud of myself
11 bus ride, Bangkok, arrived
12 exciting city, fun activities
13 During, went hiking, tribes
14 evening, different street foods
15 favorite, was pad Thai
16 wanted, cook, friendly, taught
17 lucky, never forget, time
18 truly, my dream trip

Passage Writing

pp. 170~171

01 My dream is to become a cook.

02 Tomorrow, I am going to visit Thailand with my cousin and learn about Thai food.

03 I am very excited about this trip.

04 At last, we arrived in Bangkok.

05 We first checked in at a guesthouse on Khaosan Road and went to the Grand Palace.

06 The palace was very beautiful with many colorful buildings.

07 The next day, I attended a Thai cooking class for travelers.

08 First, we went to a local market and learned about Thai fruits and vegetables.

09 I made som tam, spring rolls, and green curry in class.

10 The chef said to me, "Good job! You are going to become a great cook!"

11 I was very proud of myself.

12 After a long bus ride from Bangkok, we arrived in Chiang Mai.

13 Chiang Mai is an exciting city with lots of fun activities.

14 During the day, we went hiking and visited hill tribes.

15 In the evening, we tried different street foods.

16 My favorite street food was pad Thai.

17 I wanted to cook it, and a friendly street food chef taught me.

18 I was so lucky!

19 I will never forget my time in Thailand.

20 It truly was my dream trip.

Vocabulary
p. 172

A 01 전투함
02 가져오다, 데려오다
03 위험한
04 도움이 되는
05 특별히, 특히
06 끝내다
07 일반적으로
08 두통
09 귀여운
10 ~을 두고 오다, 떠나다
11 외로운
12 순간
13 장소, 곳, (개인의) 집
14 대통령
15 쥐
16 선원, 뱃사람
17 비밀스러운; 비밀
18 특별한
19 (긴 거리의) 항해, 여행
20 만지다

B 01 bring
02 lonely
03 dangerous
04 battleship
05 leave
06 generally
07 headache
08 especially
09 finish
10 place
11 president
12 special
13 sailor
14 helpful
15 cute
16 touch
17 moment
18 voyage
19 rat
20 secret

C 01 B로부터 A를 쫓아내다
02 B로부터 A를 보호하다, 지키다
03 ~에게 안부를 전하다, 인사하다
04 ~에서 내리다
05 ~와 놀다
06 돌아오다
07 (안색이) 좋아 보이다
08 즐겁게 지내다

Dialogue
pp. 173~174

❶ 1 science book, Why don't
2 saw a cat, good idea, five dogs
❷ 1 new book, his adventures, can't wait to
2 what are you, How old, her smile
❸ did you see, May I, cleaned, be back, say hello to
❹ 1 don't look well, bad headache
2 visiting me from, show her around
3 I'm going to, to see

Reading Text
pp. 175~179

Step 1
01 B, A
02 B, A
03 A, C, B
04 B, A, C
05 B, C, A
06 A, B
07 A, B, C
08 B, A, C
09 A, B
10 B, A
11 A, B
12 A, B
13 B, A
14 B, C, A
15 A, B
16 A, C, B

Step 2
01 was, special cat
02 a ship's cat
03 generally, water, spent, time, sea
04 many, sailors, especially, voyage
05 felt, long voyages, welcomed
06 away from, ship
07 believed that, ship's, luck
08 also, protect, dangerous weather
09 Some, became, one
10 Prime Minister, Kingdom
11 cat, Navy battleship
12 on that ship
13 secret place, meet
14 get off, touched, head, him
15 took, picture, moment
16 became famous, gave, new name

Step 3
01 Blackie was, special cat
02 was a ship's cat
03 Cats generally, water, spent, of time, sea
04 many, things, sailors, especially, voyage
05 often felt, long voyages, welcomed
06 kept, away from, ship
07 believed that, ship's, good luck
08 also, could protect, dangerous weather
09 Some, became, one of them
10 met, Prime Minister, United Kingdom
11 cat of, Royal Navy battleship
12 Churchill, on that ship
13 going to, secret place, meet
14 get off, touched his head, him
15 took, picture, that moment
16 picture became famous, gave, new name

Passage Writing

pp. 180~181

01 Blackie was a special cat.

02 He was a ship's cat.

03 Cats generally do not like water, but Blackie spent a lot of time at sea.

04 A ship's cat did many good things for sailors, especially on a long voyage.

05 Sailors often felt lonely during long voyages.

06 So they welcomed a ship's cat.

07 It also kept rats away from the ship.

08 Some sailors believed that a ship's cat brought good luck.

09 They also believed that it could protect their ship from dangerous weather.

10 Some ship's cats became famous.

11 And Blackie was one of them.

12 In 1941, Blackie met Winston Churchill, the Prime Minister of the United Kingdom.

13 Blackie was the ship's cat of a Royal Navy battleship.

14 Churchill was on that ship.

15 He was going to a secret place to meet U.S. President Franklin D. Roosevelt.

16 Blackie tried to get off the ship with Churchill.

17 But Churchill touched his head to stop him.

18 Someone took a picture of that moment.

19 The picture became famous.

20 And people gave Blackie a new name, Churchill.

LESSON 7 The World of Work

Vocabulary

p. 182

A 01 번개
02 갑자기
03 건너다
04 ~까지(도), ~조차(도)
05 번지다, 퍼지다
06 밖에서
07 충분한
08 운동하다; 운동
09 삼림 소방대원
10 화장실
11 모험심이 강한
12 도구, 수단
13 여전히, 그래도
14 다행히
15 세게 치다, 때리다
16 야생의, 거친
17 일어나다, 발생하다
18 소방관, 소방대원
19 흙, 토양
20 구하다

B 01 smokejumper
02 spread
03 still
04 adventurous
05 wild
06 strike
07 suddenly
08 enough
09 tool
10 firefighter
11 happen
12 cross
13 lightning
14 even
15 soil
16 save
17 luckily
18 exercise
19 outside
20 restroom

C 01 (나무를) 베다, 베어 쓰러뜨리다
02 ~로 뛰어들다
03 미래에, 장래에
04 (불을) 끄다
05 최우선이다, 가장 중요하다
06 ~을 뒤집다
07 산책하러 가다
08 ~을 기다리다

Dialogue

pp. 183~184

❶ 1 go for, want to, at home
2 in the future, sports reporter, you'll make

❷ 1 little tired, get enough, should go
2 We're going to, no cars, comes first

❸ What happened, saved her, real hero, want to, police officer, should exercise

❹ 1 go out, cold outside, stay at home
2 look worried, not ready for, should review
3 thinks that, good health

Reading Text

pp. 185~189

Step 1

01 A, C, B	02 A, B
03 C, B, A	04 B, A, C
05 B, A, C	06 B, A
07 A, B	08 A, B
09 C, B, A	10 A, B
11 B, A	12 B, A
13 A, B, C	14 A, C, B

Step 2

01 lightning, started, fire, forest
02 spread, firefighters had
03 there, no, forest, trucks, get
04 appeared, firefighters, jumping, smokejumpers
05 jump into, only, tools, carry
06 how, put, fire
07 When, ground, move, away
08 turn, soil, make
09 takes, often, forest, few days
10 want, be, smokejumper
11 Being, dangerous job
12 should, adventurous, health
13 know, dangerous, love, from
14 protect forests, even, proud

Step 3

01 lightning struck, started, fire, forest
02 spread, firefighters had, get to
03 there, no, forest, fire trucks, get
04 airplane appeared, firefighters, jumping, smokejumpers
05 jump into, only, few tools, carry only
06 how, put out, fire, forest
07 When, ground, cut down, move, away
08 turn, soil over, to make
09 takes, often, stay, forest for, few days
10 Do, want, be, smokejumper
11 Being, smokejumper, very dangerous job
12 should, adventurous, good health
13 know, job, dangerous, love, from
14 protect forests, animals, even human, proud

Passage Writing

pp. 190~191

01 Last week, lightning struck a tree and started a fire in a mountain forest in California.
02 It spread quickly.
03 And firefighters had to get to it fast.
04 However, there were no roads in the forest, so fire trucks could not get to the fire!
05 Suddenly, an airplane appeared.
06 And a group of firefighters started jumping out of it.
07 They were smokejumpers.
08 Smokejumpers jump into a forest with only a few tools.
09 And they carry only drinking water.
10 Then, how do they put out a fire in the forest?
11 When they are on the ground, they cut down trees and move them away.
12 They also turn the soil over and over to make a fire line.
13 The work takes a long time, so they often have to stay in the forest for a few days.
14 Do you want to be a smokejumper?
15 Being a smokejumper is a very dangerous job.
16 You should be adventurous and be in good health.
17 "I know my job is dangerous, but I love it," says Thomas McCarthy, a smokejumper from California.
18 He adds.
19 I protect forests, wild animals, and even human lives.
20 I'm really proud of my job!

Vocabulary
p. 192

A 01 교수
02 호기심
03 아직
04 불가능한
05 외치다, 소리치다
06 발견하다
07 놓다, 두다
08 얼다, 얼리다
09 발표하다, 출판하다
10 똑똑한, 영리한
11 이상한
12 결과
13 십 대 청소년
14 보름달
15 얼룩말
16 섞다, 혼합하다
17 물리학
18 놀랍게도
19 (액체를) 따르다, 붓다
20 발견

B 01 pour
02 teenager
03 full moon
04 yet
05 smart
06 finding
07 publish
08 result
09 freeze
10 mix
11 physics
12 shout
13 discover
14 put
15 impossible
16 strange
17 professor
18 surprisingly
19 curiosity
20 zebra

C 01 그때까지
02 ～ 때문에
03 반복해서, 되풀이하여
04 돌아오다
05 시험해 보다
06 포기하다
07 알아내다, 찾아내다
08 (전기 · 가스 · 수도 등을) 끄다

Dialogue
pp. 193~194

❶ 1 picture of, older sister, younger sister, looks like
2 Which animals, faster than, on animals
❷ 1 bring an umbrella, going to, fly low
2 can I go, need her help, can finish
❸ What, doing, Let's go, full moon, look bigger, can't wait to
❹ 1 which animals, smarter than, How do you
2 may I use, Why do you, turn off
3 looks bigger, closer to

Reading Text
pp. 195~199

Step 1

01 B, C, A	02 B, A
03 C, B, A	04 B, A, C
05 A, B	06 B, A
07 A, B	08 B, A
09 A, B	10 A, B
11 A, B, C	12 C, B, A
13 A, B	14 B, A
15 B, A	16 A, B
17 A, B	18 B, A

Step 2

01 begins, curiosity, curious, ask, how
02 way, discover great
03 interesting story, curious teenager
04 strange, faster, cold milk, boy
05 name, boy from
06 most curious, class
07 making, cooking class
08 mixed, milk, sugar
09 put, freezer, still
10 milk, faster, classmates'
11 teacher, classmates, finding, believe
12 impossible, gave up, finding, again
13 result, always, same
14 professor, visited, school
15 asked, strange finding
16 tested, got, result
17 published, finding together
18 made, discovery, curiosity

Step 3

01 begins, curiosity, When, curious, something, ask, how
02 way, can discover great
03 interesting story, curious teenager, Africa
04 strange, faster, cold milk, shouted, boy, class
05 name, He was, boy from
06 most curious, in, class
07 making, cream, cooking class
08 mixed hot milk, sugar
09 put, milk, freezer, still
10 Surprisingly, milk, faster, classmates'
11 teacher, classmates, finding, did not believe
12 impossible, never gave up, finding, again
13 result was always, same
14 professor, physics, visited, school
15 asked, his strange finding
16 tested, out, got, result
17 published their finding together
18 made, discovery because of, curiosity

Passage Writing

pp. 200~201

01 Science begins with curiosity.

02 When you are curious about something, ask yourself why and how.

03 That way, you can discover great things.

04 Here is an interesting story of a curious teenager in Africa.

05 "How strange! The hot milk froze faster than the cold milk," shouted a boy in a cooking class.

06 His name was Erasto Mpemba. He was a 13-year-old boy from Tanzania.

07 He was the most curious boy in his class.

08 Mpemba was making ice cream in his cooking class in 1963.

09 He first mixed hot milk and sugar.

10 He then put the milk in the freezer when it was still hot.

11 Surprisingly, his hot milk froze faster than his classmates' cold milk.

12 He told his teacher and classmates about his finding, but they did not believe him.

13 They all said, "That's impossible!"

14 However, Mpemba never gave up, and he tested his finding again and again.

15 The result was always the same.

16 In 1966, Dr. Denis Osborne, a professor of physics, visited Mpemba's school.

17 Mpemba asked him about his strange finding.

18 Dr. Osborne tested it out, and he got the same result.

19 Dr. Osborne and Mpemba published their finding together in 1969.

20 Mpemba made an important discovery because of his curiosity!

2학기 중간고사

pp. 204~208

01 ③　02 ①　03 ④　04 ⑤　05 ④　06 ④　07 ⑤
08 shopping mall　09 ③　10 ⑤　11 ③　12 ⑤　13 (1) We are not going to go to the beach this afternoon.　(2) Is Steve going to leave for New York tomorrow?　14 ②　15 ④
16 ④　17 ②　18 요리해 보고 싶었던 팟타이 만드는 법을 친절한 길거리 음식 요리사가 가르쳐 주어서　19 ④　20 ⑤　21 She is going to visit BIFF Street to try different street foods.
22 ①　23 ③　24 people gave Blackie a new name, Churchill　25 left, right

01 ① 가까운 : 먼
　② 다른 : 같은
　③ 바다 : 바다, 대양
　④ 도착하다 : 출발하다
　⑤ 위험한 : 안전한
　▶ 유의어 관계인 ③을 제외한 나머지는 반의어 관계이다.

02 식당이나 호텔의 요리사
　▶ ① 'chef(요리사, 주방장)'에 대한 설명이다.
　② 안내원, 가이드　③ 방문객　④ 여행객　⑤ 게스트하우스

03 • 너는 다음 모퉁이에서 왼쪽으로 돌아야 한다.
　• 나는 종종 불을 끄는 것을 잊어버린다.
　▶ turn left: 왼쪽으로 돌다, 좌회전하다
　turn off: (불을) 끄다

04 ① 우리는 호텔에서 투숙 절차를 밟아야 한다.
　② Andy는 미술에 매우 관심이 많다.
　③ 나는 다음 역에서 기차에서 내릴 거예요.
　④ 많은 사람들이 해변에서 즐거운 시간을 보낸다.
　⑤ 언니에게 나 대신 안부 전해 주세요.
　▶ say hello to: ~에게 안부를 전하다

05 A: 실례합니다. ＿＿＿＿＿＿＿＿＿＿
　B: 끝까지 계속 가세요. 공원 건너편에 있어요.
　▶ 대화의 흐름상 길을 묻는 말이 들어가는 것이 알맞다. ④ '박물관에 갈 건가요?'는 상대방의 계획을 묻는 말이다.
　① 박물관이 어디에 있나요?
　② 박물관을 찾고 있는데요.
　③ 박물관에 어떻게 갈 수 있나요?
　⑤ 박물관에 가는 방법을 말해 주시겠어요?
　W·O·R·D·S across from ~의 건너편에, 맞은편에

06 A: 엄마, 지금 컴퓨터 게임을 해도 되나요?
　B: 아니, 그러면 안 된다. 너는 먼저 숙제를 끝내야만 해.
　▶ 빈칸 뒤에서 A가 해야 할 의무를 언급한 걸로 보아 허락을 요청하는 말에 거절하는 응답이 오는 것이 알맞다.
　① 물론이지. 어서 하렴.
　② 그래, 해도 좋다.
　③ 그렇고말고.
　⑤ 나는 그 게임을 못 해.

07 (C) Andy, 이번 주말에 무엇을 할 예정이니?

(D) 나는 '판다의 세계'라는 새 책을 읽을 거야.

(B) 오, 너는 모험 이야기를 좋아하니?

(A) 응, 아주 좋아해. 나는 그 책을 빨리 읽고 싶어!

▶ 주말 계획에 대해 묻고 답하는 대화가 이루어진 뒤, 언급한 계획에 대해 구체적으로 다시 질문하고 답하는 대화가 이어지는 것이 자연스럽다.

W·O·R·D·S adventure 모험

08 A: 실례합니다. 쇼핑몰에 어떻게 갈 수 있나요?

B: 두 블록 직진한 다음 오른쪽으로 도세요. 오른편에 있을 거예요.

▶ 두 블록 곧장 가서 우회전한 후 오른편에 있는 장소는 '쇼핑몰(shopping mall)'이다.

[09~10]

Anna: 수호야, 너는 이번 가을에 뭘 할 거니?

수호: 나는 중국어를 공부할 거야. Anna, 너는 어때?

Anna: 나는 제주도를 방문할 거야. 그런데, 제주도에 관한 여행 안내서를 사야 해.

수호: 'Go Go Jejudo'가 좋은 책이야.

Anna: 고마워! 너는 학교에서 그 책을 읽었니?

수호: 응, 우리 학교 근처에 하나 있어.

Anna: 거기에 어떻게 갈 수 있니?

수호: 두 블록 직진한 다음 왼쪽으로 돌아. 빵집 옆의 흰색 건물이야.

Anna: 와! 정말 가깝네. 지금 당장 거기에 갈 거야.

09 ▶ 책을 추천하고 길을 알려 주는 대화의 흐름상 ③에는 서점의 위치를 묻는 'Is there a bookstore near here?(이 근처에 서점이 있니?)'의 표현이 알맞다.

10 ▶ ⑤ 마지막 Anna의 말에서 there는 빵집 옆의 흰색 건물을 가리키므로 대화 직후 Anna와 수호가 빵집에 간다는 말은 대화의 내용과 일치하지 않는다.

11 (a) 나는 Ann이 테니스 경기에서 Ted를 이겼다는 걸 믿을 수 없다.

(b) 너는 나무 아래에 있는 저 예쁜 여자아이를 아니?

(c) 나는 저렇게 살고 싶지 않다.

(d) Judy는 스마트폰이 마법의 기계라고 생각한다.

▶ 목적어 역할의 명사절을 이끄는 접속사 that은 생략할 수 있다. (a)와 (d)의 that은 명사절을 이끄는 접속사로 생략할 수 있으며, (b)에서는 지시형용사, (c)에서는 지시대명사로 쓰였다.

W·O·R·D·S defeat 물리치다, 이기다　match 경기　machine 기계

12 (a) 지호와 나는 함께 하이킹하러 갈 것이다.

(b) 우리 엄마는 그림 그리는 것을 좋아하신다.

(c) 나는 돈이 중요하다고 생각하지 않는다.

(d) Emily는 나에게 그녀의 오래된 사진을 보여 주었다.

(e) 그 새는 물고기를 잡기 위해 강으로 뛰어들었다.

▶ (a) am → are

(d) showed to me her old picture → showed me her old picture 또는 showed her old picture to me

W·O·R·D·S dive into ~로 뛰어들다　catch 잡다

13 (1) 우리는 오늘 오후에 해변에 갈 것이다.

→ 우리는 오늘 오후에 해변에 가지 않을 것이다.

(2) Steve는 내일 뉴욕으로 떠날 것이다.

→ Steve는 내일 뉴욕으로 떠날 거니?

▶ 〈be going to+동사원형〉의 부정문은 〈be동사+not going to+동사원형〉으로 나타내고, 의문문은 〈Be동사+주어+going to+동사원형 ~?〉으로 나타낸다.

[14~15]

선원들은 종종 긴 항해를 하는 동안 외로움을 느꼈고, 그래서 그들은 뱃고양이를 환영했다. 뱃고양이는 또한 배에서 쥐들을 쫓기도 했다. 일부 선원들은 뱃고양이가 행운을 가져다준다고 믿었다. 그들은 또한 뱃고양이가 험한 날씨로부터 배를 보호해 줄 수 있을 것이라고 믿었다. 몇몇 뱃고양이들은 유명해졌는데, Blackie가 그들 중 하나였다.

W·O·R·D·S lonely 외로운　voyage 항해　welcome 환영하다　protect 보호하다

14 ▶ 빈칸 ⓐ의 앞뒤 문장이 각각 원인과 결과에 해당하므로 ⓐ에는 '그래서'의 의미를 나타내는 접속사 so가, 빈칸 ⓑ의 앞뒤 문장은 대등하게 연결되므로 ⓑ에는 '그리고'의 의미를 나타내는 접속사 and가 알맞다.

15 ▶ ④ 선원들이 뱃고양이가 험한 날씨로부터 배를 보호해 줄 수 있다고 믿었다는 언급은 있지만, 뱃고양이가 위험한 날씨를 미리 감지해서 알려 주었다는 언급은 없다.

16 (A) 다음날, 나는 여행자들을 위한 태국 요리 교실에 참여했다. (D) 먼저, 우리는 현지 시장에 가서 태국의 과일과 채소에 대해 배웠다. (B) 나는 수업에서 쏨땀, 스프링 롤, 그리고 그린 카레를 만들었다. (C) 요리사는 나에게 말했다. "잘했어요! 당신은 훌륭한 요리사가 될 거예요!"

▶ '먼저'라는 뜻의 First가 있는 (D)가 가장 먼저 오고, 음식을 만든 (B), 완성된 음식을 칭찬하는 내용의 (C)가 이어지는 것이 글의 흐름상 알맞다.

[17~18]

방콕에서부터 오랜 시간 버스를 탄 후에, 우리는 치앙마이에 도착했다. 치앙마이는 많은 재미있는 활동들을 할 수 있는 신나는 도시이다. 낮 동안에 우리는 등산하러 갔고 고산족들을 방문했다. 저녁에 우리는 위험한(→ 다양한) 길거리 음식을 맛보았다. 내가 가장 좋아한 길거리 음식은 팟타이였다. 나는 그것을 요리하고 싶었는데, 한 친절한 길거리 음식 요리사가 나에게 가르쳐 주었다. 나는 정말 운이 좋았다!

나는 태국에서의 시간을 결코 잊지 못할 것이다. 그것은 진정 나의 꿈의 여행이었다.

W·O·R·D·S ride 타고 가기, (탈것을 이용한) 여행　activity 활동　tribe 부족, 종족　teach 가르치다　trip 여행

17 ▶ 길거리 음식을 맛보고 만들어 보고 싶어 했으므로 문맥상 ⓑ는 '위험한'이 아닌 '다양한'이란 뜻의 different가 알맞다.

18 ▶ 바로 앞 문장에 이유가 나와 있다.

19 1941년에, Blackie는 영국 총리인 Winston Churchill을 만났다. Blackie는 영국 해군 전함의 뱃고양이였다. Churchill이 그 배에 타고 있었다. 그는 미국 대통령인 Franklin D. Roosevelt를 만나기 위해 비밀 장소로 가는 중이었다.

▶ ⓐ는 뱃고양이, ⓑ, ⓓ는 Winston Churchill, ⓒ는 영국 해군 전함, ⓔ는 Franklin D. Roosevelt를 가리킨다.

W·O·R·D·S prime minister 총리, 수상   United Kingdom 영국   Royal Navy 영국 해군   battleship 전함   secret 비밀의   president 대통령

[20~21]

Amy에게,

안녕, 나는 부산에 있어. 오늘 나는 송도 해변을 방문했어. 나는 수영을 신나게 했지. 내일 나는 BIFF 거리에 갈 예정이야. 나는 다양한 길거리 음식을 맛보고 싶어. 그건 아주 재미있을 거야. 네가 보고 싶어!

지수가

20 ▶ ⓐ 내일 계획을 말하고 있으므로 〈be going to+동사원형〉의 형태로 쓴다.

ⓑ want의 목적어로는 to부정사가 쓰인다.

21 Q: 지수는 내일 무엇을 할 것인가?

▶ 그녀는 다양한 길거리 음식을 맛보기 위해서 BIFF 거리를 방문할 것이다.

22 A: 수지야, 너는 이번 주말에 무엇을 할 예정이니?

B: 내 사촌이 캐나다에서 나를 보러 와. 우리는 경복궁에 갈 거야.

A: 그녀가 한국에 얼마나 있을 예정이니?

B: 열흘. 나는 빨리 그녀에게 구경시켜 주고 싶어.

▶ I can't wait to ~.는 '빨리 ~하고 싶다.'의 의미로 기대를 나타낸다. 따라서 ① '나는 그녀를 구경시켜 주는 것을 기대하고 있어.'와 바꿔 쓸 수 있다.

② 나는 너무 바빠서 그녀를 구경시켜 줄 수 없어.

③ 나는 그녀가 나를 기다릴 수 있기를 바라.

④ 나는 그녀를 구경시켜 주고 싶지 않아.

⑤ 나는 그녀가 나를 구경시켜 줄 거라고 생각해.

W·O·R·D·S show ~ around ~에게 구경시켜 주다

[23~24]

Blackie가 Churchill과 함께 배에서 내리려고 했지만, Churchill은 그를 멈추게 하기 위해 그의 머리를 만졌다. 어떤 사람이 그 순간을 사진으로 찍었다. 그 사진이 유명해졌고, 사람들은 Blackie에게 Churchill이라는 새로운 이름을 지어 주었다.

W·O·R·D·S touch 만지다   moment 순간   famous 유명한

23 ① 그들은 다른 도시로 이사 가기로 결정했다.

② 그녀의 꿈은 달에 가는 것이다.

③ Jason은 그의 목표에 도달하기 위해 최선을 다했다.

④ 바다에서 수영하는 것은 매우 어렵다.

⑤ 우리는 다음 주에 여행을 갈 계획이다.

▶ 밑줄 친 to stop은 '~하기 위해서'의 의미로 목적을 나타내는 to부정사의 부사적 용법으로 쓰였다. ③은 목적을 나타내는 to부정사의 부사적 용법이며, ①, ②, ④는 각각 목적어, 보어, 주어 역할을 하는 명사적 용법으로 쓰였고, ⑤는 〈be planning to+동사원형〉으로 쓰였다.

W·O·R·D·S another 또 하나의, 다른   do one's best 최선을 다하다   reach 도달하다   goal 목표   go on a trip 여행을 가다

24 ▶ 〈수여동사+간접목적어+직접목적어〉의 순서로 쓴다. 동격은 콤마로 나타낼 수 있다.

25 A: 실례합니다, 이 근처에 빵집이 있나요?

B: 네, 하나 있어요.

A: 거기에 어떻게 갈 수 있나요?

B: 두 블록 직진한 다음 왼쪽으로 도세요. 오른편에 있을 거예요.

▶ A가 찾고 있는 빵집은 현재 위치에서 두 블록 직진한 후 좌회전하면 오른편에 있다.

2학기 기말고사 2

pp. 209~213

01 ③   02 ④   03 ②   04 gave up   05 ③   06 ②   07 ⑤   08 ②   09 ④   10 ③   11 ③   12 ①   13 ②   14 largeest → largest, beautifuler → more beautiful   15 don't have(need) to answer   16 ①   17 Pizza is more expensive than spaghetti.   18 ⑤   19 ③   20 ③, ④   21 ④   22 ③   23 ⑤   24 그의 뜨거운 우유가 반 친구들의 차가운 우유보다 더 빨리 얼었다는 사실   25 ②

01 ① 퍼지다: 더 많은 장소로 이동하다

② 안전: 해로움이나 위험에서 자유로움

③ 야생의: 인간의 보살핌이나 통제를 받으며 사는

④ 도구: 망치, 톱, 칼 등과 같은 것

⑤ 십 대: 13살과 19살 사이의 사람

▶ ③ wild는 '야생의'라는 뜻으로, 'to live in nature without human care or control(인간의 보살핌이나 통제를 받지 않고 자연에 사는)'이 영영풀이로 알맞다.

W·O·R·D·S move into ~로 이동하다   freedom 자유   harm 해로움, 손해   danger 위험   human 인간(의)   care 보살핌   control 통제   hammer 망치   saw 톱

02 〈보기〉 강한 : 약한

① 차가운, 추운 : 뜨거운, 더운

② 나이 든 : 어린

③ 긴 : 짧은

④ 똑똑한, 영리한 : 똑똑한

⑤ 어려운 : 쉬운

▶ 〈보기〉와 ①, ②, ③, ⑤는 반의어 관계인 반면, ④는 유의어 관계이다.

03 • 나는 매일 밤 잠을 충분히 잔다.

• 너는 출발 시각 2시간 전에 공항에 도착해야 한다.

▶ get enough sleep: 잠을 충분히 자다 / get to: ~에 도착하다

W·O·R·D·S airport 공항   departure time 출발 시각

04 ▶ give up: 포기하다

W·O·R·D·S job 일, 직업   take care of ~을 돌보다

05 ① A: 나는 영어를 잘 말하지 못해.

B: 너는 영어로 된 이야기책을 읽는 것이 좋겠어.

② A: 너는 미래에 무엇이 되고 싶니?

    B: 나는 수의사가 되고 싶어.

③ A: 나는 작가가 되고 싶어. 내가 어떻게 해야 할까?

    B: 나는 어려움에 처한 사람들을 돕고 싶어.

④ A: 왜 말이 소보다 더 빨리 달리니?

    B: 그것은 말이 더 긴 다리를 갖고 있기 때문이야.

⑤ A: 돌고래와 원숭이 중 어느 동물이 더 영리하니?

    B: 나는 돌고래가 원숭이보다 더 영리하다고 생각해.

▶ ③ 작가가 되고 싶다고 하며 조언을 구했는데, 이에 대한 대답으로 자기가 하고 싶은 일을 이야기하는 것은 어색하다.

W·O·R·D·S in English 영어로 된　animal doctor 수의사　in need 어려움에 처한

06 A: 얼룩말과 타조 중에서 어느 동물이 더 빠를까?

    B: 음… 내 생각에는 얼룩말이 더 빨라.

    A: 실제로는, 타조가 얼룩말보다 더 빨라.

▶ 밑줄 친 문장에서 '타조가 얼룩말보다 더 빠르다'고 했으므로, faster의 반대되는 뜻인 slower를 이용하여 같은 의미의 표현을 만들 수 있다.

① 얼룩말은 타조보다 키가 더 크다

② 얼룩말은 타조보다 더 느리다

③ 얼룩말은 타조보다 키가 더 작다

④ 얼룩말은 타조보다 영리하지 않다

⑤ 얼룩말은 타조보다 작지 않다

W·O·R·D·S zebra 얼룩말　ostrich 타조　actually 실제로는

07 A: 괜찮니, Katie? 네가 내 수업 시간에 좀 피곤해 보이더구나.

    B: 저는 어젯밤에 잠을 충분히 못 잤어요. 아주 재미있는 책을 읽고 있었거든요.

    A: ＿＿＿＿＿＿＿＿＿＿＿＿＿

    B: 노력해 볼게요. 감사합니다, Johnson 선생님.

▶ 빈칸 앞에서 어젯밤에 잠을 자지 않고 책을 읽었다고 했으므로, 일찍 자라는 조언의 말이 오는 것이 알맞다. ⑤의 don't have to는 '~할 필요가 없다'라는 뜻이므로 빈칸에 들어갈 대답으로 알맞지 않다.

① 너는 일찍 자야 한다.

② 너는 일찍 자는 게 좋겠다.

③ 너는 일찍 자야 한다.

④ 너는 일찍 자는 게 좋겠다.

⑤ 너는 일찍 잘 필요가 없다.

W·O·R·D·S tired 피곤한　interesting 재미있는　try 노력하다

08 A: 엄마, 저 지금 유진이네 집에 가도 돼요?

    (B) 지금? 벌써 8시야. 너는 왜 거기에 가고 싶어?

    (A) 수학 숙제를 하는 데 유진이의 도움이 필요해요.

    (C) 한 시간 안에 돌아올 수 있니?

    (D) 네, 제 생각에 저는 그때까지 숙제를 끝낼 수 있어요. 고마워요, 엄마.

▶ 처음에 유진이네 집에 가도 되는지 엄마에게 묻는 말이 나오고, 그다음에 유진이네 집에 가야 하는 이유를 묻고 답하는 대화가 이어진 후, 집에 돌아오는 시간에 대해 당부하고 답하는 대화로 완성한다.

W·O·R·D·S place 장소, 집　already 벌써　in an hour 한 시간 안에　by then 그때까지

[09~10]

Jaden: 너 뉴스 봤니? 쇼핑몰에 불이 났는데, 한 여자아이가 여전히 건물에 있었어.

유리:　정말? 그 여자아이는 어떻게 됐어?

Jaden: 다행히, 한 소방관이 화장실에서 그녀를 발견해서 구해냈어.

유리:　와, 잘됐다! 그 소방관은 진짜 영웅이네.

Jaden: 그러게 말이야! 난 그처럼 되고 싶어.

유리:　오, 너는 소방관이 되고 싶니?

Jaden: 아니, 난 경찰관이 되고 싶은데, 이유(→ 방법)를 모르겠어. 내가 어떻게 해야 할까?

유리:　내 생각에 너는 매일 운동하고 태권도를 배우는 게 좋겠어.

Jaden: 그거 좋은 생각이다.

W·O·R·D·S building 건물　firefighter 소방관　restroom 화장실　hero 영웅　police officer 경찰관

09 ▶ ④ 이후에 경찰관이 되려면 어떻게 해야 할지 조언을 구하고 그 대답이 이어지고 있으므로, 이유가 아니라 방법(how)을 모르겠다는 말이 알맞다.

10 ▶ ③ 유리는 Jaden에게 소방관이 되고 싶은지 물었지만, 본인의 장래 희망에 대해서는 말하지 않았다.

11 A: 그녀는 너의 여동생이니?

    B: 응, 그녀는 나보다 ＿＿＿＿＿＿해.

▶ ③ 뒤에 than이 있으므로 비교급이 알맞다. smart의 비교급은 smarter이다.

① 키가 더 큰　② 힘이 더 센　④ 더 인기 있는　⑤ 더 부지런한

12 ① 너는 언제 숙제를 시작할 거니?

② 나는 한가할 때, 꽃을 그린다.

③ 비가 올 때, 나는 집에 있으면서 책을 읽는다.

④ 너는 피곤할 때 쉬어야 한다.

⑤ 너는 감기에 걸리면 따뜻한 차를 마시니?

▶ ②, ③, ④, ⑤는 전부 '~할 때'란 뜻의 접속사 when인 반면에 ①은 '언제'를 뜻하는 의문사 when이다.

W·O·R·D·S free time 자유 시간　stay at home 집에 머물다　take a rest 쉬다　have a cold 감기에 걸리다

13 ⓐ 내 생각에 그녀는 학교 동아리에 가입하는 게 좋겠다.

    ⓑ 가장 긴 강은 무엇인가?

    ⓒ 나는 여름보다 겨울을 더 좋아해.

    ⓓ 소방관은 빨리 화재 현장에 도착해야 했다.

▶ ⓑ 최상급 longest 앞에는 the를 붙여야 한다.

    ⓓ had to 뒤에는 동사원형 get이 와야 한다.

W·O·R·D·S join 가입하다　river 강

14 • 서울은 한국에서 가장 큰 도시이다.

    • 내 생각에 달이 태양보다 더 아름답다.

▶ large의 최상급은 largest로 쓴다. / beautiful의 비교급은 more beautiful로 쓴다.

W·O·R·D·S large 큰　beautiful 아름다운

15 우리는 모든 질문에 답할 필요가 없다.

▶ need not은 '~할 필요가 없다'라는 뜻으로 don't have [need] to로 바꿔 쓸 수 있다.

W·O·R·D·S answer 답하다 question 질문

16 나는 너의 문제를 이해해. 너는 네 부모님께 너의 재능을 보여 드리는 게 좋겠어. 네가 그분들과 이야기할 때, 랩 음악에 대한 너의 애정에 대해 말씀드려야 해. 네 부모님께서 너를 이해해 주시기를 바라.

▶ ① 조동사 should 뒤에는 동사원형 show가 와야 한다.

W·O·R·D·S understand 이해하다 show 보여 주다 talent 재능 rap music 랩 음악

17 A: 피자와 스파게티 중에 어느 것이 더 비싸니?
B: 피자가 스파게티보다 더 비싸.

▶ 피자가 7.5달러로 5.5달러인 스파게티보다 더 비싸므로 비교급 more expensive than을 사용하여 대답을 완성한다.

W·O·R·D·S expensive 비싼

[18~19]

지난주, 나무에 번개가 쳐서 캘리포니아에 있는 산림에 화재가 시작되었다. 불은 빠르게 번졌고, 소방대원들은 그곳에 빨리 도착해야 했다. 하지만, 숲에는 도로가 없어서, 소방차들이 화재 현장에 도달할 수 없었다! 갑자기 비행기 한 대가 나타났고, 한 무리의 소방대원들이 비행기에서 뛰어내리기 시작했다. 그들은 삼림 소방대원들이었다.

W·O·R·D·S lightning 번개 strike (번개가) 치다(- struck - struck) spread 번지다, 퍼지다(- spread - spread) smokejumper 삼림 소방대원

18 ▶ ⓐ 불이 빠르게 번져서 소방대원들이 화재 현장에 빨리 도달해야 했으므로 It은 a fire를 가리킨다.
ⓑ 갑자기 나타난 비행기에서 삼림 소방대원들이 뛰어내린 것이므로 it은 an airplane을 가리킨다.

19 ▶ ③ 불 때문에 도로가 통제된 것이 아니라, 숲에는 도로가 없었다.

[20~21]

삼림 소방대원들은 도구 몇 개만 가지고 숲으로 뛰어내리고, 마시는 물만 들고 다닌다. 그러면, 그들은 숲에서 어떻게 화재를 진화하는가? 그들은 지상에 있을 때, 나무들을 베어내고 치운다. 그들은 또한 방화선을 만들기 위해 흙을 계속 갈아엎는다. 그 작업은 시간이 오래 걸려서, 그들은 종종 며칠 동안 숲에 머물러야 한다.
여러분은 삼림 소방대원이 되고 싶은가? 삼림 소방대원이 되는 것은 매우 위험한 일이다. 여러분은 모험심이 있어야 하고 건강 상태가 좋아야 한다.

W·O·R·D·S forest 숲 carry 가지고 다니다 put out (불을) 끄다, 진화하다 fire line 방화선

20 ▶ '~해야 한다, ~하는 것이 좋겠다'라는 뜻의 have to, should가 들어가는 것이 알맞다. 문맥상 현재시제이므로 had to는 빈칸에 쓸 수 없다.

21 ▶ ④ They also turn the soil over and over to make a fire line.을 통해 글의 내용과 일치함을 알 수 있다.

[22~23]

과학은 호기심에서 시작된다. 여러분이 무언가에 대해 궁금하다면, 자기 자신에게 왜 그리고 어떻게를 물어봐라. 그런 방식으로 여러분은 위대한 것들을 발견할 수 있다. 여기 아프리카에 사는 어느 호기심 많은 십 대 청소년의 흥미로운 이야기가 있다.
"참 이상하군! 뜨거운 우유가 차가운 우유보다 더 빨리 얼다니."라고 요리 수업 시간에 한 소년이 소리쳤다. 그의 이름은 Erasto Mpemba였다. 그는 탄자니아 출신의 13세 소년이었다. 그는 자기 반에서 가장 호기심이 많은 소년이었다.

W·O·R·D·S teenager 십 대 청소년 freeze 얼다(- froze - frozen)

22 ▶ (A) 궁금한 것에 대해 스스로에게 '왜' 그리고 '어떻게'를 물어보라고 앞에서 언급했으므로, 이런 방법으로 위대한 것을 '발견할(discover)' 수 있다고 하는 것이 자연스럽다. (believe: 믿다)
(B) 이후에 뜨거운 우유가 차가운 우유보다 더 빨리 언다고 소리쳤으므로 보통의 생각과 다른 '이상한(strange)' 일이라고 놀라는 것이 문맥상 자연스럽다. (common: 흔한)
(C) 앞 단락에 Here is an interesting story of a curious teenager in Africa.라는 문장이 나오므로 'curious(호기심이 많은)'가 알맞다. (popular: 인기 있는)

23 ▶ ① 나이는 13세, ② 국적은 탄자니아, ③ 직업은 학생, ④ 성격은 호기심이 많다는 것을 알 수 있지만, ⑤ 좋아하는 과목에 대해서는 언급되어 있지 않다.

[24~25]

1963년에 Mpemba는 요리 수업 시간에 아이스크림을 만들고 있었다. 그는 먼저 뜨거운 우유와 설탕을 섞었다. 그는 그러고 나서 우유가 아직 뜨거울 때 그것을 냉동실에 넣었다. 놀랍게도, 그의 뜨거운 우유가 반 친구들의 차가운 우유보다 더 빨리 얼었다. 그는 선생님과 반 친구들에게 자신의 발견에 대해 말했지만, 그들은 그를 믿지 않았다. 그들은 모두 "그건 불가능해!"라고 말했다. 그러나 Mpemba는 결코 포기하지 않았고, 반복해서 자신의 발견을 시험했다. 그 결과는 항상 똑같았다.
1966년에 물리학 교수인 Denis Osborne 박사가 Mpemba의 학교를 방문했다. Mpemba는 그에게 자신의 이상한 발견에 대해 질문했다. Osborne 박사는 그것을 시험해 보았고 같은 결과를 얻었다. Osborne 박사와 Mpemba는 1969년에 함께 그들의 발견을 발표했다. Mpemba는 자신의 호기심 때문에 중요한 발견을 했다!

W·O·R·D·S freezer 냉동실, 냉동고 result 결과 physics 물리학 test out 시험해 보다 publish 출판하다, 발표하다

24 ▶ 바로 앞 문장에 나오는 his hot milk froze faster than his classmates' cold milk를 가리킨다.

25 ① Mpemba는 아이스크림을 만들기 위해 무엇을 섞었나?
② Mpemba는 어디서 그의 발견을 계속 시험했는가?
③ Mpemba의 선생님과 반 친구들이 그의 말을 믿었나?
④ Osborne 박사는 누구인가?
⑤ 언제 Osborne 박사와 Mpemba가 그들의 발견을 발표했는가?

▶ ① 우유와 설탕을 섞었다.
② 시험한 장소는 글에서 알 수 없다.
③ 그의 말을 믿지 않았다.
④ 물리학 교수이다.
⑤ 1969년에 발표했다.

W·O·R·D·S keep -ing 계속해서 ~하다 word 말, 이야기

Memo

www.mirae-n.com

학습하다가 이해되지 않는 부분이나 정오표 등의 궁금한 사항이 있나요?
미래엔 홈페이지에서 해결해 드립니다.

교재 내용 문의
나의 교재 문의 | 수학 과외쌤 | 자주하는 질문 | 기타 문의

교재 정답 및 정오표
정답과 해설 | 정오표

교재 학습 자료
개념 강의 | 문제 자료 | MP3 | 실험 영상

영문법 기본서

GRAMMAR BITE

중학교 핵심 필수 문법 공략, 내신·서술형·수능까지 한 번에!

중등 영문법　PREP
중등 영문법　Grade 1, Grade 2, Grade 3
중등 영문법　SUM

영어 독해 기본서

READING BITE

끊어 읽으며 직독직해하는 중학 독해의 자신감!

중등 영어독해　PREP
중등 영어독해　Grade 1, Grade 2, Grade 3
중등 영어독해　PLUS 수능

영어 어휘 필독서

word BITE

중학교 전 학년 영어 교과서 분석, 빈출 핵심 어휘 단계별 집중!

핵심동사 561
중등필수 1500
중등심화 1200

미래엔 교과서 연계 도서

자습서

 **자습서**

핵심 정리와 적중 문제로 완벽한 자율학습!

국어　1-1, 1-2, 2-1, 2-2, 3-1, 3-2
영어　1, 2, 3
수학　1, 2, 3
사회　①, ②
역사　①, ②
도덕　①, ②
과학　1, 2, 3
기술·가정　①, ②
제2외국어　생활 일본어, 생활 중국어, 한문

평가 문제집

 **평가 문제집**

정확한 학습 포인트와 족집게 예상 문제로 완벽한 시험 대비!

국어　1-1, 1-2, 2-1, 2-2, 3-1, 3-2
영어　1-1, 1-2, 2-1, 2-2, 3-1, 3-2
사회　①, ②
역사　①, ②
도덕　①, ②
과학　1, 2, 3

예비 고1을 위한 고등 도서

룩

이미지 연상으로 필수 개념을 쉽게 익히는 비주얼 개념서

국어　문학, 독서, 문법
영어　비교문법, 분석독해
수학　고등 수학(상), 고등 수학(하)
사회　통합사회, 한국사
과학　통합과학

올리드

탄탄한 개념 설명, 자신있는 실전 문제

수학　고등 수학(상), 고등 수학(하), 수학Ⅰ, 수학Ⅱ, 확률과 통계, 미적분
사회　통합사회, 한국사
과학　통합과학

수학중심

개념과 유형을 한 번에 잡는 개념 기본서

수학　고등 수학(상), 고등 수학(하), 수학Ⅰ, 수학Ⅱ, 확률과 통계, 미적분, 기하

유형중심

체계적인 유형별 학습으로 실전에서 더욱 강력한 문제 기본서

수학　고등 수학(상), 고등 수학(하), 수학Ⅰ, 수학Ⅱ, 확률과 통계, 미적분

BITE

GRAMMAR　문법의 기본 개념과 문장 구성 원리를 학습하는
　　　　　 고등 문법 기본서

　　　　　 핵심문법편, 필수구문편

READING　정확하고 빠른 문장 해석 능력과 읽는 즐거움을
　　　　　 키워 주는 고등 독해 기본서

　　　　　 도약편, 발전편

word　　 동사로 어휘 실력을 다지고 적중 빈출 어휘로
　　　　　 수능을 저격하는 고등 어휘력 향상 프로젝트

　　　　　 핵심동사 830, 수능적중 2000

손쉬운

작품 이해에서 문제 해결까지 손쉬운 비법을 담은 문학 입문서

현대 문학, 고전 문학